岩波現代文庫

社会 14

大田昌秀

新版

醜い日本人

日本の沖縄意識

日本の運命を決める沖縄——まえがきによせて

日本人は醜い——沖縄に関して、私はこう断言することができる。

一九五二年四月二八日に発効した講和条約に、日本政府は、吉田茂首相の言葉が示すように「欣然として」調印した。沖縄の人びとは、沖縄を分断してはくれるな、と有権者の七二％におよぶ署名を集めて政府に請願したが、完全にその意思は無視されてしまった。そのため、沖縄では、講和条約が発効したその日を「屈辱の日」として、毎年、組織労働者たちを中心に抗議デモをくり返してきた。

戦後、沖縄がアメリカの軍事占領下に置かれるようになったことにたいして、本土政府首脳は、日本が無条件降伏をしたので、どうしようもなかったと弁明している。では、五二年の平和条約のさいは、と聞かれると、政府首脳は、即座に「その時点でも、日本はまだ独立国としての力を回復していなかった」と答える。

講和条約からすでに一七年目、日本は、見事アメリカにつぐ世界第三(当時)の経済力をもつ大国にのし上がった。しかし、沖縄に関しては、沖縄戦の処理すらまだ十分になされていない。本土の日本人は、沖縄戦の実態をほとんど何も知ってはいない。ましてや、沖縄県民が、沖縄戦で全人口の三分の一近くも犠牲に供した意味については、まるで無知も同然。

一九六五年夏に、沖縄を訪れた佐藤栄作首相は、「ひめゆりの塔」をはじめ第二次大戦末期の国土防衛戦で犠牲になった人びとの墓前で、涙ながらに「沖縄問題が解決しないかぎり、日本の戦後は終わらない」と述べ、〈さすがはわが総理だ〉と、沖縄の素朴な人びとに心情的な感銘を与えた。それから早くも四年目を迎えた。だが、沖縄住民の期待に反し、「沖縄問題」の主要な課題は、今もってほとんど何も解決されていない。難問題の一つであった主席公選の実現も、沖縄の民衆がみずからの手でかちとったものでしかない。

しかし問題は、沖縄戦の実態を知らないことでも、その意味を理解していない、ということでもない。沖縄戦における犠牲の意味をあいまいにし、戦争の処理さえも終わっていないまま、沖縄をして、ふたたび国土防衛の拠点たらしめようとの発想が、現実化しつつあるという事実である。しかも、沖縄の人びとがこれまで要望しつづけてきた「復帰の願望を叶えさせてやる」から、といったぐあいに、恩きせがましく施政権返還と取り引きする形でそれをやろうとしているのである。

*

一九六八年一一月に佐藤首相が三選され、新陣容の内閣でスタートした後、沖縄の一新聞は、田中角栄幹事長や愛知揆一外相と床次《とこなみ》徳二総務長官にたいし、沖縄問題についての見解をただした。三者の回答に共通して見られた点は、施政権の返還は、実現しなければならない問題だが、そのさい「沖縄の軍事基地は、日本全体の防衛をはじめ極東の安全と平和に果している役割を、国民すべてが理解しなければならない」ということだった。沖縄返還のさいの「基地のあり方」についても、愛知外相は、つぎのように答えている。

「沖縄県は、近く復帰する。そういう意味では、本土と沖縄は一体ですね。そう考えると、まず、日本全体の安全を何よりも絶対第一に考えなければならん。だから沖縄が返還されるということは、日本の自主防衛の体制が、沖縄まで延びることになる。アメリカが守っていたところを、日本が代わって守るということになると、どういうことになるのか。日米安保条約は、日本が戦争に巻きこまれないように抑止力を備えているが、沖縄が返還された場合、果してこのままでいいのか。日本は、憲法の制約、非核三原則の限度内でしかやっていけない。返還後の国土の安全をどうしてはかるかが基本的な問題だ」

政府首脳の発想の根底には、床次総務長官がいみじくも述べているとおり、「沖縄の問題は、まず施政権の問題を優先して考えるべきことで、基地の問題は次の問題である。……基地のあり方は日本全体の防衛からみて決めることで……たてまえとしては、本土並みだ」という考えが貫いている（『琉球新報』一九六八年一二月八日）。

＊

以上のような考え方は、現在の日本政府・与党に共通したものだが、沖縄住民は、こうした考え方に支持を与えるどころか、はっきりと拒否している。一九六八年一一月一〇日の選挙で、屋良朝苗《やらちょうびょう》革新主席が誕生した事実は、その有力な証拠の一つである。政府や自民党首脳は、今もって、屋良革新主席の登場は、「異民族統治に反発する素朴な民族感情の勝利」などと解しているが、そうした見方はいかにも的外れと言うよりない。

沖縄の人びとは、もはや「日本の防衛のため」とか「極東の平和のため」にといった大義名分で一方的に犠牲を強いられることに真っ向から拒否している。それも、つとに一九五〇年代から公然と表明していること。六〇年には、沖縄教職員会をはじめ一七の民主団体が参加して、「沖縄県祖国復帰協議会」を結成しているが、その大会宣言で、沖縄の日本復帰は「極東の緊張と脅威」という口実で阻まれているが、実際には「沖縄が祖国から切り離されているという状態によって逆に極東の緊張を生み出している」と言明しているほど。

このように、本土政府と沖縄の人びととの「極東の安全と平和」についての考え方は、基本的に対立したままだ。が、より深刻な問題は、本土政府首脳が言う「アメリカが守っていた沖縄に日本の防衛がおよぶ」ということ。日本政府が、沖縄を守ってやるということは、実際上、何を意味するのであろうか。

本来なら、「守ってやる」と言われれば、守られる側のほうは喜びそうなはずである。ところが、沖縄の人びとがそう言われても少しも喜ばないのは、いったいなぜだろうか。

私が、本土の日本人は、沖縄の日本人が沖縄戦で払った犠牲の意味を理解していないと指摘するのは、まさにその点との関連においてである。

なぜなら、戦後の沖縄で発生した数々の民主化運動をはじめ、将来も起こるであろう政治運動、もしくは民衆運動は、沖縄の人びとが共有している「沖縄戦の体験と核基地に住んでいる現実」との認識を抜きにしては、とうてい把握できないからだ。さらにいかなる意味においても主権国家の一部とはいえない沖縄の屈辱的事態は、たんに沖縄戦の体験から実感するだけでなく、古くからの歴史的背景から言えることとなのだ。

一八九三(明治二六)年に、『琉球新報』という沖縄で最初の新聞ができた。当時、唯一の言論機関であったその新聞は、編集方針に「国民的同化」をかかげ、県民にたいして「わが県民をして同化せしむるということは、有形無形を問わず、善悪良否を論ぜず、一から十まで内地各府県に化することと類似せしむることなり。極端に云えばくしゃみすることまで他府県人の通りにすると云うにあり」と倦むことなく説きつづけた。日清戦争から日露戦争、さらに沖縄戦にかけて、沖縄の若い人たちは、日本人としてのアイデンティティ(国民的身分の同一性)を得るため、命を捧げなければならなかった。沖縄の日本人も、他府県人に負けない「忠良の臣民」だということを、身をもって証明させられたわけ。明治から第二次大戦まで、沖縄の言論機関や世の指導者や教育者が何よりも力を入れたのは、じつにこの一点——沖縄においても、本土の日本人と肩を並べうる日本人を育成するということ――だった。

戦後、沖縄の教師たちや新聞の目を見はらせるような活動も、こうした過去のにがい経験をふまえているからだ。こうした背景について無知なまま、国会議員という肩書に物を言わせ、わざわざ沖縄までやってきて、「沖縄の教員はアカだ」と批判し、「地元の二新聞は偏向している」などと攻撃したりする者もいたが、その甘さ加減を笑われただけ。ましてやB52が爆発事故を起こし、「いのちを守る県民共闘会議」さえ結成されているような沖縄で、主席公選の選挙にさいし、保守候補を支援するため、「日本において明治以来、二三年間も平和と自由を楽しんだ時代はない。これをかき乱すのは国賊である」、「沖縄の経済は、基地経済で発展している。二三年がまんしてきたから、あと二二年がまんすれば、沖縄は繁栄し極楽浄土になる。革新共闘は、基地撤去なんてかっこいいことを言っているが、ばかなことを言ってはいけない」などと演説したタレント議員さえいた。また沖縄の「核基地付き返還いいじゃないか」と気勢をあげたタレント議員もいたが、「平和憲法はどうする」と野次られるのが落ちで、むしろ、こうした議員に支援された保守候補者こそ災難だった。

ところで、沖縄問題の原点が、遠い過去の時代に発していることを示すいま一つの例は、最近論議の対象となってきた沖縄住民の「国政参加」問題である。明治時代と今日の沖縄の新聞論調を比べてみると分かるように、明治時代も現在も、本土政府の沖縄にたいする態度は、ほとんど変わっていない。

そこでわれわれは、日本人の沖縄意識はいかなるものかを、正面から問わざるをえなくなる。ある心理学者は、日本人における責任感の不在の原則をたずねてみると、結局、「罪の意識の不在」の問題に逢着したと述べているが、沖縄問題との関連で考えてみると実によく分かる。

＊

沖縄の統治権者であるアメリカでは、リチャード・ニクソン大統領が登場し、本土では佐藤首相の三選が実現し、沖縄では屋良朝苗革新主席が誕生した。こうした新しい事態についての日本本土のマスコミの論調は、おしなべて「沖縄での革新主席の誕生による県民の抵抗は、日米関係を悪化させる懸念がある」と悲観的な観測を流したが、私の知る限りでは、どれ一つとして、「日米両政府が、沖縄問題の解決に努力しなければ、沖縄の日本人は窮地に陥る」といった、肝心の沖縄を主体にした論評はなかった。

要するに、その根底には、日本の一億の国民を生かすために、沖縄の一〇〇万足らずの日本人は、犠牲になるのもやむをえないという考えが抜きがたくある。そしてまた、アメリカの下院歳出小委員会オットー・E・パスマン委員長が公言したように、アメリカの二億の国民と日本の一億の国民が認めているのに、その何パーセントかの沖縄の人間が、B52を撤去せよというのか、といった、大の虫を生かすためには、小の虫を殺しても差し支えないという発想が根底にある。

だが、一〇年、二〇年前ならいざ知らず、現在の沖縄の日本人は、決してそうした考え方を受けつけないだろう。沖縄の新聞のことばを借りると、「地元住民の要望を無視することは、日米両国にとっても、自殺行為だ」ということは、たんなる不平不満の呟きではなくて、沖縄九六万の日本人が過去二三年の苦しい闘いから学びとった結論だ。

本土の革新政党や知識人も、みずからは傷つかない立場にある実情に甘えて、「非核三原則」だけを唱えるばかりで、沖縄問題の解決に実質的に取り組むことをしなければ、遅かれ早かれ、足元に火がつくことを認識する必要があろう。

「沖縄が日本の運命を左右する」というのは、たんなる憶測ではなくて、実体をもった大いにありうることなのである。なぜなら沖縄の日本人は、もはや「取り引きの具」となったり、より大きなものの利益のため手段になることを拒否し、みずからの幸福を人間的に追求することこそ、まっとうな生き方だということを学びとっているから。

私は、本書において、日本人についての個人的論考を展開したのではない。私が意図したのは、沖縄の九六万の日本人が、異民族の軍政下という異常な状況のもとで、自由を求めていかに自己変革を遂げていったか、そしていきつつあるかを明らかにすることであり、さらに沖縄の人びとの闘いはたんに異民族統治者だけにたいするものではなく、日本政府、日本人みずからにたいするものでもあることを、歴史的事実で示すことである。

本書の出版については、サイマル出版会の田村勝夫編集長から、ひとかたならぬ激励と助言を得たほか、生田栄子、山元泰生さんをはじめ同社の皆さんに多大のご苦労をおかけした。記して感謝申し上げたい。

一九六八年一二月二五日

大田昌秀

付　記

このたび新版を出すにあたり、第一〜三章については、若干手を入れたが、基本的に元の記述を生かしてある。第四章については全面的に改めた。その意図は、第四章冒頭および「あとがき」に記したとおりである。

（二〇〇〇年四月）

目次

第一章　醜い日本人

1　日本にとって沖縄とは何か

本土と沖縄

日本にとって沖縄とは何か——このように問い返すことには、歴史的な背景がある。

私は沖縄に住んでいて、本土から沖縄へ来る学者やジャーナリストなど、いろいろな職業の人と話し合うたびに、いつも考えさせられたのは、いったい日本にとって沖縄とは何だろうか、ということであった。

一九六八年四月に東京へ来て、本土の様子をまぢかに見ていると、私はまったく同じ質問をあらためて問いかけざるをえなくなった。直接のきっかけは、佐世保の異常放射能事件と、九州大学における米軍ジェット機の墜落事件である。つまり、二つの事件にたいする本土の人びとの感情的反応や、抗議デモの動きが非常に印象深くて、私に前述の問いかけをくり返させたわけである。

というのは、原子力潜水艦の寄港問題だけでなく、米軍ジェット機が墜落するといった事件にしても、沖縄でもこれまでいくどとなく起こったからである。

ところが、そうした共通な、もしくは類似の事件にたいする本土政府・国民の反応や取り組み方を見ていると、事件が本土内で起こった場合と沖縄で起こった場合とでは、きわだってちがっている。少なくとも私たち沖縄からやってきた者には、明らかにちがっていると指摘できる。

まず、何よりも政府の態度が目についたのであるが、異常放射能値が検出されて佐世保市民が騒ぎ出すと、政府は即座に地域住民の心情をおもんばかったうえ、その声を尊重する態度をみせた。科学技術庁長官をはじめ、木村俊夫官房長官から佐藤栄作首相にいたるまで「低姿勢」で、市民の不満や批判に耳を傾けただけでなく、すぐに対策を打ち出した。まさに「打てば響く」といった政府の処置であった。政府としては当然すぎるほど当然の態度であるが、沖縄で起こった事件にたいする責任の所在の、あいまいなぬらりくらりの態度とは、あまりにも対照的で、私たちは目を見はったものだ。

九州大学での米軍ジェット機墜落事件でも、政府は同様の態度をとった。大学人や市民の抗議にたいして、木村官房長官をはじめ、山上信重防衛施設庁長官、中曽根康弘運輸大臣ら政府の関係閣僚は、それぞれの権限分野で、責任ある回答をすると同時に、首相もその対策を指示するなど、責任の所在が明確にうかがえた。

その結果、政府は事件発生地域の住民の要望をいれ、早くも板付《いたづけ》基地(現福岡空港)の移転をアメリカ側にも了承させていることは、周知のとおりである。

何か同様の事件が発生するたびに、沖縄では代表を上京させ、政府にたいして、陳情、請願、要求、抗議をむなしくくり返してきた。それだけに、沖縄住民から見ると、二つの事件を処理した政府の手際は、信じられないほど機敏で、対策の打ち出し方も「真剣」でしかも「誠意にみちた」ものに見える。

沖縄で発生する事件にたいする政府の態度は、あらためて問わないが、B52の常駐問題で、県民代表が佐藤首相に会い、沖縄の危険な実情を陳述し、ついでに抗議したら、「出てゆけ」呼ばわりされた事実を思い出せばよい。

ところで、ちょっと話はそれるが、私は九州大学構内への米軍機墜落事件と関連して、強烈な印象を受けた。それは九大の水野高明学長が、教授・職員や学生とともに地域住民の先頭に立って抗議デモに参加したことである。直接に被害を受けた大学の最高責任者として水野学長の行動は、当然そうあるべきだとも言えるが、私は、対比的に沖縄の状況を思い出さざるをえなかったからだ。沖縄では学長がデモの先頭に立つことはなかった。

琉大の学生処分

私がつとめている琉球大学は、一九五〇年五月の創立で、まだ歴史の浅い大学である。大学ができて二年後に現在の琉球政府が誕生しているが、周知のように一九五二年と言えば、講和条約が発効して沖縄が本土から分断された年である。沖縄にとっては、運命を狂わされた一大転機であった。

それだけに民族の将来をおもんぱかる立場から沖縄住民の復帰運動は、ようやく公然と台頭してきた。それに伴い、米占領軍の弾圧もまた一段と強化され、翌五三年から五六年の「土地闘争」にいたる時期は、人民党にたいする露骨な干渉などもあり、戦後沖縄の「暗黒時代」と言われるほど、ひどい状態にあった。

当時は、まだ他の私立大学もできておらず、琉球大学は、戦前戦後を通じて、沖縄で唯一最高の教育機関であった。ここには、身をもって戦禍を生き延びた有能な若人たちが集まっていた。若い知性が結集されただけに、大学では地域社会の要望に応えるべく、学生たちは率先して復帰運動に乗り出した。すでに沖縄の地位も明確になり、米軍による沖縄の恒久的軍事基地化も本格的に促進されていたから、復帰運動は、おのずと平和運動と結びつき、二つは並行して進められた。

これらの運動のもつ重要性からみて、本来なら九州大学におけるように、琉大の教授・職員も学生といっしょになって住民の先頭に立つべきはずであった。けれども、実際には一部のめざめた学生のみが独走した形となったあげく、そのうちの四人が退学処分となり、それをめぐって学生と大学当局が対立する不幸な結果となった。一九五三年五月のことだ。

私があえて身内の恥をさらすようなことを言うのは、この事件は、私たちがずっと背負いつづけてきた沖縄の実態を明らかにすると同時に、状況の複雑さを象徴する好例だと思われるからだ。

大学当局が学生を追放した理由は、三つあった。第一点は、学生の課外活動組織の一つである「政経クラブ」が、沖縄の日本復帰と平和問題を内容とする『自由』という機関誌を許可なく発刊し、これが出版物の事前許可を規定する学生準則に違反したということである。

第二点は、学寮で灯火管制中に点灯したこと。たまたま試験期間が近づいた頃、米軍の指示で灯火管制演習が実施されたのだが、四人の学生は「戦争につながるいっさいのものに反対する」という立場から灯火管制への協力を拒否し、点灯して勉強しようとしたためとなっている。

第三点は、「学生としての体面を汚し、学内の秩序を乱す者」として、学則に違反したからというのだ。つまり、生活擁護委員会の学生約二〇人が、『アサヒグラフ』から切り取ったおよそ三〇点の「原爆の図」を使って、那覇市内の街頭で原爆展を開いた。そして往来する市民に平和の尊さを訴えたところ、それが大学当局の許可もなく実行に移したということが学則に触れたとして、中心人物と見なされた学生四人が、大学を追われたわけである。現在では、とうてい起こりえない事件だと思うのだが、当時の米軍のきびしい弾圧下にありながら、これにたまりかねた地元の新聞は、正面から大学当局の処置を批判した。たとえば『沖縄朝日新聞』は、つぎのように述べている。

「琉大当局は、復帰運動に好感をもたず、それを政治運動として学生活動の圏外におこうとしている。だが、復帰運動は単なる政治運動ではなく、より次元の高い民族運動である。民族の運命を決定する重大問題である。

それは他人の問題ではなく、われわれ自身の問題であり、学生の問題でもある。民族をあげての歴史的一大運動が展開されているとき、その圏外に立って傍観せよといわんばかりの当局の態度に、むしろわれわれは奇怪を感ずるのである」(一九五三年五月一四日)

一方、大学を追われた四人の学生は、「学園を去るに当りて」という声明を出し、そのなかでこう訴えている。

「……かつてわれわれの先輩たちは、帝国主義を吹きこまれ、銃をかつがされて戦場に追いやられ、ひめゆり隊や健児隊の悲劇で知られているように若い学生たちが虐殺されました。そして現在、琉球の学生は植民地教育によって、再び戦争への道を歩まされております。われわれが琉大へ入学して以来、教えこまれてきたものは、琉球の人民は外国のために犠牲になれということであり、正しいことを主張すると生きてゆけないということ、長い物には巻かれろ、ということでした。琉球の政治がどうなっているかを学ぶのではなくて、政治運動をしてはならない、ということを学ばされてきました。

これこそが植民地教育であり、大学当局は、このような教育を受けた人間を琉球の指導者にしようとしているのであります。

われわれが今沈黙をうち破って、平和と日本復帰を高らかに訴え、一日でも早くそれを実現しないならば、この琉球がかつて歴史になかったほどの悲惨と滅亡の深淵におちこむことはあきらかです。われわれは、今こそ琉球大学を真に琉球人民のための、琉球の繁栄につくす大学にしなければなりません」

四人の学生は、大学当局の処置を黙認した教授・職員にたいしても、とくにつぎのように要望した。

「あなた方がこの琉球の現状をもっと認識し、平和と日本復帰の旗を高くかかげ、先頭に立って学生を導いていく時こそ、かつては軍国主義を吹きこみ、われわれの先輩を戦場に送ったあなた方の罪ほろぼしになるということ。さらに、権力に頭を下げ、平和と日本復帰のためにつくす学生を弾圧することに加担することは、大きな罪悪であることを理解していただきたい」

最後に四人の学生は、学校を去って後も、祖国から隔絶され、軍事基地化されつつある沖縄が、完全に日本に復帰し、世界に平和が訪れるまで、あくまで闘いつづける、ということばを残して大学を去った。

貧困と退学

それから三年ほどして、いわゆる「島ぐるみの土地闘争」が起ったのであるが、その過程でも、学生新聞が事前検閲を受けて伏字のまま発行されたり、六人の学生が除籍処分を受けるなど、大学にとって陰鬱な時代がつづいた。私が、あえて古傷にもひとしい不幸な事件にふれたのは、沖縄の高等教育の実態について理解してもらいたいからだ。

つまり、当時の大学には、学内外のいかなる非難をも甘受せざるをえない事情があった。それだけに、九州大学の例が示すように、大学人が地域住民の先頭に立って運動をリードすることはできなかったとも言える。

琉球大学は、琉球政府や日本政府がつくったのではなく、米占領軍の布令で設立された。その布令を廃止して、沖縄独自の立法によって琉大を琉球政府へ移管したのは、一九六五年のことであった。

だから、一九五〇年の開学から学生処分事件のあった五三年頃までは、琉大は、まだアメリカの「丸がかえ」の状態にあった。

その後は、琉大の主要財源は、米民政府と琉球政府からの教育歳出予算と補助金でまかなわれるようになった。双方の支出金は、総予算のじつに八八%を占め、授業料などの学内収入はわずかに七・二%、その他の収入を合わせても、自己財源は、一二%にしかすぎない。その八八%におよぶ教育予算と補助金は、五〇年から五三年にかけては全額アメリカが支払っていた。

五四年からは、アメリカの援助支出は漸減し、代わって住民自体の税金でまかなう率が高くなった。そして、土地闘争の騒ぎが終息した五七年から、ようやく琉球政府の負担が、米民政府の負担を上回るようになった。

戦争ですべてを失った沖縄のことだから、住民の生活は苦しく、いきおい琉大でも半数以上の学生は、何らかの援助を得なければ、学業がつづけられない状態だった。

一例をあげれば、琉大が開学したさいの入学者六五二人のうち、順調に卒業できたのは、わずか一四八人。他の理由による学業放棄もあったが、経済的理由からの退学者が、圧倒的に多かったのである。

ところで、学生にとって不可欠の奨学資金にしても、そのほとんどが、アメリカの個人や団体の寄付でまかなわれていた。それが実情であったので、アメリカ側は、学生の言動が反米的、というより占領統治者である彼らの権威に挑戦するような事態が起こると、すぐに補助金や奨学金を断ち切ることによって、いとも容易に大学側に圧力をかけることができたのである。

事実、前述したような相つぐ学生処分の場合にも、米軍は、露骨にそうした圧力を加えた。その圧力は、文字どおり「大学の存立にかかわる」ものだったのだ。そんな大学など潰してしまえ、と言ってしまえばそれまでだが、大学の運営の責任をもつ理事会や当局は、そこまでふみ切る勇気はなく、いわば学生の処分を代償に大学の存続をはかったとも言える。

当時、ある地元新聞は、学生の処分事件が琉大の管理機構に根ざすものだということを指摘し、大学の運営に民意を反映せしめる大学法を早急に制定し、学問の自由や学園の自治を保障できる大学を発足させるべきだと論じたが、まさに的を射た見解であった。

ともあれ、私は大学の弱い立場を弁護するために言っているのではないが、大学の運営責任者たちが、金力、権力の圧力に屈しても、あえて大学を存続させる道を選んだのは、それなりの背景があったことを直視しないわけにはいかない。そのことは、より重要な問題を浮きぼりにするからだ。

いびつな生活

日本政府は、戦前から戦後にかけて、沖縄には一つも大学をつくっていない。大学どころか高等学校や専門学校さえ設置していない。日本国中で、高等教育機関が一つもつくられない府県が、はたして沖縄以外にどこかあっただろうか。明治以来、日本政府は、沖縄県民にたいして、上からの皇民教育を強制しただけで、真の教育にはまるで無関心だったことを、私は屈辱にたえて指摘しなければならない。

沖縄の中学校では英語教育など必要でないと、語学科目を廃止したり、郷土史の授業に難色を示したり、方言の使用はけしからんと強制的に禁止したりで、日本政府の沖縄における教育施策は、文字どおりの植民地教育であり、極端な皇民化、軍事教育を実践してみせただけである。

むろん、沖縄県民が高等の学術・専門教育を望まなかったわけではない。それどころか、沖縄では教育界が中心となって高等教育機関の設立を、くり返しくり返し、政府に要望しつづけたのであった。

沖縄県民の願望は、昭和になっても聞きいれられず、向学心に富む青年たちは、やむなくはるばる本土まで出かけて高等教育を受けねばならなかった。本土で学ぶことは、経済的に恵まれている家庭の子弟だけに可能なことで、したがって数多くの有能な若人たちが、あたらその才能を埋もらせてしまったのである。

そうした事態をみかねて、沖縄にも高等専門学校を設置せよ、と要望する声は急激に高まり、一九三七(昭和一二)年頃から一大運動が展開された。高等教育機関の設置要請は、県会でも満場一致で可決され、三九年には、県会代表が上京して政府に陳情した。だが、それも実らず、四三年にも、同様の陳情が再びくり返されたのであるが、政府は聞き流してしまったのだ。

さて、琉大の運営者たちは、すべてがこうしたにがい記憶の持主であった。彼らにすれば、たとえ米軍の布令で設立されたとはいえ、大学は大学である。沖縄の歴史上、はじめて大学ができ、それが現実に無数の若い世代に「高等の教育を受けることができる」という光明を与えていることから、何はさておき大学の存立自体を最優先に考慮したとしても、無理もなかったのではないだろうか。

私は、琉大当局者の処置の当否を言っているのではない。私なりに考えざるをえないことは、もし琉大が日本政府によって創立された戦前からの大学であったなら、おそらく琉大の責任者たちは、前述の事件にたいしても、ちがった処置をとりえたのではないかということである。戦前からの大学でなくても、戦後発足したばかりの琉大にたいし、日本政府の責任において財政援助がなされていたなら、少なくとも前述したような形での不幸な事態は、避けられたのではないかと、今さらながら考えざるをえないのだ。

一九五一年の琉大開学一周年記念には、本土からも水谷昇文部次官が参列し、天野貞祐文部大臣の祝辞を代読した。だから文部省が琉大の実情を知らないはずはなく、日本政府に「その気さえあれば」、資金援助も決して困難ではなかったと思われるからである。

くり返しになるが、私は、みずからの非力を棚に上げて他をそしる気もないし、私たち自身の責任を回避しようなどという考えも毛頭ない。私が伝えたいことは、本土と沖縄で起こる事件は、現象的にはいかに同一に見えても、その内実はあきらかにちがうということ。その差異が、本土と沖縄の実態の決定的な相違から生ずることは、あらためて言うまでもない。

なぜこういうことを強調するかというと、本土から沖縄を訪問する一部の人びとが、よく、こんなことを言うからだ。

すなわち、沖縄では日本の平和憲法下に復帰するなどと言うけれども、本土でも憲法は空洞化され実質を失っているし、安保条約の「事前協議」条項などもなしくずしにされていて、実質的には本土も沖縄も同じだと。さらに、そんな本土へ復帰して何の意味があろうか、とつづくのである。よしんば、そのことばどおりに問題の本質は同じだとしても、こういう人は、現実に本土と沖縄のあいだにある決定的な差異を認識しえないか、もしくはまったく無視しているのだ、と沖縄では考えるわけ。

また、本土からの一時訪問者のなかには、基地撤去や原子力潜水艦の寄港反対などにたいする沖縄側の運動の取り組み方は「弱すぎる」と、簡単に批判する者もいる。おそらくそういう人は、一〇〇〇万人の人口を擁する巨大都市の東京で目撃するデモと、人口二八万人の沖縄の首都那覇市でのデモを、無意識のうちに同次元で比較しているのではないかと思われる。

本土国民が曲がりなりにも独立国の体面をたもち、憲法によってあらゆる民主的権利を保障されているのにたいし、沖縄県民は憲法の適用もまったく受けておらず、現に沖縄が外国の軍政下にあるという事実から、本土と沖縄の実情は決定的にちがう、と沖縄の人びとは考えている。したがって実質的には本土も沖縄も差はない、といった本質論によって、沖縄における戦後二三年間の非人間的いびつな生活の実態を、本土の人びとが無視することは、許されないのではないだろうか。

つい最近、沖縄現地の最高権力者、フェルナンド・T・アンガー前高等弁務官は、「現在の沖縄住民の地位は、一人前の日本国民でもなければ米国市民でもない」と述べている。言いかえれば、国籍もない、つまり人間としての基本的権利さえ否定された存在だということになる。

本土に住んでいて沖縄を批判する人びとが、この明白な事実を再確認してかからないかぎり、沖縄との対話は実らないだろうし、沖縄問題へのアプローチにおいても本土と現地とのあいだに、幾重にもずれが生ずることはさけがたいのではないか。そのずれも、枝葉末節についてのものなら構わないが、基本的な点をめぐってずれが生じると、沖縄にとってきわめて深刻な問題になる。

差別された船員

では、どういう点で本土と沖縄の間にずれがあるか、具体的に一例をあげてみると、「差別」の問題がある。驚くべきことには、戦後二三年におよんで、沖縄県のみを日本から分断して他国の軍政下に放置していながら、本土では政府・与党をはじめ、意外に多くの人びとが沖縄と沖縄人にたいし差別をしていることを認識していない。

日本政府は、いまだかつて沖縄県民にたいし、差別の存在を公然と認めて謝罪したことは全くない。「日本と極東の安全のために辛抱してくれ」と、百年一日のごとくくり返すだけだ。

一九六七年の夏、沖縄の漁船が二隻、インドネシア海域で同国の海軍に捕えられ、アンボンという町の港に抑留された。周知のとおり、インドネシアは、その領海を一二カイリだと主張し、三カイリ説を主張する外国の漁船が、しばしば拿捕《だほ》される事件が起こっている。日本漁船の場合も例外ではない。

従来、沖縄漁船の場合、無国籍同然であったため銃撃を受けるなど事件に巻き込まれるケースが多く、一九六七年の七月からようやく国籍表示の日の丸をかかげることが認可された。とはいえ、それも国旗の上に英字と漢字で「琉球」と書かれた三角旗を併用することを条件にしたものだ。

つまり、ほんものの日本国民ではないことを示すわけである。こうしたことが象徴的に例示するように、沖縄県民は海外に出たときは、とくに屈辱的な差別を体験せざるをえない。アンボンに抑留された漁船員がまさにそうであった。たまたま私は、ジャカルタで開催されたある国際会議に参加していて、じかに船員たちから話を聞いたのだが、沖縄漁船より前に高知県かどこかの漁船も拿捕されたけれども、駐イ日本大使館の敏速な折衝のおかげで、一ヵ月そこそこで釈放されたという。

それに反して、沖縄漁船の場合、釈放がはるかに遅れた。船員の保護の責任は日本側にあるが、漁船はアメリカ側が責任を負うというぐあいに、責任の所在が分かれていたからである。そのため釈放問題は、いっこうにらちがあかず、ことばもろくに通じない沖縄船員たちは、食糧も乏しい異国での極度の悪条件下で、四ヵ月も抑留される結果となった。

おりからインドネシアの政情が不安定であったことも、解決が長びいた一因であるが、事情もよく知らない船員たちは、日本政府から差別されていると受けとり、やけくそになって酒を飲んだあげく、一人の船員が海中に落ちて溺死してしまった。

その頃、政府与党の一有力者が同じホテルに滞在しているのを知り、私はその人と会い、事情を説明して、沖縄船員は差別されていると思っているから、日本政府や議会はもっと親身になって保護してほしいと要望した。ところが、その有力者は顔を真赤にし「沖縄人を差別しているとは何事だ。われわれは、他のどの府県以上に沖縄のためをよく考えてやっているのだ」と大声を出す始末だった。

そのあと、その方も尽力することを約束してくれたのであるが、問題の解決が進展しないので、私はインドネシアにあるアメリカ大使館に行って、いったいアメリカ側としてはどういうような折衝のしかたをしているか教えてくれと頼んでみた。すると係官は、機密書類まで持ち出してきて見せ、何月何日にインドネシアの何という役人と会ってどういう折衝をしたかという記録のコピーもとってくれた。誠意をもって沖縄船員の釈放に当たっている証拠を呈示したのである。

この事件については当時、沖縄では大騒ぎしていたので、私は日本大使館のほうにも行って、アメリカ側が折衝経過の記録をくれたことを伝え、「漁船の釈放が遅れて沖縄では騒いでいるから、日本政府側のほうはどういうことをやっているか、ひとつ教えてください。少なくとも、折衝経過についての記録がいただけたら、それをアメリカ側のといっしょに琉球政府に送って、船主たちを安心させたいから」と申し出てみた。

すると、そういうことは外交問題の機密上やるわけにはいかないし、やる必要もないというすげない返事であった。たしかに日本的慣習からすればそうかもしれないが、私はいかにも外地にいる官僚の典型を見るような思いがして、がっかりさせられたものである。ともあれそういう些細なことにも、沖縄の現実のいびつな事態がからんで、沖縄の人びとは、はかりしれぬほどの深い挫折感を味わわされてしまうのだ。

殺戮の加害者

こうした感覚や意識のずれが、権力をもつ政治家や役人だけにあるのならまだしも救いはある。ところが、学者や作家、ジャーナリストなどの文化人までが沖縄の事態に鈍感であるなら、沖縄住民は浮かばれるだろうか。

本土からわざわざ沖縄までやって来る作家や記者のなかには、沖縄の人たちが、本土他府県から「差別されている」という意識をもっているのをとらえ、「それはインフェリオリティ・コンプレックス(劣等感)からくるものだ。差別、差別というが、本土でもことばの問題からくる差別はあるし、第一、沖縄本島でも、離島の宮古・八重山の人びとを差別しているではないか」などと、臆面もなく話したり、書いたりしている者がいる。彼らは、無知なのか、故意なのかは知らないが、沖縄が、そして沖縄住民のみが、法制度的に本土他府県人とは差別されている事実を、直視しようとはしない。

言いかえると、「制度上の差別」を単なる対人関係の蔑視や偏見、つまり心情問題にすりかえてしまうのである。沖縄の人びとが、差別について言及するのは、彼らの言う劣等感とは無関係である。法治国家の国民の権利として奪われている諸権利を回復するために、差別的な事実を指摘しているにすぎないのだ。

東北人がことばの問題で東京人あたりから差別されているなどと言っても、それは偏見や心情の問題であり、はたして制度的に差別されているだろうか。沖縄内部にも蔑視感情はあっても、制度上の差別はありえないことは、むろんだ。

だから、本土からの一時訪問者が、いかにも慰め顔に、差別などどこにでもある問題だよ、といった発言をすれば、それは共感を呼ぶことはできない。それどころか、沖縄ではこうした発言は、みずからは傷つかない第三者が、無責任な言辞をもてあそんでいるとしかとらず、むしろ反発を買うだけ。

この点とも関連しているが、一九六六年の夏に、私のクラスに出ていたある学生が、卒業後間もなく首を吊って自殺するという不幸な事件があった（後でみる米軍のジェット機墜落事件で姪が犠牲になったことも、その一因だった)。

この学生は、ふだん口数は少なかったが、生真面目なうえ、人一倍繊細な感覚の持主だった。彼は、そのとぎすまされた感覚と若人特有の不正を憎む気持から沖縄の実情を黙視できず、学生運動に飛びこんだ。そして、学生運動家のなかでも最も革新的で先鋭なグループに属していた。それでもクラスにはよく顔を出していた。ベトナム戦争が激化して、沖縄が公然と攻撃基地の役割を果たすようになるにつれ、彼はしだいに行き詰ってきた。基地沖縄に住んでいることによって、彼自身がみずからの意思に反してベトナム民衆を殺戮する「加害者」になっていることを、いやでも自覚させられたからだ。

といって、彼の力だけでは何ができるだろうか。彼はあせり、その言動は一段と過激になった。基地権力者が行政主席を任命したさいも、彼は身をていして阻止に動き回り、ついに官憲に捕えられ、送検されるにいたった。彼は、大学を卒業する三、四ヵ月前あたりからしきりに沖縄を出て本土へ行きたいという希望をもらしていた。ところが本土へ渡るかわりに、彼は、みずからの命を断ったのである。

この学生は、私に一冊のレポートを残しているが、私は、それを読み、打ちのめされる思いがした。それは、本土から戦後の沖縄を訪問した著名人たちのいわば発言集とも言えるもので、新聞の切り抜きを彼なりに分類整理したものであった。彼は、発言者がいかなる職業の人であっても、発言の底にひそむ意識をえぐりだし、各人の発言のひとつひとつに彼自身の論評を加えている。

彼は、訪問者の発言の底に、沖縄問題をはたして自分自身の問題としてとらえようとする発想があるかどうかを、とくに重要視し、そうした視点をもたない発言にたいしては、手きびしく批判している。なかには偏狭といわれかねないほど、彼の一途な性格をむきだしにした論評もあった。

たとえば、彼はある生物学者にたいし、核基地のなかで呻吟している沖縄住民、つまり人間には目を向けないで、もっぱら鳥類だけに関心を寄せている、と口をきわめて非難を浴びせている。要するに、彼は、沖縄問題の解決自体を目的とせず、何か他の目的のために利用するかのような発言には、あからさまな敵意を示している。だから、政府役人などがしばしば口に出した、本土他府県の安全のために、弱小な沖縄県を犠牲にして省みないかのような印象を与える発言は、彼が最も嫌悪したものであった。

彼はレポートの最後に、本土の人びとが沖縄の犠牲のうえに生活している現実にめざめ、沖縄と血の通い合う連帯をくんで問題の解決に取り組まないかぎりだめだ、という切実な訴えを書き残している。私は本土の人びととの沖縄にたいする冷たい態度が、いかに深く沖縄の若い世代の心を傷つけているかを、知ってほしいと思う。

「日本にとって沖縄とは何か」という反問もここから出てくるとも言える。なぜならこの学生のような考え方は、多かれ少なかれ沖縄では共有されていると見られるからだ。

強制される犠牲

一般的に日本人は、よく繊細であるとか、「恥の文化」をもっていると言われているが、私は、その説には賛同できかねる。

一九六七年、私がアメリカに行ったときに、国連とか、国務省、国防省を訪問して、沖縄担当の人びとに会ったり、各新聞社をまわって、編集担当者や記者が、はたして、沖縄問題について知っているかどうかを調べてみた。ところがほとんど何も知ってはいないのだ。私はすっかり落胆して、ある編集者に沖縄のことにこうも無知では困るではないか、と文句を言ったら、その人は、君はフロリダのマイアミのことを知っているかと反問してきた。

私が何も知らないと答えると、それでは同じではないかとけげんな顔をするのである。そこで私は、「いやそれはまったく違う。なぜかと言うと、ぼくたち沖縄人は、マイアミを占領してはいないが、君たちは沖縄を占領しているからだ」と言ってやったら、なるほど、それはすまなかったと素直にあやまってきたので、かえってこちらのほうがどぎまぎしたほど。

また、ある婦人たちの会合で、戦後二十余年もいぜんとして沖縄がアメリカの軍政下にあるということを語ったところ、集会の後、数人の人がやってきて、自分たちの政府は、自分たちが知らない場所でなんて恥ずかしいことをしているのか、と私に詫びたものである。平和条約第三条というのは、すでに不当だとされていながら、いつまでも沖縄を軍政下においているということにたいして、アメリカの内部では、それを一つの恥と認識する人びとが、現実にいることに、当然とはいえ、私は一種の感銘を受けた。

けれども、自国であるはずの本土においてはどうか。沖縄を異国の軍政下に放置している事態について、「これはわれわれの恥だ」ということを、本土の日本人が言うのを私は直接聞いたことがない。前に述べたように、本土から沖縄にやって来るいろいろな人と会ったのだが、恥ずかしいことだ、と考える者にはめったに会えないので奇妙に感じたしだいである。

沖縄が本来、日本の一県でありながら、実際にはすべての面で一県としての地位も体面も得ていないということ、つまり明白な差別の実態を本土の日本人が確認しないかぎり、沖縄の犠牲のうえに本土の繁栄が成り立っていることも認識されようがなく、したがって、本土人が沖縄問題をみずからの問題として取り組めるはずもないのである。

沖縄の犠牲といえば、これまた一部の例外的な人たちを除いては、本土ではまだほとんど実感されていない。そのことについては、肝心の日本政府・与党は口をつぐみ、逆にアメリカのほうが、それを自覚している皮肉さである。すなわち、アルバート・ワトソン元高等弁務官は、琉球政府立法院でのメッセージのなかで「西太平洋防衛のために、琉球列島を自由世界の巨大な軍事基地として使用するにあたって、これまで住民の犠牲を必要としてきたし、現在も必要だ」と述べ、犠牲のあることを公言している。

日本政府の役人や与党幹部のなかには、平気で沖縄の犠牲を無視する言動をする者がいる。その結果、県民の間に政府不信の感情をつのらせているが、問題は、本土他府県の人たちの認識がどうであれ、沖縄現地では本土から差別され犠牲を強いられている、と多くの人が考えている事実である。

なぜなら、こうした基本線において、相互の共通な視点と理解が確立できていないと、本土と沖縄のずれは、不可避的に深まり拡大する一方だからである。

一般県民の意見を集約的に代弁している沖縄県祖国復帰協議会は、四分の一世紀に近い年月にわたって、沖縄県民は自国政府によって犠牲と差別を強制されているという認識にたち、つぎのような明確な運動方針を打ち出している。

「祖国復帰への願望は、日本国民としての主権を確立する民族的要求と、戦争を拒否し、恐怖からのがれて平和を実現する平和への要求と、土地と人民が外国の軍事優先政策の犠牲に供されている類例のない事態から抜け出し、人間としての基本的権利を回復する人権的要求を含んでいる。しかしてその実現は、即時無条件の全面復帰によってのみ可能である」

知られざる基地

最後に本土の人たちにぜひ考えていただきたいことを一、二述べたい。それは現実の沖縄の状況に関連することについてである。

本土では九州大学のジェット機墜落事件を契機に、基地問題、とくに米空軍基地の危険性が、全国民的な関心を呼び、世論の圧力を受けて、ついに政府は、基地の整理縮小を検討する動きをみせていることだ。おおいに歓迎すべき当を得た処置だと思われるので、このさい政府をはじめ本土同胞は、ぜひ沖縄の米軍基地の整理縮小もあわせて実施すべく、尽力してもらいたいものだ。

一九六八年六月一六日付の『朝日新聞』は、「基地の整理縮小を求めよ」という社説をかかげ、つぎのような趣旨のことを政府に要請している。

「佐世保の異常放射能、九大構内への米軍機墜落など一連の事件は、安保体制の是非に関する政治的立場をこえて、現実に、基地周辺の住民をひとしく恐怖におとしいれ、国民全般にたいし、基地の存在そのものにたいする不快感を強めさせている。

政府は、日米安保条約を金科玉条とするあまり、米軍の軍事的立場を優先的に考えすぎ、日本の市民の利益を二の次にするきらいがある。日本の安全を保障するという目的のために、日本国民の日常生活が脅かされていることは、そもそもの矛盾である。

いかなる国民であれ、外国の軍隊が自国に駐留していることは、はなはだしく自尊と自立の心を傷つけずにはおかない。外国の軍隊と駐留先の国民との無用なトラブルは接触点が少ないほど回避できる。その意味からも、在日米軍基地はひとつでも減らしてゆくことが、日米友好関係を保つために必要である。

政府は、基地問題の改善についての対米交渉で、日本国民の代表として主張すべきを堂々と主張してほしい」

この論旨が、沖縄の場合にもあてはまることはむろんである。朝日社説は、日本国土はカリフォルニア一州の広さしかないけれども、そこにアメリカの人口の約半分の一億人が住んでいる。そうした狭小で人家過密地帯に、一九六七年度の時点で、合計一四六の基地があると指摘し、基地の整理縮小を要求しているのである（朝雲新聞社編集総局編『防衛ハンドブック』）。

これを沖縄に対比して考えてみると、どうなるだろうか。わかりやすい点だけ述べると、沖縄の米軍基地は、そのほとんどが沖縄本島に集中していて、現在、沖縄本島の全面積の一四％が基地に使用されている。別の面から言うと、沖縄の五九の市町村のうち、米軍用地は、四五の市町村にまたがっている。それも市町村の全面積の六〇％ないし七八％が軍用地になっているところが、十ヵ市町村もある（一九九九年三月現在、五三市町村中、二五が基地を抱えている）。

とくに、沖縄戦で、米軍の最初の上陸地点となった北谷《ちゃたん》村の場合は、村面積のじつに六九％も接収され、一万人以上の村民が、わずか戦前の三一％の広さの土地にちぢこまって住んでいる状態である(一九九九年三月現在、嘉手納町が八二・九％、北谷町は五六・四％)。

沖縄は、ほぼ神奈川県一県の広さとみてよいが、沖縄の総人口約九六万(一九九九年三月現在、一三〇万余)のうち八一万人余(同、一一〇万余)がこの微小な沖縄本島とその周辺の離島に集中しているから、人家の過密状態は、本土の比ではない。たとえば、本土の人口密度は一九六五年現在、一平方キロあたり二六六人だが、沖縄本島はその約二倍近くである。そこへもってきて、本土全体に一四六の基地があるのにくらべ、日本の一県でしかない沖縄には、全部で一一七(現在は、三八だが、それでも在日米軍専用施設の約七五％を占める)も基地がある。

だから、沖縄ではある米軍記者が述べたように「基地のなかに沖縄がある」という表現も決して誇張ではないし、本土で言われるような、都市周辺基地と人口過疎地帯の基地といった区別も成り立たない。

そのうえ、本土における基地には、演習用基地が相当数含まれているようだが、沖縄の基地は、ほとんどが実戦につながる性格のものばかりである。水爆攻撃も可能なＦ一〇五戦闘爆撃機をはじめ、「黒い殺し屋」と嫌悪されているＢ52超重爆撃機などの発進基地となっているほか、一発の核爆発力は広島の原爆級に相当すると言われる有翼ミサイル・メースＢが九八基も格納されていると言われている核基地なのである。

問題の深刻さは、こうした状況下で、飛行機の種類のいかんを問わず、墜落事故が起こらないなどとは、なんぴとも保障できないということ。九大事件は、幸運にも人命の殺傷はなくてすんだが、沖縄の場合、一九五九年の宮森《みやもり》小学校への米ジェット機墜落事件は、死者一七人(うち児童一一人)、負傷者二一〇人(児童一五六人)を出し、いまだ私たちには忘れえない悲惨なものであった。

しかも、その後、六一年には中頭《なかがみ》郡具志川《ぐしかわ》村の民家に同じくジェット機が墜落して、死者二人、重傷四人、民家全焼三軒を出しており、翌年には嘉手納《かでな》村で米軍輸送機が墜落して七人が死亡、八人が重軽傷を負っている。そのほか、読谷《よみたん》村で米軍の降下演習中にジープが落下した事件や本部《もとぶ》小学校入口への小型爆弾落下事件、あるいは読谷村での小型トレーラー落下による少女圧死事件など、身震いするような事件が後を絶たないのである。

こういう背景があるからこそ、B52常駐に反対して一般市民が抗議デモをしたり、県民代表を上京させてその撤去を要請したわけである。

核にたいする偏見

要するに沖縄では、本土とは比較にならないほど問題が深刻で、解決を要する度合も文字どおり大きく、切実で急を要する。にもかかわらず本土政府のとった態度が、いかなるものであったか。私たちには思い出したくもないほどで、はたしてこれが沖縄の人びとが好んで使う「祖国政府」の名に値するものか、疑わざるをえない。

B52駐留の問題にしても、一九六八年二月五日に飛来して以来、ベトナムへ出撃するのをみて驚愕した沖縄住民が騒ぎ出すと、政府は、国会での三木前外相の発言が代弁するように、あたかも四、五日中にでも立ち退くかのような口ぶりで、逆に沖縄の世論を説得する態度をとった。ところがどうだろうか。その後、県民の度重なる抗議を尻目に、B52は動く気配もみせず、そして、とうとう同年一一月一九日に恐れられていたB52の墜落爆発事故が現実のものとなったのである。

しかもB52は、撤去されるどころか、むしろその動きは活発になっており、同年六月一二日のAP電は、ベトナム戦用のB52の数と出撃回数がふえたことを報ずるとともに、沖縄から定期的に出撃していることを、はじめて公表した。以来、B52の数はふえつづけている。

私たちを不安に駆りたてている問題はまだある。それはほかでもない、佐世保と同じく原子力潜水艦の寄港による放射能汚染の問題である。佐世保や横須賀が危険であるなら、沖縄の危険率は倍増するおそれがあることは否定できない。本土への原潜寄港が二十数回なのにくらべ、沖縄への寄港は、すでに七十数回にも達しているし、国是の事前協議は名ばかりで、今後も大手をふって自由に出入りできるからだ。

一九六八年六月八日、共同電は、那覇軍港でも異常放射能値が検出されたことを明らかにしている。ところが、住民の抗議にあった米軍は、調査のため琉球政府と共同で採取した海水と海底の泥を、目と鼻の先にある本土へは送らずに、わざわざアメリカのアラバマ州サウスイースタン放射能衛生研究所に送った。

これについて、沖縄原水協は、六月一四日、抗議声明を発表、「沖縄の共同調査も名ばかりで米側の一方的な結論の押しつけになることが予想される。またかつて嘉手納飛行場の燃料流出問題で米側が旧日本軍のものと言い出したことなどを考えると、今度の米琉共同調査の結果も信頼できない」と述べ、沖縄側独自の放射能調査の必要性を強調しているしまつ。

この点、沖縄の人びとは、放射能汚染についての本土の専門家が、沖縄独自の調査に積極的に何らかの力添えをしてくれることを期待している。もし、本土政府が放射能汚染で脅える沖縄の事態をも、米国の施政権下にあるからという理由で、何らの対策も講じえないで黙過するとなると、いろいろな意味で、はかりしれないほどの不幸な事態を招来しかねないと懸念せざるをえない。

私たち沖縄に住むものにとって、あらゆる意味で「核」の貯蔵、持ち込みは最大の問題である。言うまでもなく、それは本土にとっても、最も本質的な課題ではないかと思われる。本土が本気で沖縄の核問題に取り組まないかぎり、本土自体も決して核から自由ではありえないと思う。

一九六八年五月一六日の参院外務委員会で、佐藤首相は、沖縄の「核つき返還」と関連する社会党の森元治郎氏の質問に答え「核つきなら返還をことわるのかとなると、明確ではない。これから核を(沖縄に)持って来るのではなく、(沖縄に)今ある核をどうするかという問題だから、やや気が楽だ」と発言している。

この発言を容認する者は、沖縄にはおそらくだれもいないのではないか。というのは、こうした発想から、例の「非核三原則」は、沖縄には適用できないといった珍妙な論理が出てくるからだ。珍妙というのは、沖縄は、日本の一部だからである。

核についての沖縄側の見解は、世論調査の結果が明示するように、現在のところ、「核つき返還」を拒否している。核が、沖縄を含めて日本全体の運命をも狂わせかねないことを理解しているからに他ならない。

けれども、多くの沖縄住民の気持を要約すれば、本土の人たちは、沖縄が核つきで返ると困るというが、沖縄がその核のそばで生活している現実をどう考えるのかということである。本土への核持ちこみに反対する論者の意識のなかには、いわば核を抱いて生きている沖縄住民の危険にたいする冷酷な無関心が同居していないだろうか。

そして本土の核つき反対論者が、現に核と隣り合わせて生きねばならない沖縄の実情には目を閉ざし、本土だけの安全を願うあまり、沖縄住民の復帰要求に冷淡な態度をとるのであれば、情ないかぎりで許せない――とほぼこういうことになろう。

沖縄住民が、何度もくり返して本土の日本人に要望していることは、ぜひもう一度ふり出しに戻って考えてもらいたい、ということである。すなわち、本土政府と国民が、対日平和条約において、沖縄九六万の住民の意思を問うこともなく、本土自体の独立をあがなう代償として、沖縄県のみをその住民もろとも異国に譲り渡してしまったということをだ。

したがって、沖縄問題は、決して単なる沖縄県のみの問題ではなく、本質的に「本土問題」であり、日本国民すべてが解決に当たるべき問題だということである。

2　歴史的な差別と偏見

人類館事件

沖縄にたいする本土政府の差別と、本土他府県民が沖縄県民にたいしてもつ偏見は、歴史的に古く、根深いものがある。

一八九三(明治二六)年、沖縄最初の新聞『琉球新報』が創刊されたが、その点と関連して、この新聞の編集方針は、注目に値する。同紙は、「世界文明の潮流を報道して沖縄の発展をはかる」ということと、「地方的島国根性を去って国民的同化をはかる」という二点を、編集方針にかかげたが、実際には第二点の「国民的同化」だけに全精力を傾けた。国民的同化について、同紙は社説で、つぎのように説いている。

「由来沖縄は地理的関係よりして特殊の発達をなし、別けて中古以来は、日支両属という変態の地位に起ちて、異種異様の習俗は両国より混入し来り為めに国民的同化に大なる障害を遺したり。所謂《いわゆる》この異種異様の習俗を去りて国民普通の習俗を養成するは、是我輩が沖縄をして健全なる日本国土と化せしむる唯一方策と信ずる所なり」

この趣旨にもとづき、同社説は、具体的にまず沖縄県民には県外の事情を知らせてその立場を自覚させ、県外の人には沖縄の真相を紹介して誤解を解くと同時に、沖縄県民の国民的存在を知らしめると述べている。また別の論考では、とくに「わが県民をして同化せしむるということは、有形無形を問わず、善悪良否を論ぜず、一から十まで内地各府県に化すること類似せしむることとなり。極端に云えばくしゃみすることまでも他府県人の通りにすると云うにあり」と説いている。

沖縄最初の新聞を作ったのは、他府県より八年遅れて一八七九(明治一二)年の廃藩置県まで沖縄の支配者であった首里の旧支配階級の子弟たちで、そのうち二人は、沖縄最初の県費留学生として学習院で学んだほか、ほとんどが東都で学んだ二十代の若人たちであった。

創刊者の一人、太田朝敷《おおたちょうふ》は、後に同社の社長となり、沖縄言論界の代表者とも言うべき人だが、一九三二(昭和七)年に、彼は『沖縄県政五十年』を著わし、沖縄がいかに本土政府から差別され、沖縄県民がいかに他府県人の偏見に苦しめられてきたかを、怒りをこめて陳述している。彼のことばを借りると、廃藩置県以後、「沖縄県人は自分の郷土でありながらまるで食客の立場に置かれていた」のであり、そこから『琉球新報』の特異な編集方針が打ち出されたというわけだ。

つまり、旧支配階級の子弟は、新聞を武器にして他府県人の手から支配権を奪回しようと計ったのである。同化政策を鼓吹したのも、そうすることが彼らの目的を達成するのに有利だったからにほかならない。ともあれ、その後にできた新聞をふくめ、沖縄の新聞は、沖縄の近代化過程で、多大のエネルギーを沖縄県民にたいする本土政府の差別に抗議し、他府県人の偏見を払拭するのに費やしている。そのことの当否は、ここでは措くとして、どういうことがあったか、二、三の事例を紹介しよう。

同化政策の推進を編集方針とした『琉球新報』が刊行されてから一〇年目の一九〇三(明治三六)年には、沖縄の土地整理が完了し、他府県なみの地租改正が行なわれた。制度的に他府県へ一歩近づいたわけであるが、この年に「人類館事件」と呼ばれる異例な事件が起こった。

大阪で第五回勧業博覧会が催されたさいのこと。学術人類館の会場には、映画のセットよろしく茅葺小屋がしつらえられ、中には二人の沖縄女性が「陳列され」た。説明者が、「此奴は、此奴は」とムチで女性たちを指しながら動物の見世物さながらに沖縄の生活様式とかを説明していた。

これをみて憤慨した県人の一人が『琉球新報』に投書し、生活現象を紹介するというなら他に良策もあろうに、娼妓を連れてきて、「琉球の貴婦人」だと言っている。また人類学研究のためというなら、あらゆる人種を集めるべきはずなのにそうはしてない。現に浪速にも歯を染め眉をそった婦人がいるのに陳列していないではないか、と怒りをぶちまけた。同紙は、すぐに「同胞にたいする侮辱」と題する社説をかかげ、学術人類館とは名ばかりで、世人の好奇心に投ずる見世物的陳列にほかならないと論難した。

「人類館最初の計画は、支那婦人までも陳列するはずなりしが、それは支那公使の異議により中止し、すでに陳列されたる朝鮮婦人についても目下、韓国志士その撤回を運動しつつあり。しかしてその理由とするところは、隣国の体面を辱しむるというにあり。この挙、外国にたいして侮辱なれば同胞にたいしても侮辱なり。かかる侮辱を進んでなす冷酷の陳列者に向って多くの事理を述べる必要なし。わが輩は当局者に向って速かにこれが中止を命ぜんことを勧告す」

同新聞は、相ついで「人類館を中止せしめよ」という社説をかかげ、その中止を要求した。

『大阪朝日新聞』も「人類館の不都合」と題しつぎのとおり論評した。

「彼の人類館なるものが、学術の二字を冠する如きは、僭越の至りにして、事実は生きた人間を観せ物にするものである。今の世の中では動物にたいしてさえ、保護の方法がある。たとえ知識、生活程度が最低の者にせよ、人類を公衆の前に観せ物としてさらし、侮辱を加えるは、博愛仁慈を標榜する文明人のなすべきことではない。いわんや知識および生活の内地同胞と、何らの差異なき沖縄婦人をや。先には支那人及び朝鮮人にたいしては、各その本国人の抗議によって撤去せられしに拘わらず、却《かえ》って直接なる我が同胞を曝《さら》し物として世人も之を咎《とが》めず、当局者も知らぬ顔をなし、面白げに之を見物するが如きは、如何にも無情極まる次第といわねばならぬ」

同紙は、さらに、付言して言う。

「彼の沖縄婦人は、甘言をもって誘拐されたもので、その実情を察すれば気の毒にあらずや。しかるに世の宗教者は、彼の醜業婦の舞踏などについては、青筋立ててやかましく論じながら、この憐むべき同胞の窮状に至っては、傍観してさらに知らざるものの如くなるは、われわれのさらに解し難きところである」(一九〇三年四月二七日)

この事件は、きわめて象徴的なものだが、こうした論評が現在も通用するところに、日本人の陰湿な差別と偏見の問題の根深さがある。すなわち、人間を見せ物にして恥じない事態は、封建的残滓が濃厚だった明治時代だけのことではなく、民主憲法下の戦後においても堂々と再現されたからだ。

沖縄の一婦人が「アナタハンの女王」などと猟奇的な名をつけられ、本土各地で衆目に曝された事実を読者も想起できよう。鶴見俊輔らも『日本の百年』で述べているように、戦争という極限状況下の小さな島で、男三〇人と女一人が異常な生活を強いられた実情を、金もうけの手段に供し、最大の被害者である沖縄女性を、とことんまで食いものにしたのである。それを許した本土の精神風土は、現在もさして変わっているとは思えない。

現に「非核三原則」は、沖縄には適用すべきでないとする政府の態度にたいしても、本土の有識者が黙認しているのは、前述の『大阪朝日新聞』が非難した「宗教者」の態度と同じと見なされてもやむをえまい。

台湾直轄論

その後、沖縄でも他府県同様に徴兵令も実施され、日露戦争では多くの犠牲者を出し、もはや名実ともに日本帝国の臣民になれたと自認していた。ところが、またも沖縄県民をひどく動揺させる問題が、一九〇八(明治四一)年に起こった。沖縄を台湾の直轄にすべしという「南洋道の新設問題」がそれである。

桜井と中村という代議士が、中央政府がもてあましている貧乏県の沖縄を、台湾総督府の直轄にして内地の負担を軽くしようとの趣旨から運動を始めたというものである。『琉球新報』は、代議士のなかには心事の陋劣な者がいて、砂糖消費税が議会で審議されると、すぐに沖縄に運動費を要求したが、選挙法の実施を請願したときも運動資金を差出すまでは、言を左右にして尽力する意向を示さず、金を与えると、別人のように奔走する者がいると報じた。

同紙は台湾直轄論の提案は、きっとまた何か魂胆があるにちがいないと断じ、沖縄県を中央政府がもてあましているかどうかは知らないが、「県下に政府が投じつつある政費の全部は八十余万円にして、政府が、県下より収めつつある租税その他の収入は三百万円に達せり。金銭の関係より言えば、あながち持て余されおるとも思われず統治上とてかかる柔順忠義な人民は他に比類なかるべし。政府にして、もしこの良民を持て余す位なりせば、はた誰を相手に帝国の事を謀らん」と非難した。

事の真相は、台湾総督府が、中央政府から関税の納付を迫られたため、不足分を沖縄県からの収入で補塡するために、桜井、中村両代議士らを動かし、南洋道庁を新設して沖縄県を台湾総督府の直轄にしようとはかったのだという。

地元の新聞は、私益をはかる代議士が「琉球秀麗の山川とわれら五十万民衆を台湾に売らんとするものだ」と論難したが、結局、この問題は第二五議会で本格的に審議される前に、県民の猛烈な反対で立ち消えとなった。とはいえ、沖縄での廃藩置県から三〇年後に、こういう騒ぎが起こったことに注目する必要があろう。政府は、この時点でも、いぜんとして沖縄県を本土各府県と同一視せず、したがって積極的に振興政策を講じてもいないことが、これからも明らかだから。

一九五二(昭和二七)年の講和会議で、日本政府は本土他府県の独立とひきかえに、「沖縄の百万県民をアメリカに売り渡した」として、沖縄では四月二八日を「屈辱の日」と呼んでいるのも決して故なしとしないのだ。

中央の沖縄にたいする差別的処遇は、県民のあいだに被害者意識を植えつける結果となった。いきおい、県民は、ほかからの評言にたいしては事の当否を顧みるゆとりもなく、反発する傾向を生んだ。河上肇博士の舌禍事件は、その一例である。

一九一一(明治四四)年四月、調査のため沖縄を訪れた京都帝国大学の河上肇助教授は、依頼を受けて「新時代来る」と題して、教育会の集まりで講演した。彼は、講演のなかで「本県人をもって忠君愛国の思想に乏しという。然《しか》れどもこれは、決して嘆ずべきにあらず。余はこれなるが為に、却《かえ》って沖縄人に期待するところ多大なると同時にまた最も興味多く感ずるものなり」と言い、キリストがユダヤに生まれ、釈迦が印度に生まれたように、千古の偉人は亡国に生まれるものだ。たとえ沖縄では忠君愛国の思想が薄弱でも、他日新時代を背負う偉大な人物は、むしろ沖縄県人のなかから出ることを期待すると述べた。これが事件の誘因となった。

『琉球新報』は翌日、「旅行家の本県評」と題し、異例の一面トップ三段抜きの社説をかかげ、「河上助教授が本県民を指して忠君愛国の誠に欠けたると言い、ユダヤ、インドの亡国民の如く評下したるは本県民の面上に三斗の唾を吐いたも同然、聞き捨てならん」とかみついた。この頃、沖縄には同紙のほか『沖縄新聞』と『沖縄毎日新聞』もできていたが、両新聞も歩調を合わせて河上助教授を排撃する論説を掲げた。そのため彼は、二週間の滞在日程を半分に短縮して帰らざるをえなかった。河上肇の「舌禍事件」として知られる。後日、この事件について河上氏は、伊波普猷の『古琉球』の跋文で、「顧るに、余の嘗て其の地に遊ぶや、一場の講演、端なくも大方識者の咎《とが》を蒙る、少しく思う所なきにしもあらずと雖も、豈に復《ま》た重ねて筆禍を買うに堪《た》うべけんや」と述べている。

その後、大正時代には、広津和郎氏の『さまよえる琉球人』が、また昭和時代には尾崎士郎氏の『夜明けの門』による似たような「筆禍事件」が相次いだ。沖縄県民の偏狭さ、過敏な反応を批判するのは容易だろう。だが問題は、日本人すべての物の見方や考え方と深くかかわるのではないだろうか。

方言撲滅論争

沖縄に県制が施行されたのは一九〇九(明治四二)年で、国政参加が認められたのは、他府県より二二年も遅れて一九一二(明治四五)年。それも特別制度で、他府県同様になったのは、じつに一九二〇(大正九)年になってからである。

第一〇代目の高橋琢也知事は、沖縄を不幸に陥れた原因は、本土人が沖縄のことを誤解し忘却したからで、「沖縄を誤解するは独り民間人に限らず政府の当局者にも亦《また》これあり。其一例を挙《あ》ぐれば沖縄県を以て殖民地と看做《みな》し、特に之を新開の北海道と同視し其地方に対する施政の方針制度の特例等皆常に之と同一に処理せんとし、若《も》し一制を改め一令を更《か》えんとすれば、必ず北海道を例に引いて、之を拒否するの状あり」と慨嘆した。

一九四〇(昭和一五)年の「方言撲滅論争」も、こうした植民地政策の一例でしかない。同年一月、柳宗悦氏ら日本民芸協会の一団が沖縄を訪れたさい、彼らは、県当局が皇民化の大義名分をかかげて、県民に沖縄の言語風習を忘れさせようとしていることを批判した。

すると、県学務課は、地元の三新聞に「標準語励行について」という声明を出し、民芸協会員の意見は、沖縄文化にたいする無責任なエキゾチシズムでしかなく、そのような趣味人の玩弄《がんろう》的態度は、県民をまどわし、日本国民の育成に役立つものではないと断言した。

この方言撲滅論争は、二月、三月とつづき、あげくは中央論壇にまで波及し、賛否両論が闘わされた。評論家の杉山平助氏は、淵上房太郎知事が、国民的一致のためには「沖縄の地方的特色は、いっさい抹殺されねばならぬ」とする見解を支持し、「標準語を徹底的に普及せしめるために、従来の方言に圧迫を加えようとさえする県当局の方針は全く正しい。琉球はあらゆる方法をもって、その過去から脱却しなければならない」と主張した。

これにたいし柳氏は、「沖縄で一人の児童が誤って沖縄語を口にすれば、ただちに方言札を手渡され、次の方言者を発見するまでは、前の方言者はその責任を逃がれえないという如き、まさに郷土文化を蔑視するような方法が果して許されていいのか。なぜ沖縄でだけそのような方法をとるのか。それは沖縄県民を特殊扱いしている感じを与えるし、県民の心に屈辱感を与え、野蛮視しているきらいがないであろうか」と反論した。

こうした見解にたいし、県知事は、方言を廃止し、標準語に改めぬかぎり「沖縄のような弊県」の振興はありえない。徴兵検査の折など、まだ正しく言葉の使えぬ者がいて、笑い話になるくらいだから、他県と同一にみては困ると公言した。県当局による標準語励行は強制された皇民化教育の一側面であり、軍国主義の高揚と並行して、皇民化の名のもとにすべての沖縄色が排除されていく序曲であった。

『沖縄の歴史』の著者、比嘉春潮《ひがしゅんちょう》氏は、「沖縄にたいするこうした差別的な扱い、固有の伝統文化にたいする蔑視や抑圧は、言語にかぎらず日常生活のあらゆる風習にわたって、政策として行なわれた。それは朝鮮や台湾における皇民化運動とまったく同じであった」と記している。

日本民芸協会員は、他府県人と同様、沖縄県民にもその文化的価値をはっきりと認識させ、郷土にたいする自信と愛情のなかから、日本精神を復興させるべきだ、と強調すると同時に、言語論争の間接的責任者は本土の一般人である。彼らが沖縄文化にたいする認識を欠き、理解の無さからくる沖縄人にたいする冷酷な態度にも問題が発生した原因があると論じた。

だが、上からの皇民化は、戦時色の強化とともに強まる一方で、無理強いに皇民意識を叩きこまれた沖縄県民は、第二次大戦の破滅へ向っていや応なしに追いこまれていく結果となる。

放棄された沖縄

明治、大正、昭和にかけて、沖縄の指導者が最も力を入れたのは、教育であった。差別や偏見から解放されるには、教育を普及し、県民のレベルを高めるしかないという発想からで、それだけに沖縄の教育は、当初から人間教育とはほとんど無縁であった。教育によって本土との同化をはやめ、日本人としての国民的アイデンティティを確固たるものにしようとはかった指導者の意図は、中央政府の富国強兵策の格好の餌食になった。皇民化教育は、日本帝国の「忠良な兵士」の育成と表裏一体のものだったからだ。

沖縄教育会の機関誌『琉球教育』は、教育者の最も重要な任務は、「夫《そ》れ此の民をして軍国の民たらしめること」であり、「本県上流の青年をして忠勇なる軍人たらしめ以て軍事精神、国家思想を頑迷無知なる一般人民に起させること」だと強調している。

皇民化教育は、沖縄での廃藩置県直後より中央政府から総理大臣や大物政治家、高級官史、軍将官が相ついで来沖したのをはじめ、御真影の下賜→軍事教練の実施→皇族の来臨→神道の布教といった過程と同時並行的に進められた。

皇民化と関連して沖縄のすべての新聞が、異口同音に強調したことは、沖縄出身の兵士は他府県の兵士とは違う使命をになっており、それは、沖縄にも「祖国のためにかくの如く忠勇の人民あり」ということを、天皇のため命を捧げて国に殉ずることにより、日本全国の人びとに知らせることだ。沖縄県人は、他府県人にいかなる点でも決して劣るものでないことを「身をもって証しなければならない」ということであった。

だから県内から戦死者が多く出れば出るほど、新聞は、社説で「いまやわが沖縄県民は、今上陛下の忠良の臣子なり。愛国熱情の国民の一部なり」と述べ、戦死者の増大がよりいちだんと県民の「面目をほどこす」ことになったと称賛した。

しかし沖縄歴史にくわしい米スタンフォード大学のジョージ・H・カー教授が、皮肉たっぷりに指摘するように、「沖縄人自身は、天皇の忠良なる臣民であることを認められたかったのだけれども、他府県の人びとは、彼らを同資格の臣民と認めるだけの用意を持ち合わせていなかった。沖縄人にたいする一般の態度は、主人顔の都会人が、田舎者の従兄弟の存在を認めることを強いられたときの態度に似ていた」というしまつであった。

そのような背景から、第二次大戦におけるひめゆり部隊や鉄血勤皇隊の悲劇は、拙速でいびつな皇民化教育のいわば不可避の帰結であった。

では、沖縄住民の血の犠牲は、いったい何をあがなったのであろうか。沖縄戦の末期、敗戦の責任が、まるで沖縄の個々の住民にあるかのように、少なからぬ人たちが「スパイ」の汚名を着せられ、「皇軍兵士」の手で惨殺された者さえ少なくなかった。その上、何百人もの婦女子が、作戦のじゃまだと守備軍から自決を強いられ、夫婦、親子が集団自決を図り折り重なって死亡した。沖縄戦でアメリカ兵が一万四〇〇五人、他府県から来た日本軍将兵が七万四七九六人の死者を出したのにくらべ、沖縄住民が一四万余の死者を出した事実は、何を物語っているのか。

本土のある著名な評論家は、沖縄の歴史的背景をまったく無視して、ひめゆり隊員や健児隊員の死は「動物的忠誠心」のあらわれだと批判した。言われるまでもなく、そのこと自体は、誰よりも沖縄住民自身が屈辱と憤怒のなかからはっきりと学びとったことであった。しかし、評論家のこうした臆面もない評言は、多くの沖縄住民を憤激させ、一人の人間を文字どおり憤死させる結果となった。

最近、私は、著名な軍事評論家たちの太平洋戦史を読みくらべてみて、慄然とさせられた。大本営では、米兵が沖縄へ上陸して二週間目頃、つまり四月一七日の時点で、いな米軍の上陸以前から、すでに沖縄を放棄していたと共通に指摘していたからだ。

沖縄戦が正式に終結したのは、九月七日だから大本営が四月中旬の時点で沖縄を放棄することを決定したのであれば、なぜ地元住民にあれほどの犠牲を強いる必要があったのか。

要するに、本土決戦を遅らせるためのいけにえに供した、というほかない。というのは、その当時、本土の防衛体制は、六〇％ていどしか完成していなかった。そのため米軍を一日でも長く沖縄に釘付けにして、その間に防衛体制を完成させようとして、あえて勝目のない無暴な戦闘を戦わせたのだ。

沖縄戦の最後の段階で、沖縄方面根拠地隊司令官・大田実少将は、海軍次官あての訣別電報のなかで、住民がいかによく軍に協力したかを伝え「沖縄県民斯く戦えり県民に対し後世特別の御高配を賜らんことを」と、とくに訴えた。

しかるに戦後、沖縄にたいする本土政府の取り扱いは、周知のとおりである。講和条約を締結するさい、住民の七二％が署名までして日本復帰を請願したにもかかわらず、完全にそれを無視、沖縄だけを分断して異民族の軍政に委ねた。しかも、吉田茂首相は、九九ヵ年租借の「バミューダ方式」を提案したほど。

占領者アメリカは、日本政府の沖縄にたいするこうした差別をとことんまで利用し、「被圧迫民族の沖縄人」を日本政府の圧制から「解放した」と公言、基地沖縄での数々の人権侵害にたいする非難の防壁としてきた。

現在でも、もし施政権が日本に返ったら経済は破綻、沖縄は戦前の貧乏県に逆戻りし、住民はイモとハダシの生活を余儀なくされる、と大ぴらに不安感をあおっているしまつである。しかも、沖縄住民の経済不安を利用することによって、米国とのあいだのいわゆる「核安保」を強化しようとしているのが、ほかならぬ「独立国日本」の政府であり自民党ではないか。そうした事態をも黙認して、ろくに気にもとめないのが誰あろう、本土の多くの学者・知識人であり一般国民ではないだろうか。

われわれは、外国における人種差別や偏見について、意味のある批判をするためにも、まずみずからの体内に巣くう毒素を抉り出すことから始めねばなるまい。

沖縄の唯一の民意代弁機関である琉球政府立法院が、採択したつぎのような決議を、本土の日本人はいったいどう考えるのだろうか。

「日本国憲法の下に日本の一県として、また日本国民として等しく政治の恩恵を享受すべき沖縄県民が、実に二十三ヵ年余の長期にわたり祖国から分離され、異民族統治の下、特殊な制約を受け、犠牲と負担を強いられていることは、百万県民にとって堪え難い苦痛である。このような統治はもはや容認できるものではない。

沖縄の施政権返還の意味するものは、民主的平和憲法の下に他の都道府県と差別なき平等の地位に沖縄を回復する全面返還である。従って核つき返還、基地の自由使用を認める等沖縄が他の府県と異なる特殊の負担や制約を受けるものであってはならない。……軍事目的のために沖縄を分離しているという不当な現実は、正義と秩序を基調として国際平和を希求する日本国憲法の精神にもとることを佐藤総理大臣は自覚し、その是正こそ国政上最優先の問題として処理すべきだ」

3　無知とエゴイズム

意識の断絶

私は、一九六八年四月中旬に上京していらい、復帰問題をはじめとする「沖縄問題」について、いろいろな出版物を手当たりしだい読んでみた。その筆者は、政治家から政府役人、学者、作家、ジャーナリスト、学生、労組員にいたるまで広範な層に及び、考え方もいわゆる右から左まで多様であった。沖縄についてのシンポジウムや研究会、あるいは座談会などの記録にもできるだけ目を通してみたし、機会あるごとに多くの人たちと話し合ってもみた。

沖縄現地に生活の根拠をもつわれわれが、日頃いだいている疑問への回答が見出せるのではないか、本土の日本人にたいしてもちつづけてきた疑惑が払拭されるのではないか、いや、ぜひ払拭してもらいたいものだと期待したからだ。

だが、結果はほとんど失望に近かった。沖縄のいびつな事態に、われわれと同じように心を痛め、その解決に尽力している善意の学者、作家、ジャーナリスト、あるいは組織人がいないわけではない。むしろ、異民族の軍政下にあって、数々の人権侵害や軍事基地からこうむる被害にたいしても、私益追求の立場から目をつぶっている一部の沖縄住民以上に沖縄の現状をうれえ、日夜あたうかぎりの力を尽くして問題解決にとり組んでいる本土の心優しい人たちもけっして少なくはない。また、沖縄問題についてのすぐれたルポや精緻な分析もなかったわけではない。それでいて、結果は、思わしくないと言うほかないのは、いったいどうしてだろうか。

全般的にみて、沖縄に住んでいる人びとと本土に住んでいる人びととのあいだに、沖縄がかかえている問題についての認識もしくは意識のうえでずれがあることがいやおうなしに認知されるからだ。いかに同一の問題を論じていても、共通な視点を欠き、論点がかみ合わなければ、実りある成果はあげようがない。

戦後二三年にわたって、異民族の軍政下に放置されたままでいる沖縄の人びとが、本土政府や本土の人びとにたいしてもつ疑念は、単純ではないし、昨日今日出てきたものでもなくて、歴史的に根深いものがある。ここではより普遍的で根本的な二つの点についてとり上げてみよう。

一つは、本土に住んでいる人びとは、はたして沖縄の実情を認識しているだろうか、というごく簡単なことである。もう一つは、認識はしていても、では沖縄のいびつな現状を「みずからの問題として」関心をもっているだろうかということである。一九六七年秋の佐藤首相の訪米以来、いわゆる「沖縄問題」は、本土のマスコミが派手に取り上げてきたものの一つである。それでいて現実にこのような疑惑が提起されるのは、奇妙と言えば奇妙だが、マスコミに取り上げられることが、疑惑を払拭することにはむろんならない。

沖縄の実情についての認識という点から言えば、数年前にくらべると、たしかに現在は認識している人の数もふえている。だが認識している人の数も範囲も、いぜんとして全国民的ということからはほど遠いのである。また、事実認識の点でも、革新系の積極的に政治活動をしている人びとのなかにさえ、沖縄へ渡航するのにパスポートが必要だという単純な事実さえ知っていない者がまだいるほどで、認識の度合は、沖縄で期待されているよりはるかに浅いとしか言いようがない。

認識の程度は相当に深くなければならない。それも全国民的にある程度、共通な認識に至らないかぎり、実質的に沖縄の諸問題を解決しうる力とはなりえないことは、あらためて指摘するまでもない。

沖縄事情の認識という場合、本土の人びとにとって、それは、たんに他府県の実情を知るということとは、本質的に意味がちがうことを明確にする必要があろう。沖縄住民が本土他府県の現状をよく知っていないということとは、まったく別の問題である。理由は簡単明瞭である。すなわち「本土の人たちは、沖縄の犠牲のうえに繁栄を謳歌してきたが、その逆は、成り立たない」からだ。それだからこそ沖縄側は、本土他府県人がみずからの義務として沖縄問題を認識することを期待もし、要請もするわけだ。はたしてそれは、不当な要求だろうか。

本土の人びとが、まずそのことをはっきりと理解し、認識を深めていくのでないかぎり、沖縄に住む人びととのあいだに現に介在する意識面のずれは、埋めようがない。ましてや共通の視点の確立も、沖縄問題の実質的解決も、ありうるはずがない。

本土同胞のひとりひとりが、沖縄の実態を把握することを、みずからの義務として取り組んだとき、はじめてその認識は「全国民的な声」に結集され、異民族による軍事占領という屈辱的事態を変革し、真に日本の独立を達成する力に転化できるのである。少なくとも沖縄では、そう考え、それに望みを託していると言える。

沖縄からの疑惑

ところで、沖縄問題についての認識は深まっても、それをたんに知識として身につけているだけでは、期待はもてない。沖縄問題を「みずからの問題」として関心をもち、本土の日本人も沖縄側と手を取って解決をはかるのでなければ、実質的には何らの進展はありえない。本土側で、沖縄の実情についていかに綿密な分析をなし、いかに精緻な理論を組み立てても、「みずからの問題として」とらえないかぎり、沖縄側では、それを血の通った議論、自分に身近なものとしては受けとるまい。

むろん、理論構成は精緻なほどよい。だが、誰もかれもが評論家となって沖縄問題の解釈に終始するのであれば、いくら沖縄問題について論じてもしらじらしく響くだけ。なぜなら復帰問題をはじめ沖縄問題は、現に解決を要する切実なものばかりだから。一九六八年一二月一九日のB52の爆発事故以来、問題はすでに県民の生存そのものが脅かされるほど深刻化している。そのことは「いのちを守る県民共闘」が結成されている事実からも明らかだ。

ここで、とくに指摘しなければならないことは、本土と沖縄との決定的な差異についてである。本土と沖縄との決定的なちがいは、本土の人びとが曲がりなりにも独立国として平和憲法の適用を受けて生活しているのにくらべ、沖縄では、核基地のなかで憲法の保護もなく、外国軍隊に占領され、人間としての基本的権利さえ拒否されて、生活しているという厳然たる事実である。

この現実的相違があるからこそ、はたして本土の人びとは、沖縄問題を真に「自分の問題」として考えてくれているだろうか、という沖縄側の疑念を生むことになる。

沖縄を訪れた本土のある通信社の社長は、基地公害に悩まされている沖縄住民にたいし、「ご苦労にもアメリカが遠い外国まで出かけてきて共同防衛の任務に当たっているのだから、われわれは、その労をねぎらうのが礼譲にかなう。守礼の邦のみなさんは、その点内地の全学連その他のわからずやとはちがうと信ずる。米軍がある程度わがまま勝手の振舞いをするのは、命がけで防衛にあたっているのだから、一般市民より何らかの特権を必要とするのは、当然ではないか」と臆面もなく講演している。

こういうことは、沖縄戦で十数万の沖縄県民が犠牲となった事実をまったく無視するのでなければ言えないことだし、沖縄の住民だけが憲法の保障も受けていない実態をも、あたりまえと見なしているのでなければ、到底口にできない発言である。

一方、佐藤首相は、六八年九月一三日、岐阜市で開かれた一日内閣の席上、最近のチェコ問題は、自由の尊さを教えるものだと述べ、国を守る気概を強調したが、そのなかでこう述べたものだ。

「われわれは、本当に自由な国で生活している。最近のチェコ問題をみると、当然の自由さえもてない国があることに気づく。チェコ国民に改めて自由の尊さを教えてもらった。ソ連軍の侵入によって、意思が抑圧されているチェコ国民にたいして同情にたえない。同時に自由のもとに生活している日本人は、何としあわせだろうか。自分の意思で自分の国の政治体制を決めることのできない共産国には、自由はない」

この立論が正しいとすれば、沖縄はどういうことになるのか。首相がここでいう「われわれ」とか「本当に自由な国」とか「日本人は何としあわせだろうか」という文言には、沖縄が含まれていないことは確かである。みずからの意思や願望を完全に無視されて政治が行なわれているのが沖縄であってみれば、沖縄を除外するのでなければ、以上のような公言はできるはずがない。

同月、『朝日新聞』は本土各府県の三〇〇〇人の有権者を対象に世論調査を実施しているが、「家族や仲間同士で最近話題になったのは何か」という設問にたいし、回答結果は、飛田川のバス事故の三一%を筆頭に、チェコ問題が二三%、身のまわりのことが二〇%、物価など生活問題が一八%、ベトナムと安保が一一%とつづき、「沖縄問題」と回答した者はいない。

また、それより先、六六年三月に、東大で東京都民を対象に行なった国際意識調査の結果を、最近みせてもらった。そのなかに「世界の国々の出来事について、テレビや新聞で見たり聞いたりするとき、これらの出来事のなかで一番自分に関わりがあると感ずるのはどれですか」という設問があり、その回答では、アメリカ(二八・六%)、ベトナム(二八・三%)、沖縄(一三・九%)、中国本土(五・〇%)という結果になっている。

好むと好まざるとにかかわらず、本土側で沖縄の問題が、「自分の問題」としてはとらえられていない事実を、われわれは直視する必要があろう。そこからスタートしないかぎり、本土側と沖縄側に介在する意識の亀裂は、埋まるどころか拡大する一方となるにちがいない。

とどめようもない不信感

本土の革新系の一部には、「平和憲法などといっても空洞化されたものでしかなく、本土が核基地ではないといっても、事前協議条項などもなしくずしにされている現状から、本土も沖縄も実質的には同じだ」と言う者がいる。だが、こういう意見は、沖縄では通用しない。みずからは「安全な場所」に住んでいる者のへりくつであり、自己の責任を回避しているとしかとられない。なぜなら、そういう人たちは、現実に沖縄に住んでもいなければ、では、はたして彼らは核基地沖縄に家族ともども住みつけるかと言えば、住みたいなどとは思ってもいない。そのことを沖縄側ではよく知っているからだ。

『琉球新報』は、一九六二年四月一六日の「首相にも沖縄を見て貰おう」という社説で、「従来、本土における沖縄についての理解や関心は、ともすればショッキングな事件や、センセーショナルな問題によって積み重ねられてきた。したがってその理解や関心も、観念的、抽象的なものになりがちであり、あるいは前提条件に相当ずれのある本土の現状と同一だと錯覚しがちである」と述べている。

一九六七年秋の佐藤首相の訪米は、沖縄の人びとの要求を裏切る形となった。なぜなら、沖縄唯一の民意代弁機関である立法院のつぎのような決議に何も答えてはくれなかったからだ。つまり、佐藤・ジョンソン会談は、後述の決議内容に反し、極東の安全保障という観点から施政権の返還を考えるとか、米政府の主張する日米防衛協力の枠の中で沖縄返還を考えるといった具合に沖縄側の要望に適うものではなかったのだ。とりわけ核問題にたいする不満が強かった。

ちなみに立法院は、同年一一月四日、「佐藤総理大臣訪米に際し沖縄の施政権返還を要求する決議」を採択し、そのなかでつぎのように述べていた。

「日本国憲法の下に日本の一県として、また日本国民として等しく政治の恩恵を享受すべき沖縄県民が実に二十カ年余の長期にわたり祖国から分離され、異民族の統治の下、特殊な制約を受け犠牲と負担を強いられていることは、百万県民にとって堪えがたい苦痛である。このような統治の継続はもはや容認できるものではない。

当院は、県民の総意を代表してこれまで幾たびとなく祖国復帰の要請を議決して訴え、また国会および各地方議会も同趣旨の決議を行ない、全国民の意思は表明しつくされているにもかかわらず、政府としてその実現に関し積極的な措置がなされていないことは、誠に遺憾であり、われわれの強く不満とするところである。……

戦争の結果、不合理、不自然な地位におかれた沖縄を正常に戻すことを米国に強く要求し、国連憲章の基本原則である主権、平等、国際正義の理念に徹し、国際道義に立脚して沖縄の施政権返還を実現することは、政府にとって最も緊急を要する重要課題であるとわれわれは確信する。」

「よって佐藤総理大臣は、訪米の機会に沖縄の施政権返還に関して、次の基本線に立って対米折衝に当たられるよう、強く要求するものである。

(1) 施政権返還の時期を明確にすること。いかなる理由があるにせよ、これ以上米国による沖縄統治を継続させてはならない。したがって施政権の返還は、おそくとも一九七〇年四月までに、完全になされるよう確約づけられるべきである。

(2) 沖縄の施政権返還の意味するものは民主的平和憲法の下に、他の都道府県と差別なき平等の地位に沖縄を回復する全面返還である。したがって核つき返還、基地の自由使用を認める等沖縄が他の府県と異なる特殊の負担や制約を受けるものであってはならない。

(3) 施政権返還に際し、基地の現状を是認し、あるいはその代償条件として新たな禍根をつくる措置があってはならない」

同議決は、さらに語をついで言う。

「われわれは、安全保障に名をかりて返還を遅延し、あるいは国民の当然にして至当の要求をゆがめ、または何らかの拘束や負担を新たに加えることを強く排撃するものである。

軍事目的のために沖縄を分離しているという不当な現実は、正義と秩序を基調として国際平和を希求する日本国憲法の精神にもとることを佐藤総理大臣は自覚し、その是正こそ国政上最優先の問題として処理すべき最高の責任であるとの確信のもとに、国民世論に答え、われわれの要求する基本線に立って具体化の道を開き、国家の名誉と総理大臣の政治生命にかけて沖縄の施政権返還を実現するよう強く要求するものである」(立法院事務局議事課編『立法院決議案』)

佐藤首相の訪米以前から、本土政府にたいする沖縄側の不信感は、とどめようもなく深まりつつあった。地元の新聞は、沖縄が本土他府県とは差別され、二十有余年にわたって犠牲を強いられていることにたいし、かつてみられなかった強い口調で本土政府の責任を糾弾する論説をかかげるようになったのだ。

全体のための犠牲

『琉球新報』(一九六七年五月二二日付)は、「外務省の核付き返還論」という社説で、本土では核と言えば、広島、長崎の原爆体験から、きわめて神経過敏になってしまい、それが日本国民の沖縄認識のうえに重大なブレーキをかける結果となってしまった。政党も学者も、進歩的文化人も核基地沖縄はまるで申し合わせたように避けてきた、として言う。

「二十余年間の外国による支配の過程において、日本本土で沖縄が認識されたのは、はたして何年であったろうか。日本国民の問題として、みずからの問題として国民の意識のうえに沖縄が浮かび上がり、論議されたのはここ数年来のことでしかない。そのような遅れは、あながち世論の盛り上がりがおそかったということだけではなく、〈そこに核がある〉からではなかったろうか。

もし沖縄返還の最大の癌が、沖縄が核基地であるということにあるならば、われわれは、それに目をつぶって返還を論議することはできない。「核付き返還論」がひとつの返還方法論であるとすれば、核をめぐってのもっと激烈な議論が展開されてよいはずである。

外務省が沖縄の核基地と真剣に取り組むというなら、われわれはその態度を歓迎したい。……沖縄の最大最終の目標は本土への復帰ということで住民は一致しているからだ。さらにわれわれは過去何年か、いわゆる核基地と同居してきたからだ。核をどうするということは復帰後の問題であろう。……外務省が核基地問題を真剣に検討することが、復帰への道を早めるものであれば、われわれは歓迎する」

一方、『沖縄タイムス』は、「本土政府の統一見解」と題する社説で、沖縄基地が日本の安全にとっても、米国にとっても大切な基地であるという点で、日米両国は一致している。こういう基本線に立っているかぎり、全面返還という抽象論にかくれた現状維持の考え方しかでてこないとして、つぎのように説いている。

「平和憲法あるいは原爆の唯一の被爆国という手前、国内には核兵器を持ちこまない——実にりっぱで、かしこい考え方である。だが、沖縄だけは別である。沖縄基地の使用は米軍にとって自由であるし、そこでどのような兵器が配置されようがかまわない。それが日本の安全には大切である。そこがもし武力攻撃されたら、その防衛は米国の責任である——これが本土政府の考え方になっているのではないか。

そこで私たちが切なく感ずるのは、本土の全体の安全のためには、沖縄という一部の犠牲はやむをえない。たとえ攻撃されても沖縄だけに限定したい——そのような潜在意識が本土政府にあるのではないかということである。そういう潜在意識があるからこそ、沖縄が攻撃されたら、という仮定も簡単に成り立つわけであろう。だから沖縄問題は、何度統一見解をまとめたところで、少しも前には進まない。沖縄はいつまでも、そうであってよいのだろうか。国会で徹底的な論議を望みたい」

政府にたいする不信は、何も言論機関や野党の専売特許ではなく、沖縄では与党内部からもくり返し公言されていた。たとえば、本土政府と与党の自民党は、一九六八年一一月の主席公選の前に、しきりと本土と沖縄の「一体化」策を宣伝し、相ついで調査団を派遣するなど政府案の売り込みにやっきとなっていた。

だが、現地では、新聞論調をはじめ、政府与党でさえそれには疑心暗鬼の色をかくそうとはしなかった。というのは、盛りだくさんの計画案を麗々しく並び立てるだけで、肝心の裏付けとなる予算措置はしてなかったからである。

六八年七月二二日付の『琉球新報』は、「一体化の推進という場合はまず何年までに復帰するから、その間に復帰の際のまさつを最小限にするための措置をとる、ということでなければ、具体的に計画を進める方法がないことになる。ところが現在は、復帰のメドがつかないまま、ただ漠然と本土と沖縄の一体化策の推進ということになったため、一体化策も具体性を欠いたものとなっている。一体化調査団の報告にしても項目を並べ立てたばかりで、それに要する費用はいくらで、何年がかりでやれるといった具体的なことが全く欠けている」と批判している。

『沖縄タイムス』も異口同音に、予算の裏付けのない一体化策を論難した。

放置された危険

一方、政府のいうような、たんなる心情的な一体化策でなく、野党や民主団体は、今こそ本土と沖縄は、ことばの真の意味での「連帯」が必要だと強調しだした。だが、現実にはどうかと言えば、そういう声とはうらはらに、沖縄住民の本土同胞への疑惑は、逆に深まりつつあった。それも皮肉なことには、佐世保の異常放射能事件や、九州大学での米軍機墜落事件などを契機として、本土同胞の基地撤去運動が高まるにつれて、「やっぱり沖縄のことは、他人事でしかないのだ」といったぐあいに。

沖縄では、原子力潜水艦は、勝手気ままに出入りしているし、米軍機の墜落による人命の犠牲は、相ついでいるにもかかわらず、政府や本土同胞の反応は、まるで鈍かったし、現に鈍いことが、いわば対照的に再確認されたからである。

「本土政府のふがいない態度」と題して、『沖縄タイムス』は言う。

「本土の場合、特殊兵器の持ち込みには、米国との間に事前協議をする申し合わせがある。しかし沖縄の現状では、米国は勝手にどこの干渉も受けず、自由に沖縄へどんな兵器でも持ち込める。本土政府がこの状態をいつまでも黙って見過してよいかどうか。本土政府が、米国と事前協議の制度を取り交わしているのは、予想される不利益から国民を事前に守るためにちがいなかろう。

だとすれば沖縄のミサイル問題について本土政府が、いかにもわれ関せずの態度をとっているのは、沖縄の住民を国民として扱うことを忘れていることになりはしないか。ふがいない話である」

ところでこの論説は、一九六〇年に書かれたものだが、こうした論調は、現在もいささかも変わってはいない。六八年八月六日付の同紙は、「原爆記念日に思う――人間の尊厳の立場から」という社説をかかげ、沖縄にとって原爆は神話ではない。沖縄住民は核基地のなかに生きているのだから。誤算と過失がないという保証は何もない。「沖縄基地の継続的役割」「白紙論」「抑止力」といった本土政府の発言に、人間尊厳の無視を感じないわけにはいかないのだ、と論じている。

さらに翌七日の「心配ないというが――放射能コバルト60の検出」という社説では、佐藤首相が、「原子力潜水艦の安全性が保証されないと日本に寄港してもらうわけにはいかない」と述べたことにたいし、「米国の原潜が寄港する頻度は、本土と沖縄をくらべると話にならぬほど沖縄が多く、しかも寄港は無条件である。したがって危険の可能性が多いとするなら、頻度に応じて多い理屈となる。原潜寄港のもたらす問題を処理するに当たって本土政府は、沖縄を忘れてはなるまい」と不満を表明したのだ。

ところで、本土で基地公害にたいする国民の批判が高まるにつれて、政府は本土にある基地の整理縮小を余儀なくされたが、一九六八年二月にB52が台風避難の口実で沖縄に飛来してから、常駐している実状が物語っているように、本土への原潜寄港が問題になると、そのしわ寄せがもろに沖縄にくると懸念された。

六八年九月一日付の『琉球新報』は、本土内における米軍基地が沖縄にしわよせされる方向になると、それは県民を不幸にするだけでなく沖縄問題の解決をいっそう困難にする、したがって本土内の米軍基地問題をとり上げるとき、沖縄基地の強化拡充を結果するような整理縮小であってはならないと警告した。

『沖縄タイムス』(一九六八年九月一一日付)も、「基地点検と日米協議——沖縄の立場を差別視するな」と題する社説で、基地の整理問題が抵抗の強いところから弱いところへというふうに処理されたら、沖縄住民の立場はまったく無視されたも同然であると述べ、過去にも海兵隊が本土から沖縄へ移駐し、当然それによって基地も拡張されたこと。基地問題を討議の場にのせるのであれば、同じ国土であるという観点から、沖縄も同一の次元で検討の対象にすべきであること。沖縄は本土政府にたいし、たえず「無差別」を訴えつづけていること。政策面で「一体化」ということがしきりに叫ばれながら、基地の取り扱い方になると、本土・沖縄の一体化は影がうすくなり、基地公害は、本土より沖縄のほうが比較にならぬほど濃密な形であらわれているのに、目をおおってはならないと論じている。もっともなことであろう。

このように本土以上に危険な沖縄の事態を、本土の日本人が放置していることにたいする不満は、沖縄出身者の胸中に思想・信条の差異や党派の別なく、共通して一種のしこりとなってわだかまっているとみてよい。

腹だたしいスローガン

その点は、政府の下部機関である南方同胞援護会の会長で、沖縄問題等懇談会座長の大浜信泉氏でさえ例外ではない。同氏は、施政権返還の要望がようやく国民世論として成熟しかけてくると、他方ではこれに水をかけるかのように懐疑論が政府与党の内部と評論家の側から出てくるとして、要旨つぎのように述べている。

政府内部からの懐疑論は、沖縄・小笠原問題については、安全保障にたいする考慮がすべてに優先すべきで、いたずらに民族感情にとらわれてはならないという警告の形で提唱されている。つまり沖縄のアメリカ基地は、日本の安全や極東の平和確保のうえから絶対不可欠であり、しかもその基地は施政権に基礎をおいているので、施政権の返還を求めることは、基地の存続とその機能をおびやかすおそれがあるから、現時点ではこれを求めるべきではないということに帰着する。この発想の基底には、安全保障のためには、国土の一部を、その住民とともに他国に売り渡してもよいとする安易な考え方がある、と。

大浜氏は、語をついで言う。

「たとえ安全保障という大義名分があるにせよ、九州または四国のどこかの県を他国の施政に委ねることができるだろうか。国民はこれを承知しないだろうし、またいくら無責任な政治家といえどもそんな愚かな提案はできないだろう。

ところが沖縄の場合には、このありうべからざることが実施されているのである。それは敗戦に伴う平和条約によるものであるが、既成事実だからいつまでもこれを放置しておいてよい、というべき筋合いのものではあるまい」(『南と北』第四二号)

強弱の度合こそあれ、大浜氏が指摘していることは、沖縄住民の共通意見だとみて差し支えない。

たとえば、『沖縄の歴史』を書いた著名な郷土史家、比嘉春潮氏は、「一七世紀初頭から今日まで、三六〇年間の沖縄の歴史は、忍従と屈辱の歴史である。このことを忘れて、現在の沖縄問題を考えることはできない。私には、沖縄人の心の奥底に、この歴史の重みが深く澱《よど》んでいるように思う」と述べている(『世界』一九六七年一二月号)。

本土でなされる沖縄問題についての分析や理論化は、前述したように、それが実質的に効果をもたらす側面もあわせもたないかぎり、沖縄側では受け入れられず、力をもちえないだろう。皮肉にも分析が厳密になり理論が精緻になればなるほど、逆に、多くの沖縄住民の離反を招くどころか、反発を買うことにさえなりかねない。

沖縄の事態は、その場に身を置かない評論家が、自由気ままに「かくあるべし」などと当為の問題として解釈し、論評しておればよいというものではない。人間としての基本的権利さえ拒否されている九六万の県民の生活がじかにかかっていて、現実に早急な解決を要する問題だから。井戸で溺死しかかっているのに、何が正しい救い方かなどと論議することの愚かさと同様だからである。

それだけに沖縄では、本土における沖縄問題への取り組みが、必要以上にスローガン化していることに、いらだちをこえて腹立たしくさえ思っている。

共通の視点は何か

不幸なことに、革新系の人たちが「沖縄解放」だとか、「日本の真の独立達成」だとか、「基本的人権の確立」、あるいは「人間回復」などと復帰運動のもつ正しい意義を説いても、一般の沖縄住民はそれを傷つかない人びとが、抽象概念をもてあそんでいるぐらいにしか解釈しない。本土の日本人が現実的解決に一歩も踏み出しえないのであれば、沖縄住民は浮かばれまいというわけだ。問題が望ましい形で解決されるまえに、自壊作用を起こして破滅さえしかねないからである。

沖縄の世論が、正しくても実現の可能性の少ない政策を掲げる革新系の政党を支持するより、比較的に現実に即した政策をかかげる政党を、圧倒的に支持している事実を見逃してはなるまい。そのことを責めるのはたやすい。だがその背後に、制度的に差別されてきた二三年の年月の重みを、本土の日本人は見てほしいものだ。

むろん、このことは、沖縄住民が復帰運動のもつ意味をなおざりにしたり、理論の深化を怠るとか、正しい運動目標を設定し、まっとうな運動路線を組むことを否定することではない。ましてや、現実べったりの卑小な政策を重視することにもならない。一日も早い復帰を切望しながらも、沖縄の世論が「核つき返還」を拒否したことからも、その点は明白である。

だが、本土の革新政党や民主団体の指導者が、運動理念や抽象語を並べたてるだけで自己満足し、しかも沖縄の過半数の住民は、「おれたちを支持しており味方として連帯が組める」などと、かりにも安易に考えるのであれば、とんでもない結果にもなりかねない。

沖縄の世論が、いつまでも「核つき返還」を拒否するとは、なんぴとも保証できないことである。それを保証するには、本土と沖縄が必要最小限の共通な視点を確立し、文字どおり実践的連帯を組む以外にない。

復帰運動の正しい目標を確立し、着実にその実現に力を尽くしながらも、現実的課題として本土側でできることはいくらでもある。たとえば、冒頭の沖縄事情についての認識の問題にしても、日本全国の学校で使用している教科書に沖縄のことを入れさせることなど、本格的に取り組めばできないはずがない。そうした実践的な働きかけによって、沖縄についての認識は、全国民的なものに高めうると言えよう。

また、現在、政府によって選挙対策的な意図からなされているとしか言いようのない、沖縄住民の国政参加の問題にしろ、オブザーバー方式などといった装飾的なものでなく、差別を排し実質を伴った国政参加を認めさせるべく、革新政党や民主団体は、本気になって国民運動を起こしてもらいたいものである。ことわるまでもなく、それはあくまで「即時無条件全面復帰」をかちとる一つの礎石づくりとして。

沖縄の運命がようやく決まりつつある時期を迎え、沖縄住民が何らの発言権をもちえない事態を、本土の日本人が放置して恥じないのであれば、沖縄としては、もはや何をか一言わんやである。沖縄住民は、一九五二年四月二八日に、本土側によって無断で異国に売り渡されたあの屈辱を、二度と黙って受け入れることはなかろう。本土同胞にぜひ、じっくりと考えてもらいたい点である。

われわれは、本土側と沖縄側に、沖縄問題へのアプローチのうえで、必要最小限の共通な視点が確立されることを切望する。それも沖縄の現状を土台にした視点の確立を。革新政党や民主団体、あるいは評論家たちが、これ以上、問題の解釈や論議に時間を浪費するのでなく、本土における実践に具体的に取り組んでいけば、解決はおのずと促進されよう。現体制内で問題を解決しようというのであれば、しょせん、沖縄問題は「本土問題」でしかないのだから。

『琉球の歴史』の著者、ジョージ・H・カーは、「著者は研究の結果、諸記録は日本内地の人びとが即座に琉球の人びとを日本人として受け入れようとする気持よりも、琉球の人びとが日本人として認められ、受け入れてもらいたい気持のほうが、はるかに強いことを示すものであることを知った。……日本の政府は、あらゆる方法をもって琉球を利用するが、琉球の人びとのために犠牲をはらうことを好まないのである」と述べている。こんなことを外国人から言われるのは、恥ずかしい話だ。

われわれは、本土政府や国民が、世界第三位の経済力を誇る「独立国日本」の面目にかけて、また道義的責任からも、事実でもって、こうした発言を否定しさることを期待してやまない。

第二章　沖縄戦と核基地

1　沖縄戦における犠牲の意味

不吉な前兆

一九四四(昭和一九)年七月七日の夜更け、日本政府は、鹿児島県と沖縄県の知事にたいし、同日の緊急閣議決定による集団疎開命令を発し、鹿児島県下の奄美大島、徳之島と沖縄県下の沖縄本島、宮古、八重山の五つの島から老幼婦女子をそれぞれ県外に疎開させるように電報で通達した。

その日、サイパン島が玉砕し、いよいよ沖縄にも危機が迫っていた。そのため参謀本部の要請で緊急閣議が開かれ、その決定にもとづいてこの命令が発せられたのである。具体的には、沖縄県から日本本土へ八万人、台湾へ二万人送り出す、それも七月いっぱいに疎開を完了することになった。疎開には陸・海軍の輸送船や艦艇を利用する手はずになっていたが、船舶が不足しているうえ、米潜水艦の跳梁《ちょうりょう》で、疎開途中の航行の危険もあって、政府の指示どおりに疎開を実施することは、物理的に不可能な事態であった。

一方、その頃政府の命令で、南洋群島から引き揚げてきた沖縄県出身者たちは、沖縄へ向かうため鹿児島で船を待っていた。政府の指示命令が、まるでちぐはぐだったわけである。そのため、沖縄県庁の内政部調査課長の浦崎純氏は、政府にたいして南洋からの引揚者を沖縄へ送還するのを中止するよう要請した。

しかし、政府は何らの対策もとらず、一千余人の婦女子をのせた照国丸は、鹿児島から、危機の迫った沖縄へ向けて出航し、その多くが戦乱に巻き込まれて死亡する結果となった。

沖縄から本土への引き揚げは、七月中旬になって、ようやく第一陣が鹿児島へ向かったが、そのほとんどは他府県出身者であった。これより少し先、沖縄では在郷軍人を中核として防衛隊が組織された。防衛隊は、当初は、一六歳以上四五歳までとされていた。ところが戦況の緊迫に伴い、後には下は一四歳に引き下げられ、上は六〇歳の老年まで、戦力となりうる男子は、ことごとく徴用された。そして戦闘、警戒、陣地構築などのため各地区の防衛隊員にくみ込まれ、兵力不足の守備軍の作戦行動の支援に当てられた。

したがって、一家の柱である男性は沖縄に残り、老幼婦女子だけが本土他府県の未知の土地へ疎開するということには不安があり、当初、疎開希望者は少なかった。疎開は、命令があったとはいえ、法的には強制的なものではなく、勧奨の形で行なわれたが、中央政府部内で意思の不統一があったうえ、沖縄が日本本土から隔絶されているという地理的条件もあって、関係する県庁相互間の連絡も不十分であった。その上、生活の保障も十分な見通しが立たず、それだけに疎開をしぶる者が多かった。

しかも同年の六月二九日には、富山丸が鹿児島を出港、沖縄へ向けて南下する途中、徳之島東方で米潜水艦の攻撃を受けて沈没する事件が起こった。同船には、独立混成第四四旅団と第四五旅団の兵員約四六〇〇人が乗っていたが、そのうち約四〇〇〇人が行方不明となる大損害を蒙った(防衛庁防衛研修所戦史室『沖縄方面陸軍作戦』)。

富山丸の遭難は、極秘とされていたが、いつのまにか噂が一般にも流布するようになった。本土と沖縄を結ぶ大阪商船の定期船も、米軍の攻撃を恐れて運航日程表が狂うようになった。そんな折、七月二二日に鹿児島を出て那覇に向かった宮古丸が、徳之島付近で沈没させられるなど犠牲が相ついだため、海上の危険を恐れていっそう疎開に尻込みする者がふえた。

そのため沖縄の各警察署は、ほとんど強制的に疎開者をつのり、八月五日、巡洋艦「長良」が、二〇六人の疎開者をのせて、無事、鹿児島へ着いた。しかしこの船艦も、その後、鹿児島から佐世保へ回航中、米潜水艦の魚雷攻撃を受けて沈没させられた。

ところで、一般疎開者の中には学童も含まれていたが、その後、疎開しない家族の児童の処遇が問題となり、文部省の助言もあって、一般疎開とは別に学童の集団疎開が計画された。そして一九四四年七月一九日、県の内政部長から、学童疎開に関する通達が、各学校にたいして送られた。

集団疎開は、原則として国民学校の初等科三年生から六年生までの男子の希望者、一、二年生でも身心が発達して付き添いのいらない者は許可にされた。児童四〇人にたいし一人の教師が割り当てられ引率していくことになった。こうして県教務課が中心となって疎開業務をすすめることになり、校長をはじめ教師たちは各家庭を訪問して、学童を疎開させるよう父兄の説得に当たった。

その結果、ようやく八月二一日、学童疎開の第一陣をのせた特務艦対馬丸(六七五四トン)を出航させることができた。対馬丸には、八二五人の学童と八三六人の一般疎開者が乗っていた。ところが翌二二日の夜、同船は鹿児島の南西約二六〇キロ、悪石島の北西方で米潜水艦ボーフィン号の雷撃を受けて沈没。一六六一人の疎開者のうち一四八四人が死没した。学童の生存者わずかに五九人、一般生存者一一八人という被害を受けた。駆逐艦「蓮」と砲艦「宇治」が護衛していたけれども、何のかいもなかった。

悪化した戦況下では、米軍の探知を恐れて、目的地に着いても沈没事件については家族に知らせることもできず、「コヅツミトドイタ」などと、前もって打ち合わせていた暗号文で通知するのが関の山であった。

だが、対馬丸の乗船者からは、こうした連絡もないところから、疎開児童たちの父兄が騒ぎ出し、同船の遭難は、いつしか人々の知るところとなった。子供を返せ、と教師や校長を責め立てる母親たちが毎日のように学校や県庁へおしかけた。ショックのあまり発狂した女親や、責任を感じて不眠症になり自殺した学校長も出るなど、対馬丸の犠牲は、その後の沖縄戦の悲劇を象徴する不吉な前兆であった。

この遭難で九死に一生を得た名城妙子という女性は、その後、疎開先の宮崎県で小学校をおえて就職したが、彼女は帰郷するとき、それまで貯えた給料で、鍋、釜を買い、「白いご飯」を一ぱい炊いた。そして船がかつての遭難場所に近づくと、彼女は船窓を開けて、その白いご飯を波間に投じた。亡くなった友だちは、「お花より白いご飯を喜ぶにちがいない」と考えたからであった(沖縄タイムス編『沖縄の証言』)。

知らされなかった事実

一九四四年一〇月五日、沖縄守備軍の第三二軍は、台湾の第一〇方面軍から、米軍機動部隊が比島付近から北上し、南西諸島方面にたいして策動を開始する公算が大きいから「厳重な警戒を要する」との通報を受け、配下各部隊の電波警戒隊は、警戒をきびしくし、高射砲部隊も戦闘態勢に移った。

こうして第三二軍司令部は、対空襲迎撃の準備を進め、一〇月一〇日から三日間にわたって演習を実施する計画をしていた。そのため一〇月九日、第三二軍麾下の兵団長や幕僚らが徳之島、宮古島、石垣島、大東島から那覇に集まり、その夜は沖縄ホテルで牛島満軍司令官の招宴を受けた。

翌一〇月一〇日午前六時五〇分、守備軍司令部は、電波警戒隊から敵襲の通報を受け、同七時に空襲警報を発令したが、すでに米軍機は、那覇上空に殺到していた。九四隻からなる米軍の第五八機動部隊の九隻の航空母艦から発進した艦載機は、その日の未明から夕刻まで一三九六機を数えた。かくて県都那覇市は、五次にわたる波状攻撃を受けて、市街地の九〇％が灰燼に帰したほか、守備軍の艦船、飛行機、軍需物資集積所は、総なめにされた。この空襲による軍民の損害は、あまりにも甚大で、守備軍司令部の長勇参謀長が、進退伺いを出したほど。損害の大きかった部隊の部隊長は処罰された。

民間側の死傷者は全島で七八五人（死者三三〇人）、家屋の全焼一万一四五一戸、半焼半壊が六二戸、船舶の炎上や沈没が八四隻を数えたほか、守備軍の食糧三八〇〇トンを焼き払われ、さらに県民の一ヵ月分に相当する三〇万トンの食糧品が焼失した。そのうえ、軍用車輌もほぼ七〇％が焼け、その他の車輌もひどい被害を受けた（浦崎純『沖縄かく戦えり』、防衛庁防衛研修所戦史室『沖縄方面陸軍作戦』、上地一史『沖縄戦史』参照）。

沖縄への米軍上陸が必至とみられながら、白昼、なすこともなく米艦載機に首都を蹂躙《じゅうりん》されるのを目のあたりにした地元住民は、行先の不安に戦慄せずにはおれなかった。それまで渋滞していた疎開業務も、この空襲後は急速に進み、翌四五年三月上旬までに、本土、台湾をふくめ県内から約八万人が県外へ疎開した。守備軍司令部は、空襲後の民心の動揺を防止するため、地元の新聞紙上に憲兵隊長と警察部長に連名の布告を出させ、「沈着対応の処置を採り、ますます敢闘精神を発揮して軍官民一体の実を挙げること」を指示した。

その頃、民心の動揺を恐れて一部の将校は、戒厳令をしくべきだ、と公言するしまつだった。

那覇空襲から三、四日後、日の丸のマークも鮮やかな友軍機が大編隊をくんで沖縄の上空を飛び、意気消沈していた県民にたいし、「日本航空戦隊いまだ健在なり」とアピールした。しかしこれは、第三航空戦隊の主力で、じつは台湾沖航空決戦への死出の出撃とは、人びとは知るよしもなかった。

その後、「敵の第五八機動部隊は、わが航空部隊のために撃滅された。那覇の街の仇は見事に討ち果たした。日本軍は、那覇の街と引き換えに、米軍の虎の子の機動部隊を全滅させた。那覇の市民よ安んぜよ」と書かれた現地軍のビラがいたるところに貼布された(上地一史、前掲書)。こうして一般市民が抱いていた不安と友軍への疑惑は消え、「無敵皇軍が負けるはずがない」といった自信を取り戻させたかにみえた。

だが、実際には、大本営が発表した一〇月一六日における米軍の損害、「轟撃沈《ごうげきちん》空母一〇、撃破三」というのと、米軍発表の「巡洋艦二隻撃破」とは、極端にくいちがっていた。むろん、一般住民は、こうした実情を知るべくもなかったが、このくいちがいは、沖縄戦の戦局を大きく変える結果を招いた。

大本営は、米軍が南部フィリピンに来攻した場合、海軍と空軍だけでこれを迎撃し、陸軍は、ルソン島への米軍上陸の場合を除き、参加しない方針を立てていた。ところが、大本営は、この台湾沖航空戦の戦果を過信し、米空母勢力が激減したと判断して陸軍の寺内南方軍総司令官にたいし、フィリピン方面に来攻する米軍主力を海軍と協同して撃破するよう命令した。

台湾沖航空戦における日本軍の戦果については、連合艦隊が確認する偵察措置もとらないまま報告したのを、そのまま公表したものであった。この点について、林三郎『太平洋戦争陸戦概史』は、作戦方針の重大変更を「このようなきわめて不確実な情報に基づき行なったところに、大本営の大きな落度がみられる」と記録している。

大本営は、一九四四年一〇月一八日、米軍のレイテ島への上陸は必至と判断し「捷一号作戦」を発動、山下奉文司令官の指揮する第一四方面軍とそれに協力する連合艦隊によって一〇月二五日未明にレイテ湾の米艦隊を挟撃する計画をたてた。だが、連合艦隊はレイテ湾に到着するまえに、巨大な戦艦武蔵をふくむ三〇隻余が撃沈されたほか四隻の巡洋艦が大破され、その他多くの艦船が被害を受けるなど、日本艦隊は、潰滅的な打撃を受けた。

レイテ沖海戦は、連合艦隊の残存勢力を糾合してのいわば最後の反撃であったが、それもあえなく敗退したわけ。そのためレイテ島での地上決戦は、いちだんと困難をきわめ、決戦の最中、一一月に南方軍司令部は、マニラからサイゴンに移り、ついに四五年一月末、捷一号作戦が打ち切られる結果となった。あげく七四七五人の日本軍兵士がこの海戦で戦没した(大前敏一『太平洋戦争の全貌』のなかの「レイテ湾頭長蛇を逸す」)。

大本営の真意

ところで、陸・海・空の諸戦力をレイテ島とルソン島に集中した結果、沖縄の守備兵力の配置に重大な影響を及ぼすことになった。すなわち、一九四四年一一月二日、大本営作戦課長服部卓四郎大佐は、沖縄守備軍司令部にたいし、「第三二軍より一兵団を比島方面へ転用することに関し協議したく、八原高級参謀を台北に参集させよ」、と電報で命令した。

この命令は、米軍の侵攻に備えてようやく完了したばかりの守備軍の作戦構想を、根底からくつがえすものであった。牛島満軍司令官、長勇参謀長、八原博通高級参謀ら守備軍首脳は、啞然とするとともに、すぐに意見書をしたため、㈠沖縄本島および宮古島を保持する方針なら、一兵団の抽出は不可能であり、軍司令官は責任を負えない。㈡軍としては、一兵団を抜かれるほどならむしろ軍の主力をもって、国軍の決戦場たる比島に馳せ参ぜんことを希望する、といった趣旨の反対意見を具申すべく意見文をまとめた。

それをもって八原高級参謀が台湾での作戦会議に出席して差し出したが、そのかいもなく一一月一三日、大本営は、「沖縄島の兵団中、最精鋭師団を抽出するに決せり。その選定は軍司令官に一任す」と再度、命令した。その結果、沖縄守備軍は、最精鋭の第九師団（武部隊）を引き抜かれるという最悪の事態となった（古川成美『死生の門——沖縄戦秘録』）。こうして守備兵力の三分の一に相当する兵員、しかも最精鋭師団を奪われた守備軍は、急遽、兵力の配備を検討し直したが、第九師団の転出で将兵の士気は急速に低下し、絶望的な空気さえただようようになった。

大本営陸軍部では、第九師団を台湾へ転用した穴埋めに、姫路の第八四師団を沖縄に派遣することを約束し、いったんは内奏もすませ、翌四五年一月二二日に沖縄守備軍にその旨を打電した。それを受けて現地の軍民は狂喜したが、内報後、大本営の宮崎周一第一作戦部長は、「本土防衛の立場から」という理由で派遣を中止し、沖縄方面の担任参謀第二課部員の羽場安信少佐にそのことを伝えた。

すると羽場少佐は、すぐに梅津美治郎参謀総長にたいし「沖縄の一個師団は本土決戦の二、三個師団に相当する。輸送間の危険はあるが三分の一程度の損害も覚悟している」と当初の方針どおり第八四師団の沖縄派遣を要請したが、確答は得られなかった。そこで羽場少佐は宮崎第一作戦部長にもかけ合ったが、「離島に兵力を増派するより内地の戦備強化のほうが急務かつ効果的である」として、彼は即座に拒否、ついに援軍の派遣は中止に決定、一月二三日夕刻、その旨沖縄に通達した。沖縄守備軍の歓喜もぬか喜びに終わった。

それより先、小磯国昭首相はラジオを通して、国民にたいし「敵はすでに頭上に迫っており……今や比島全域が天王山である」と述べ、国民の奮起をうながした。しかし参謀本部は、サイパンが玉砕した後は、戦況も末期に近づいたことを悟り、つぎに起こる決戦では全勢力を傾注して有利な状況をつくり、勝ったところで和を乞う考えさえもっていた。

日本政府も、国内にようやく厭戦気分がみなぎり、指導者にたいする国民の不信感も日を追って強まってきたのを憂慮して、沖縄を決戦場にして米軍に一大打撃を与え、戦争を終わらせる手がかりを得たいと秘かに目論んでいた（児島襄『太平洋戦争・下』）。

一方、海軍軍令部は米軍の沖縄上陸を予想し、沖縄が米軍のマリアナ基地から一二〇〇マイルも離れているところから、米機動部隊は、沖縄周辺に釘付けされざるをえないと判断。この時こそわずか三五〇マイルの近距離にある九州基地の航空部隊が、米機動部隊を破砕する絶好の機会だとして、有利な条件で終戦の糸口を見つけうるかもしれないと考え、沖縄に全航空兵力を投入して最後の決戦をいどむ決意を固めた（『太平洋戦争の全貌』のなかの横井俊幸「沖縄特攻戦記」）。

ところが宮崎第一作戦部長は、小磯首相や政府が案じる国民の士気の動向や海軍のそうした意図をもむげに拒否した。林三郎氏のことばを借りると、「純作戦的な見地からむしろ内地決戦に期待をかけたのである。ここに政府と大本営との考えの食い違いがみられ、このような経緯から第九師団の穴埋めは行なわれず、これが第三二軍の防御作戦を著しく困難にさせた最も有力な原因だといわれている」という。

林三郎氏は、大本営は、同年二月三日に安藤利吉第一〇方面軍司令官にたいし、「台湾および沖縄方面への米軍の空海基地の推進を破砕し、もって全般作戦の遂行を容易ならしむべし」という命令を下した。これは沖縄作戦の性格を明らかにしたもの、すなわち台湾、沖縄での決戦を命じたものではなく、「内地決戦の遂行を容易ならしめるため」米軍の空海基地の建設を破砕するのが目的であったと述べている。

この点については、戦史家たちが異口同音に言及している。ちなみに高木惣吉『太平洋海戦史』にも、台湾にしても沖縄にしても、大本営陸軍部の思想では「本土を中核とする要域における全般作戦を容易ならしむる」前哨戦としての意義を出なかった、と記されている。

捨て石部隊

さて、虎の子の第九師団を引き抜かれ、その補充も中止となったうえ、肝心の大本営が以上見てきたように、当初から沖縄を見放した形の作戦を立てている以上、沖縄守備軍の兵備計画も必然的にそれに見合う消極的作戦、それも半ば「絶望的」なものにならざるをえなかった。

第三二軍では、高級参謀の八原大佐が長参謀長に督励されて急遽、配備変更の研究をはじめ、一九四五年一月下旬、新配備を関係兵団に内示した。兵力の不足、作戦の変更によって、幾度となくくり返された配備変更は、いたずらに守備軍将兵に徒労感を与えただけでなく、あたら貴重な資材を浪費した。あげく、上級司令部への不信感を倍加させた。そのうえ、新陣地の構築や宿舎の新設、資材難、労力不足のしわよせがたちまち地元の一般住民におっかぶさった。一四歳から六〇歳にかけての男性は、法令にもない防衛隊に強制的に召集され、陣地構築に昼夜の別なく駆り出されるようになったのだ。

八原高級参謀が、あらたに練り上げた作戦案は四つあったが、最後に取捨選択の対象となったのは、第三案と第四案であった。第三案は、守備軍の主力を沖縄中部にある宜野湾の東西の線以南の島尻郡に配置し、米軍がその沿岸に上陸すれば、その橋頭堡で撃滅をはかる。もし米軍が、その線より北方の嘉手納海岸に上陸して南下すれば、守備軍司令部のある首里の北方陣地で持久出血作戦を行なう、という計画であった。

一方、第四案では、守備軍は、主力を沖縄北部国頭郡の山岳地帯に配し、一部をもって米軍による伊江島と北(読谷)、中(嘉手納)飛行場の使用を妨害する。状況によっては、山岳地帯に立てこもって長期持久戦をとる、となっていた。

第九師団を引き抜かれ、三分の一の兵力を奪い去られた守備軍の実情からして、どちらを採用すべきかは、純然たる戦術上の立場からすれば、自明のはずであった。すなわち、第四案のほうが沖縄戦に関するかぎり有利であったことはいなめない。事実、航空参謀として大本営から派遣されていた神直道参謀は、『沖縄かくて潰滅す』のなかで、「私がかりに現地軍の作戦主任なら、もっと徹底して軍主力を北部山岳地帯に収容し、別の方法で戦っていたかもしれない」と語っている。

だが、現実には立案者の八原参謀の進言に、長参謀長と牛島軍司令官がいとも簡単に同意して第三案が採択された。一九四四年一一月二二日のことである。記録によると、八原参謀自身も第四案に執着をもっていたようである。古川成美氏は、「もし軍人の操典に死を誉とし、生を恥とする片意地な一条さえなかったなら、彼はためらわず第四案をとり、おそらく一〇万の生霊を空しく南海の鬼と化せしめた沖縄の悲劇は、回避されたかもしれない。まことに理の当然と知りながら、その理につくことを妨げたものは、卑怯の名をおそれた武人の久しい伝統に外ならない」と記述している(古川成美『死生の門——沖縄戦秘録』)。だが、第三案に決定したのは、「武人の伝統」からというより、むしろ第四案を採用すれば、米軍は北部の山岳地帯に立てこもる日本軍主力を相手にしないで、日本本土攻撃の足場となる南部の平野を一気に占拠し、「日本本土の死期を一挙に早める」かもしれないという恐れからであった。したがって、沖縄住民の戦記『鉄の暴風』は、第三案の採択は、多数のために少数の犠牲を強いるもので、「本土を生かすため沖縄という一島嶼を捨石にし、四〇万の無辜の住民をあえて道連れにすることになった」と記録している。事実は、まさにそれを裏書きしているといってよい。

もともと牛島守備軍司令官は、北、中飛行場と南部地帯を確保し、米軍の進攻にさいしては海岸地帯で撃退・破砕するという海岸決戦の準備を進めていた。守備軍兵力も、それに対応して配備してあった。大本営の当初の作戦が、米軍を沖縄周辺海上にくぎ付けにして、これを空から集中攻撃し、洋上で撃滅する構想であった。

それだけに、大本営の突然の作戦の変更や兵力の抽出は、沖縄守備軍と沖縄での決戦を企図した海軍の不満を買う結果となった。したがって、第三案の採択は、北、中飛行場の放棄をも意味した。大本営および第一〇台湾方面軍(沖縄守備軍の上級軍)は、現地のこの作戦を不満とし、再三、両飛行場の確保を要求したが、沖縄守備軍は、これに応じようとはしなかった(服部卓四郎『大東亜戦争全史』)。

要するに沖縄戦は、現地守備軍と上級軍の第一〇方面軍、さらには大本営との作戦がくいちがったまま決行されたのだ。言いかえるなら、沖縄戦はその開始以前から早くも暗雲をただよわせていた。そのことは、現地でじかに作戦を立案した高級参謀八原博道大佐の記録からも、はっきりと汲みとれる。彼は、すでに一九四四年に「来年の桜の花の咲く頃は、吾れ沖縄の島守りたらん」ということばをくり返したと記している(読売新聞社『昭和史の天皇I』)。結局、沖縄守備軍は、本土決戦のための「捨て石部隊」でしかなかったことは、軍事通には、当初から明らかであった。

かくて八原作戦参謀の絶望的な危惧は、ひとつひとつ現実のものとなっていく。

四五年一月二一日から二二日にかけて、沖縄全域は、前年の一〇月一〇日の空襲にも劣らない激しい敵機の空襲を受けた。その後、住民の沖縄北部をはじめ県外への疎開が急にふえだした。男子の県外疎開は、六〇歳以上、一六歳未満にきびしく制限されていた。しかし、県庁の高官、学校長、町の有力者たちのなかには、その地位を利用して公用にかこつけて県外に出張したっきり帰らなくなった者が相ついだ。地元の新聞『沖縄新報』は、こうした人たちを「名誉ある戦線離脱者」として皮肉たっぷりにその氏名を公表した。一方、以前には現地軍が当惑するほどしばしば沖縄を訪れ、作戦に干渉していた大本営の若手参謀たちも、この頃になると、誰一人として沖縄の実情を見ようとする者はなかった。彼らは、安全な場所からただ犬の遠吠えみたいに危機感をあおるだけで、そのことが、守備軍参謀部の不平をいちだんと強める結果となった。

四五年三月中旬に入ると、沖縄守備軍は、みずからの手で東洋最大といわれた沖縄本島北部の離島にある伊江飛行場を爆破した。同飛行場は、住民が文字どおり昼夜の別なく不眠不休でやっと完成したばかりのものだった。

守備軍のただならぬ事態に驚いた伊江島の住民は、戸板や丸太を組み合わせ、それをいかだ代わりにして沖縄本島に渡りはじめた。だが、相つぐ米艦載機の襲撃で多くの住民が避難の時機を失い、むざむざと戦死してしまった。

強制された集団自決

四五年三月二三日、午後から夕刻にかけて、沖縄本島は、のべ三五五機におよぶ米艦載機の攻撃を受けた。翌日も約六〇〇機の米艦載機が早朝から来襲したほか、沖縄本島南部一帯は米機動部隊による艦砲射撃に見舞われた。相ついで同月の二五日にも、米軍機のべ五一五機が未明から攻撃を加えたうえ、機動部隊も南部一帯と慶良間《けらま》列島を猛烈に砲撃した。

さらに翌二六日には、米機動部隊は、沖縄本島の北飛行場をはじめ、それ以南の地域に艦砲攻撃をした。さらに、伊江島や久米《くめ》島など離島にも砲撃の手を延ばした。そのうえ、およそ一〇〇〇機の米艦載機が沖縄本島を中心に南西諸島全域を空襲した。

同日の午前八時頃、米軍は猛烈な空襲と艦砲射撃の援護下に、水陸両用戦車およそ三〇隻に分乗して慶良間列島と阿嘉《あか》島と慶留間《げるま》島、座間味《ざまみ》島などに上陸した。慶良間列島というのは、沖縄の首都那覇の西方およそ二〇マイルの海上に浮かぶ座間味村、渡嘉敷《とかしき》村に属する島々からなり、耕地が少なく平時から食糧の乏しいところ。それだけに米軍の上陸は、住民にとって致命的な問題であった。というのは、たとえ米軍の爆撃や砲撃を避けえたとしても、食糧の入手ができないからだ。

防衛庁戦史室が出した『沖縄方面陸軍作戦』は、米軍の慶良間列島への上陸が、座間味村および渡嘉敷村において約七〇〇人の老幼婦女子の集団自決という悲惨事を招来した、と記録している。この事件は、沖縄戦に巻きこまれた一般住民の不吉な運命を象徴的に示唆するものであった。

米軍が上陸した頃、渡嘉敷島には船舶特攻隊員一三〇人、整備兵一二〇人、島内から動員された防衛隊員七〇人、朝鮮人の軍夫が約二〇〇〇人いた。隊長は、二五歳の赤松嘉次大尉であった。船舶特攻隊は、一人乗りの小型舟艇の船尾に一二〇キロ爆雷を二個備えたいわゆる「人間魚雷」で、進攻してくる米艦船に特攻攻撃をかける任務を負うていた。ところが、赤松隊長は、軍船舶隊隊長の大町茂大佐から米軍機に発見されたから破壊して沈めよ、という命令を受け、彼は全舟艇を破壊させた。その後、同大尉は、上陸した米軍を地上で撃滅する戦法をとると宣言し、西山の高地に配下部隊を集結せしめ、地元住民も軍陣地北方に集合するよう指示した。

米軍の上陸に脅えた住民は、この指示を特攻隊が彼らを保護してくれるものと解し、喜び勇んで指示された場所に集まった。だが、そこで彼らを待ち受けていたのは、つぎのような軍命令であった。「部隊は、これから米軍を迎え討ち長期戦に入る。したがって住民は、部隊の行動をさまたげないために、また食糧を部隊に提供するため、いさぎよく自決せよ」(上地一史『沖縄戦史』)。

自決から生き延びた人たちは、その後の模様をこう語っている。

「防衛隊員が一個ずつ持っている手投弾の周りに二、三〇人が集まった。住民には自決用として五二発の手投弾が用意されていた。命令は実行された。轟音がつぎつぎに谷間にこだました。瞬時にして老幼男女の肉は四散し、死にそこなったものは棒片で頭を打ち合い、カミソリで頸部を切り、斧、鍬、鎌を用いて親しい者同士が頭を叩き割り、首をかき切った。恐ろしい情景が恩納河原《おんな》とよばれるところでくりひろげられたのである。こうして三二九人の住民がみずから命を絶った」

「手投弾が不発で死をまぬがれた住民が、軍の壕へ近づくと、赤松隊長は入口に立ちはだかり、軍の壕に入るな、すみやかに立ち去れ、と住民を睨みつけた。また赤松大尉の部下多里少尉は住民の一人、座間味盛和にスパイの疑いをかけて切り殺した。家族をすべて失い、悲嘆のあまり山中をさまよい歩く古波倉樽《たる》を米軍に通ずるおそれありとして高橋伍長が軍刀にかけた」(沖縄タイムス編『鉄の暴風』、『琉球新報』一九六八年四月八日、山川泰邦『秘録沖縄戦史』)

さて上陸した米軍は、その一部を残して三月三一日、慶良間から引き上げた。住民は敵襲の恐怖からのがれて安堵したのも束の間、たちまち食糧難におちいった。そこへ五月初旬、米軍が兵員を再上陸させたうえ、すでに占拠し終えていた伊江島の住民およそ二〇〇〇人を渡嘉敷島へ移した。そのためもあって慶良間諸島の農作物はまたたくまに消えさり、人びとは、野草から海草、貝類、とかげにいたるまで、食えるものは片っぱしから取って食っていった。その間にも守備隊長赤松大尉は、住民が所持していた食糧の五〇%を軍に供出せよと命令を出し、「違反者は銃殺に処す」として強制的に住民の食糧を徴発した。それのみか、家畜の捕獲屠殺も厳禁され、これまた違反する者は、銃殺に処されることになった。

その頃、伊江島出身の若い女性五人と男性一人が、米軍の命令で、この赤松守備隊長のところへ降伏勧告状を届けさせられた。彼らは伊江島で捕虜になり、渡嘉敷島でも他の住民から隔離されていたので、同島守備軍陣地内の異常な事態をまるで知らなかった。一行六人は、一人残らず捕えられ、各人みずからの墓穴を掘らされたあげく、手を後手にしばられて斬首された。三人の女性は、死ぬ前に歌をうたわせてくれと頼みこみ、「海行かば」を合唱しながら友軍の手で生命を断たれたという(沖縄タイムス編『鉄の暴風』、上地一史『沖縄戦史』)。

ところで前に述べた集団自決が決行されたさい、一六歳になる二人の少年が傷を負ったまま死にきれず、米軍に収容され手当を受けた。小嶺武則と金城幸二郎という二人の少年は、その後、米軍の指示で、西山に避難していた一般住民に下山をすすめるため、山へ向かった。だが、二人は赤松大尉配下の隊員に捕えられ、「自決の場所から逃げ出し、米軍に意を通じた」という名目で銃殺にされた。さらに七人の防衛隊員が、命令違反を犯したとして斬殺されたほか、渡嘉敷小学校の大城徳安訓導は、「防衛隊員のくせに家族のところに帰ってばかりいる」という理由で斬首されたという。

壕内に引きこもったままの赤松守備隊の隊員にたいし、米軍は執拗に降伏を勧告した。防衛隊員の新垣重吉、古波蔵利雄、与那嶺徳、大城牛の四人は、運悪くその使者に選ばれた。一行は、それがいかに危険な仕事であるかを過去の事例から承知のうえで、無益な殺傷を防ぐためあえて降伏を勧告する任務を引き受けた。軍隊の経験のある新垣と古波蔵は、降伏勧告文を木の枝に結びつけて帰ったが、他の二人は赤松守備隊の隊員に捕えられ、有無を言わさず殺害されたとのことである。

八月も下旬近くになり、壕内にひそみつづけていた赤松大尉は、部下とともに降伏し、捕虜となった。沖縄住民の戦記には、そのことについてつぎのように記録されている。

「あれほど自分の口で玉砕を叫びながら、みずからは壕のなかに避難して、住民には集団自決を命令、あるいはスパイの濡衣をきせて斬殺、暴虐の限りをつくした彼、赤松大尉はいまや平然として降伏文に調印し、恥じる色もなく住民のまえにその大きな面を現わしたのだ。その態度はあくまで傲岸で、すこしも自省の様子はみられなかった。その彼が武装解除され、皇軍の矜持も何もなく捕虜となり、米軍兵士に連れて行かれる姿を、住民たちは、複雑な気持で凝視していた」(山川泰邦『秘録沖縄戦史』)。

生きてある者の弁解

この記載について、生き帰った赤松嘉次大尉は、一九六八年四月、『琉球新報』の記者と会い、住民は軍の任務を知らないから、そのように考えたのだろうと言い、集団自決は絶対に命令したものではない、とこう反論したものである。

「自決のあったあとで報告を受けた。しかし、防衛隊員二人が発狂して目のまえで自決したことはある。当時の住民感情から、死んで部隊の足手まといにならぬようにという気持だったと思う。……軍の壕といってもお粗末なもので住民がはいれるようなところではなかった。同じようなケースの自決は、沖縄にはいくらでもあったはずだが、なぜ渡嘉敷島だけ問題にするのか、私にはよく分からない。日本が勝っておれば、自決した人たちも靖国神社にまつられたはずだ」

彼は、またスパイ容疑で殺された人たちについて、記者から質問を受けたのにたいし、「私が命じて処刑したのは、大城訓導だけだ。三回も陣地を抜けて家族の元へ帰った。そのたびに注意したが、また離脱したので処刑した。私の知らないものもあるが、伊江島の六人、二人の少年にはいずれも死を選ばせた。気の毒だが、当時の状況からやむをえなかった」と答えている。

彼自身が、住民から悪評を買っていることについては、住民は、特攻隊の花々しい戦闘を期待したのだろうが、それができなかったこと。それに(渡嘉島が)小さな共同体のことだから、彼を悪人に仕立てたほうが都合がよかったからではないか、と述べている。現在の心境についても、かつての守備隊長は、「私のとった措置は、万全のものではないだろうが、あの時点では正しかったと思う。なにしろ戦闘なのだから、現在の感覚と尺度でははかりようがない。週刊誌に、若気のいたりとか不徳のいたすところなどと私が言ったとあるが、あれはいわば社交辞令だ」と語り、「防衛庁の記録にも私の処置が正しかったことが書かれている」と開きなおっている。

これにたいし、戦争当時、渡嘉敷島の村長をしていた米田惟好氏(旧姓古波蔵利雄)は、「……反省しているだろうと思い、いまさら彼一人を責めるのはよそうと思っていたのに、このシラを切った態度は常識では考えられない。これでは自決を強いられて亡くなった人たちの霊も浮かぶまい」ときびしく批判した(『琉球新報』一九六八年四月八日)。

ちなみに防衛庁戦史室『沖縄方面陸軍作戦』は、慶良間列島の集団自決は「当時の国民が一億総特攻の気持にあふれ、非戦闘員といえども敵に降伏することをいさぎよしとしない風潮がきわめて強かったことが、その根本的理由であろう。小学生、婦女子までも戦闘に協力し、軍と一体となって父祖の地を守ろうとし、戦闘に寄与できない者は小離島のため避難する場所もなく、戦闘員の煩累を絶つため崇高な犠牲的精神によりみずからの生命を絶つ者も生じた」と記し、さらに「特攻をこれ生命としていた青年戦隊長ら(梅沢(裕少佐)二八歳、野田(義彦少佐)二六歳、赤松(嘉次大尉)二五歳)にとって、多数の住民をかかえて、しかも全く準備のない地上戦闘は荷が重かったことと同情される」と述べている。同情はしても批判の声は一切ない。

拷問と斬殺

一方、慶良間列島の座間味島には約一〇〇〇人の将兵が梅沢少佐の指揮下で布陣していたが、米軍上陸の寸前、同守備隊長は、「戦闘能力のある者は、男女を問わず戦列に加われ。老人子供は村の忠魂碑のまえで自決せよ」との命令を下したという。村民は、指示どおり忠魂碑前に集まった。そして同少佐と村長が現われるのを待って自決を決行することになっていた。しかし、折からの激しい砲爆撃を受けて辛うじて集団自決は妨げられた。しかし米軍の上陸後、島の人びとは軍命に違反したとして処刑されるのを恐れて次々に集団で自決していった。

小嶺つる子ら五人の女子青年団員は、斬り込み用の弾薬を運ぶよう同島守備隊から指示され、目的地に運んだが肝心の兵隊は現われず、身近に迫った米軍に捕えられて辱しめを受けるのをおそれ自決した。村役場の幹部や一般婦女子七五人もこれにならった（山川泰邦『秘録沖縄戦史』、上地一史『沖縄戦史』）。

阿嘉島でも似たようなことが起こった。同島では古賀少佐の率いる約九〇〇人の兵員と、野田義彦少佐が指揮するおよそ四〇〇人余の兵員が守備についていた。野田戦隊長は、三月二六日の夜半を期して、全員あげて出撃し斬り込みを敢行するとともに、特攻隊を出撃させる計画をした。彼は部下将兵にたいし、特攻隊の出撃を容易にするため、各所の米軍陣地に斬り込み、出血を与えよと命令し、「無電は最後の連絡をすませた後破壊した。もはやわれわれの行手は玉砕あるのみ。われわれは日本の捨て石となって、ここに玉砕し悠久の大義に生きる。卑怯者は即時処罰する」と訓戒したという。

翌二七日未明、斬り込み攻撃は敢行された。古賀少佐のひきいる部隊も斬り込み攻撃をくり返したが、強大な米軍の戦力を減殺するのは不可能だとみて、住民に手投弾を配り自決をすすめた。その結果、住民の犠牲はふえる一方だったが、食糧難も急速に悪化しつつあった。そのため軍の許可なしに同島にある芋や野菜を採取する者は、銃殺にする、というきびしい命令が出された。そして三〇人ほどが、命令に違反したとして友軍によって銃殺された。

慶良間列島のこうした事態――作戦計画の不備、食糧品などの準備不足、非戦闘員への冷酷な犠牲の強要、捨て石的作戦計画など――は、前に述べたとおり、来たるべき沖縄戦の不吉な運命を象徴的に予告するものであった。沖縄守備軍の航空参謀、神直道中佐は、慶良間列島の戦乱についてこう裏付けている。

「三月二六日米軍が突如として座間味、阿嘉、渡嘉敷に上陸を開始し、海上挺進隊は海上特攻を決行する暇もなく、特攻艇を破壊し、山中に逼塞するの止むなき状態である。軍は翌二七日、右の状況を知り、一時は啞然としたが、気をとりなおして慶良間の収拾策を命じた。すなわち、在慶良間特攻戦隊は捜索拠点を編成し、無線および刳舟により、同島附近の敵情を報告すべき旨を命じた。

しかし、部隊の潰滅―全滅ということは、その部隊の大小にかかわらず、司令部の空気を暗澹たらしめる。全作戦兵力からいえば僅かであり、戦略価値も大したことではなかったかもしれぬが、全滅を招来した責任の重圧と緒戦における蹉跌《さてつ》とは、殊の外、参謀部の空気を暗くするのである。軍としては今後の大会戦の大事の前の些事である。敢て冷然たらざるをえない……。

海上特攻戦隊は、本来の任務を遂行する暇もなく、その不得手とする陸上戦闘でもろくも潰えた。初頭の異様な興奮状態のなかで、その異常な戦争心理から、軍民一体ということと、軍民相剋という二つの異なり反する混乱が惹起され、戦闘力のない島民の斬り込み、自決あるいは味方討ち等、幾多の悲惨な物語りもある。その叫喚も二九日には全く消え失せ、全島は死の島となり終ったのである」(神直道『沖縄かくて潰滅す』)

事態は、一参謀が「異常な戦争心理から」と解説するような単純なものではなかった。それは、稚拙な作戦のせいでも、兵力の不足のせいですらなかろう。より本質的には、日本人の国民性の問題と深くかかわっているとしか言いようがない。そのことは、その後の沖縄戦の渦中で、かくしようもなく露呈してゆく。

米軍がまだ慶良間列島に上陸もしてない三月中旬頃のこと。沖縄南部の知念半島で、三人の住民が近くの友軍部隊の隊長の怒りを買い、村民への「みせしめ」として殺戮された。村民の一人、与那城伊清氏は、ある公の席で、日本軍の高射砲の命中率が悪いのはどういうわけか、と質問したのがたたった。また、前城常昂氏は、部隊に納入した薪代を請求したため、また村会議員の大城重政氏は、守備軍部隊の兵士が無断で村民の家畜を運びさるのに文句をつけたため、いずれも「スパイの疑いあり」と射殺されたのだという。

アーニー・パイルの記録

それより先、四四年三月三一日に、米第七七師団は、慶良間列島と那覇の間にある神山島を占領、一五五ミリ砲二個大隊を配置して沖縄本島の南部地域をいっせいに砲撃しはじめた。

神山島は、守備軍司令部の位置する首里からすぐ目と鼻の先である。そのため守備軍陣地は、脇腹に槍を突きつけられた格好となった。すでに、前日には、牛島軍司令官は、北(読谷)、中(嘉手納)両飛行場の滑走路の破壊を命じていた。それによって地元住民が守備軍と協力して、いく日もいく日も昼夜兼行で築き上げた血と汗の結晶は、防戦に一度も使用されないまま、みずからの手で破壊しなければならなかった。これを機に、住民の北部山岳地帯への移動は、この日を最後にして中止された。米軍上陸の危機が切迫したので、北部への移動をやめて最寄りの村落へ潜入せよ、との指示が各地に発せられたからだ。

緊迫した事態にそなえ、地元住民の中からすでに徴兵適齢期の男性四万人が現地入隊などで軍に動員されていた。さらに戦力を強化するために、あらたに一六歳以上四五歳までの男子約二万五〇〇〇人が防衛召集を受けた。その後、戦況の悪化にともないさらに四六歳以上六〇歳までが徴用され、いきおい民間には働ける男子はほとんどいなくなった。あまつさえ守備軍は、法的根拠もなしに男子中等学校の三、四年生を鉄血勤皇隊に編成して戦闘部隊に加えたほか、女子中等学校生には速成で看護法や救急法を指導したあと、准従軍看護婦として各地の軍病院に配置した。

こうして一六八五人の男子学生と五四三人の女子学生が動員された。沖縄師範学校は、他の中学校が上級生だけに限定されていたのとちがって、三月三一日の夕方、病人以外の職員生徒が残らず動員を受けた。同校の生徒は、「鉄血勤皇師範隊」とよばれ、斬込隊に五七人、情報宣伝隊の千早隊に二二人、特編隊に四八人、野戦築城隊に二四三人、本部詰め一六人といったぐあいに、それぞれ配属された。そのほか七五人が現地入隊した。こうして全校生徒は、軍人さながらに激闘の戦場に投じられた。

一方、男子中等学校の下級生と実業学校の一年生の一部は、五二六人から成る学徒通信隊に編成され、戦乱のなかでの通信や伝令などの任務を与えられた。

明けて四月一日早朝、米軍は一五〇〇隻余の艦船で二重、三重に沖縄を取り巻くと、上陸地点の読谷、嘉手納、北谷方面におよそ四万五〇〇〇発の砲弾、三万三〇〇〇発のロケット弾、二万二五〇〇発の迫撃弾を打ちこんだあと、戦車一〇〇輛、のべにして五四万八〇〇〇人の兵力でもって、いよいよ沖縄本島への上陸を開始した。これを迎えうつ日本側の兵員は一一万そこそこ、約五分の一の兵力でしかなかった。それだけに兵力を温存して持久戦を企図する守備軍は、水際での決戦を避け、何らなすこともなく米軍の上陸を許したわけ。

米軍は、無血上陸に成功したばかりでなく、その日のうちに五万人の兵員を上陸させて北、中両飛行場をなんなく占拠した。上陸前夜の模様を、アメリカの著名な従軍記者、アーニー・パイルは、こう報じている。

「われわれは神経質になっている。D・デイ(上陸日の呼称)の前夜というので、いくらかでも感覚のある人は、誰もが神経をとがらせている。弱気がおのずと身を包み、何かほかのことを考えて気をまぎらわそうと努めても、心はかたくなに明日の恐ろしい光景のほうへ向いてしまう。明日のことだけが心を領して悪夢を見ているようである」

「しかし恐怖におびえているからといって、われわれに自信がないという意味ではない。われわれは沖縄をとるのだ。誰もそのことを疑いはしない。しかしそのために、代償を支払わなければならないということも知っている。目のまえに並んでいる艦船のいくつかは、二四時間以内に姿を消してしまうだろう。われわれはそれぞれ違ったところから集まってきたし、何日も何日もかかってここまでやってきた。

われわれは太平洋を渡る最大、最強の軍勢である。船のうえでは、明日に迫っている一大試練に備えて、睡眠や勢力をたくわえうるかどうかについて議論しあっている。軍医は睡眠がたくわえられないなんていうのはナンセンスだ、とは言っているのだが。……海兵隊の一将校は、自分はこの三日間、一度も笑ったことがないと語っていた。午後三時に主の晩餐のお祝いがあった。イースター・サンディの前日だからだ。われわれの多くは、明日がどんな日になるかを知っているので、この悲しい皮肉に感じ入らざるをえなかった。

夕食前に、われわれは最後の湯浴みをし、身のまわりを整理した。夕食には七面鳥の豪華な御馳走が出された。明日の朝食にはステーキと卵が出るという。「太らせて殺すんだな」と兵隊たちが冗談ともなく話し合っていた」

いよいよ上陸当日、アーニー・パイルは、またつぎのように報じた。

「どういう理由からか知らないが、おなじみのD・デイの名称が、今度の上陸では急にラブ・デイに変えられた。おそらくわれわれがイースター・サンディに進攻するので、誰かが兄弟愛に目ざめて〝愛の日〟としたのだろう。この愛の日が明け初め、ピンク色の太陽がわれわれのまわりにたちこめている東洋の暗いとばりをとり除いたとき全く驚いてしまった。沖縄攻略の任務をおびた一五〇〇隻余りの艦船が、われわれの周りに集中し、何マイルも見渡すかぎり続いている。兵力の数からいっても、ヨーロッパ進攻作戦に匹敵する巨大な戦力である。全くわれわれは中途半端な決意で沖縄上陸に向かったのではなかったのである。だがこの威圧的な味方の軍勢のなかにいても、後一時間もすればどうなるかもしれない命を思うと、ロマンチックな感慨などみじんもない」

「やがて、水陸両用舟艇が音をたてて進動しはじめた。凹凸のあるさんご礁の上を突進し、水面を離れると、あっというまに沖縄の陸地にとりついた。ついにわれわれは一発も弾丸をくらわず、足を濡らしもしないで沖縄に上陸した。日本の土地のうえで、ぼくが最初に聞いたことばは、狐につままれたような顔をして語る一海兵隊員のつぎのことばであった。「何だいこれは、まるで、マッカーサー将軍の上陸と同じではないか」。全く信じられない事態であった。怖ろしい殺戮戦になると思っていたのに、全部隊がたった二人を除いて無事上陸できたのだ。二人というのは、熱気にやられて気を失った者と舟艇から離れるさい足にかすり傷を負った者である。われわれは、砂のうえに坐りこんで七面鳥の羽をしゃぶり、オレンジ・ジュースを飲んだ。まるでピクニックに来たようなものだった」

中止された天号作戦

沖縄守備軍は、米軍が上陸したら水際で殲滅《せんめつ》させると常日頃から豪語していた。そのため、参謀部の作戦の中身など知るよしもない一般将兵や住民にとって、米軍に無血上陸を許したことは、当の米軍以上に不可解なことであり、その士気も大きくゆらぎ始めた。その間の事情について、伊藤正徳氏は『帝国陸軍の最後』で、つぎのように説明している。

「昭和二〇年一月、太平洋戦争最後の日本の二大作戦として、天号作戦と決号作戦が議定された。天号作戦は、決号作戦と表裏をなす死活的戦略系譜の一つであった。

決号作戦は本土決戦であり、天号作戦は沖縄、台湾に来攻する敵を撃滅せんとするもの、そうして前者の主力は地上軍で、後者の主力は航空軍であった。しかるに三月二三日、いよいよ沖縄に敵が進攻しはじめたとき、大本営は直ちに天号作戦を発動したかといえば、そうではない。日本軍の飛行機は、二週間のあいだ、まるで沖縄の空を飛ばなかったのである。その結果、最大の勝機を惜しくも逸してしまった」

その理由は、一つには大本営が沖縄戦の前哨戦ともいうべき九州沖航空戦の戦果を過大に評価し、その結果として米軍の沖縄来攻は、一ヵ月もしくは二ヵ月遅延するものと判断したことである。しかし実際には、米軍は九州沖航空戦が終わってから三日目に沖縄に現われた。伊藤氏のことばを借りると、日本軍は「完全に虚を衝かれ大奇襲を喫する」結果となり、しかも三六時間後に、はじめて第一撃を加えることができただけ。

この「世紀的遅延」は、二つ目の敗因とかかわっていた。日本はこの緊急時に、飛ばせる飛行機をもたなかったという、うそのような事実があったからだ。

一九四五年二月一〇日現在の海軍機の総数は、二一〇〇機であったが、実戦用は第五航空艦隊所属の六七〇機だけで、残りは練習機であった。天号作戦が発動された場合、沖縄地域の空軍の主力となるのは、宇垣纏《まとめ》中将を司令官に頂き、横井俊幸少将を参謀長とする最精鋭部隊の第五航空艦隊であった。だが、肝心のこの第五航空艦隊は、三月一八日から二一日にかけての九州沖航空戦で一六一機を失い、全軍の疲弊は極点に達していた。そのため艦隊の再建には少なくとも二週間の時日を要する事態に陥っていたのである。

おまけに航空母艦もすでに一隻もなく、上陸軍に機動攻撃をかけるのは、事実上、不可能であった。それにくらべ、アメリカ側はと言えば、正式空母だけでも一六隻いたほか、軽空母が六四隻、飛行機の実動数が一万機をこしていたうえ、時を追ってふえる一方であった。こうして米軍と日本軍の戦力差は、まるで「プロレスラーと赤子のようなもの」だった。

戦力の極端な劣勢に加えて、前述したとおり、大本営が沖縄での航空作戦に決戦を求めた海軍や守備軍の当初の作戦計画をおさえ、天号作戦(沖縄決戦)を捨て、決号作戦(本土決戦)に切りかえたことも、勝機をにがした重要な要因であった。つまり、よしんば日本軍に戦える飛行機があったとしても、本土決戦に踏み切った以上、沖縄地域への飛行機の投入は中止され、本土決戦のために温存されることが、確定していたからだ。

結局、大本営にとって沖縄は、サイパンや硫黄島同様に「離島作戦」以上の何ものでもなく、いきおい沖縄に駐留する二個師半の兵力と四〇余万の住民は、玉砕するのもやむをえない。いや、それよりほかに道はない、と見切りをつけていたのである(伊藤正徳『帝国陸軍の最後』)。

そのことは、すでに米軍が沖縄に上陸する前から明らかにされていた。大本営への連絡の帰途、沖縄の守備軍司令部に立ち寄った諫山春樹第一〇方面軍参謀長が、長参謀長と作戦担当の八原高級参謀にたいし、「米軍が、南西諸島や台湾に来攻した場合、中央にはこれを救済する手段がない。結局、われわれは、本土決戦のための捨て石部隊なのだ。尽くすべきを尽くして玉砕するのほかはない」と語っていたことからも明らかだ(古川成美『死生の門――沖縄決戦秘録』)。

とはいえ、沖縄守備軍は、立場上、腕を拱いて米軍の上陸や北、中飛行場の占拠を見逃すわけにはいかない。米軍の上陸地点は、かねてから予想された地点で、そこには賀谷支隊(第六二師団の独立歩兵第一二大隊)が配置されていたが、圧倒的な米軍の火力に抗しえず、同支隊は普天間に後退した。要するに、水際反撃は理想だが、実情はとてもそれを実行できる状態にはなかった。

北、中飛行場の場合にしても、特設第一連隊が米軍の使用を妨害する手筈になっていた。だがこの部隊も、飛行機の整備や通信を任務としていた関係から歩兵なみの戦闘はできず、米国の猛烈な砲爆撃であっけなく敗退したのであった。そのため、守備軍司令部は、第一〇方面軍、第八飛行師団、連合艦隊、第五航空艦隊、参謀次長などにあてて、北、中飛行場が、いまだ米軍によって使用されないうちに、徹底的な航空作戦の実施を要望した。

ところが、逆に大本営は、北、中飛行場があまりにも容易に米軍に奪取されたのにショックを受けていた。そして現地の守備軍は、消極的にすぎ自己生存主義をとるのではないかと懸念して、四月三日朝、「敵の出血を強要し、飛行場地域の再確保」を要請する電報を送ろうとした。だがこの電報は、時機を失して送信できなかった。

絶望的な総反攻

一方、台湾の第一〇方面軍司令官安藤利吉大将は、配下の沖縄守備軍が、北、中飛行場を米軍に占拠されたまま攻勢に出る気配がないのに焦慮し、「水際撃滅の好機に乗じて攻勢を採る」ことを強く要望した。第八飛行師団(在台湾)の師団長山本健児中将は、四月三日、航空作戦の見地から第一〇方面軍にたいし、沖縄守備軍(第三二軍)の反撃の必要性についてつぎのように具申した。

「……上陸せる敵を攻撃し、沖縄北、中飛行場の使用を拘束するは、大局に於ける作戦目的を達成すると共に大出血を強要する為絶対の要件なり……球(第三二軍)にして此の機を逸せず進んで積極的攻勢を採らんか、陸海空戦力発揮の好機亦生起継続して戦局の打開必ずしも不可能に非ざるべし。球と雖《いえど》も此の戦機を捕捉することなく、易々として眼前に敵航空要塞の建設を許し、神州を醜翼の蹂躙に委し、自ら沖縄の一隅に健在するも瓦全の他何等の意義を有せず、万一、戦局打開に到らずとするも、玉砕に至る間少くも数ヵ月我が各種戦力発揮の機会を作為するを得て、敵に大出血を強要し、国体護持に寄与する所極めて大なるべし」

さらに連合艦隊長も第三二軍参謀長あてに、総力をあげて米軍の主力に攻撃をかけ、約一〇日間ほど、米軍の北、中飛行場の使用を封ずべく、あらゆる手段を尽くすようにという要請電報を打った(防衛庁戦史室、前掲書)。

このような各方面からの攻勢への要望は、沖縄守備軍の作戦指導に影響を与えずにはおかなかった。すでに見たように、守備軍は、不十分な兵力から最精鋭部隊を引き抜かれたので、水際決戦を断念して持久戦法に作戦を変更していたのだが、いままた改めて作戦を検討し直さざるをえなくなったのだ。

四月三日夜、長参謀長は首里の洞窟内の自室に軍参謀を全員集めて、攻勢に転ずる方法について討議した。参謀長は、すでに攻勢に出る腹構えで会議に臨んでいたので、議論は攻勢に出るか、守勢のままでいるかに集中した。航空参謀の神直道少佐は、守備軍の作戦指導は、上級司令部の作戦構想に順応すべきで兵力の多寡は論ずべきでない、として参謀長の攻勢案を強く支持した。

これにたいし、作戦主任の八原博通大佐は、強硬に反対した。反対の理由は、持久作戦の方針で、過去数ヵ月間も作戦準備を進めてきたこと。軽々しく従来の作戦方針をかえて出撃するのは、優勢な敵にたいし自殺行為でしかない、ということにあった。同席した木村正治中佐、薬丸兼教少佐、三宅忠雄少佐、長野英夫少佐ら他の参謀は、いずれも黙したままであったが、最終的には攻勢に賛成した。長参謀長は、幕僚会議の結論は攻勢に決まったとして、牛島司令官の決裁を得た。

牛島司令官は、全参謀を司令官室に集め、あらためて「自分は、全軍力をもって北、中飛行場地区に出撃するに決しました。宣しくお願いします」と言いわたした。八原高級参謀は、攻勢に出れば、数日を出ずして全軍潰滅するとして、反対の意見を表明したが、容れられず、四月七日夜を期して攻勢に転ずることが確定した。その旨は、ただちに大本営、第一〇方面軍、第五航空艦隊などにも通達された。この報を受けて、第一〇方面軍司令官安藤大将は大いに喜び、その支援のため台湾から北、中飛行場に兵力を空輸して強行着陸をさせるとともに、宮古島からも小舟艇で兵力を輸送する計画を立てた。だが、空輸は大本営から輸送機が得られず、舟艇による兵力輸送も、とうてい成功はおぼつかないと実行するのは中止された。

ところで、沖縄守備軍は四月七日夜を期して攻勢に出ると決定したものの、四月四日夜半、「那覇南方一五〇キロに空母三、輸送船五〇の部隊発見」との情報が航空部隊から入った。このため側背から敵の攻撃を受けるのを懸念し、即座に攻勢に転ずるのを延期することになり、その旨を関係各方面に打電した。知らせを受けた第一〇方面軍は、攻撃計画の変更が、全般の作戦指導に重大な関係があるとして、四月八日の夜、攻撃を実施するよう命令電報を発した。このため第三二軍は、八日夜を期して攻撃を実施することに決定し、四月六日、牛島司令官は、配下部隊に命令を下達するとともに、関係方面にもその旨を打電した。

だが、四月六日、菊水一号作戦を発動した連合艦隊は、海上特攻隊が四月八日朝、沖縄海域の米艦船に突入する予定になっていることを考慮して、第三二軍にたいして、総攻撃を八日朝から決行するよう要請した。しかし、守備軍は、攻撃の時期は変更できない、として、これを拒否した。

四月七日、牛島守備軍司令官は、翌日に迫った総攻撃に関連し、配下の将兵につぎのように訓示した。「皇国の安危は懸りて第三二軍総突撃の成否に在り、挙軍宜しく大死一番して滅敵のことに当るべし。我が将兵には進死あるのみ、断じて退生あるべからず。戦友の死傷を省みるの暇あらば、寧《むし》ろ十殺のことに努めよ。僚友斃《たお》れ一人となるも、敢為奮進して醜敵を滅殺すべし。御稜威頭上に在り、切に敢闘を祈る」

いよいよ総攻撃の当日、八日午後、同夜の出撃実施後の方策について長参謀長は、「四月一二日ころから大規模の夜間攻撃による殺傷攻勢を実施する」ことを提案した。これにたいし、作戦主任の八原高級参謀は、絶対反対の意向を表明したが、長参謀長はこの反対をも斥け、自己の構想にもとづく作戦案を策定するよう同参謀に命じた（防衛庁戦史室、神直道、古川成美、各前掲書）。

一方、連合艦隊司令長官は、四月五日、戦艦大和以下の沖縄方面への特攻出撃を命令した。折から攻勢に転じようとしていたときだけに、この知らせを受けて沖縄守備軍が喜んだのはむろんである。だが、完全に制海、制空権を米軍に握られている実情から、沖縄方面への出撃は危険にすぎるとして、牛島守備軍司令官は、その中止を要請する電報を送った。

しかし、豊田副武連合艦隊司令長官は、「皇国の興廃は正に此の一挙にあり」と訓示、あえて出撃に踏み切った。その結果、米艦載機の集中攻撃を受け、大和以下の海上特攻隊の主力が、あっけなく沈没させられてしまった。

スパイの汚名

以上、沖縄戦の緒戦の経過から明らかなとおり、大本営と現地守備軍、陸軍と海軍、政府と軍部、第一〇方面軍と現地守備軍とのあいだに、作戦をめぐっての合意や十分な協力体勢が確立されないまま実戦に突入した。しかも、守備軍内部でも参謀間に重大な意見の対立を残したまま、強引に攻勢に打って出る破目となり、ことごとく失敗した。

そのような状況下で、否応なしに戦乱に巻きこまれた沖縄県民こそとんだ災難であった。とくに大本営が、米軍の上陸した時点で、はやくも沖縄戦に見切りをつけていながら、住民を保護する何らの対策もとらなかったことは、四〇余万県民にとって致命的な痛手であった。破滅へ向かってまっしぐらに突進するほかなかったのだから。防衛庁戦史室『沖縄方面陸軍作戦』の記録によると、四月二日、大本営の作戦連絡会議が行なわれた席上、小磯国昭首相から沖縄作戦の見通しについて質問を受けた大本営の宮崎第一作戦部長は、「結局、米軍に占領され本土への来寇は必至」と答えている。

宮崎第一作戦部長によると、制空海権を絶対的に保有する米軍との離島作戦は、日本軍の増援、補給が不可能で、玉砕は時間の問題だとされていたのだ。第三二軍が窮鼠猫をかむいきおいで反撃に転じ、第五航空艦隊や連合艦隊が特攻攻撃に踏み切った後でも、大本営は後続の兵員をふり向けるのを差し控えた。当時の第五航空艦隊参謀長横井俊幸少将は、その点についてこう語っている。

「第五航空艦隊では、前々から後詰めの兵力を注ぎこんで呉れるように強く要望していたのだが、（四月）一七日にいたってこの要望に反して、第一〇航空艦隊にたいする宇垣長官の作戦指揮までも解かれてしまった。大本営は、この重大な戦機に早くも沖縄作戦に見切りをつけたのである」

にもかかわらず、沖縄作戦も終わりに近づいた頃、大本営は訓練も十分でない部隊に、天下り的な特攻命令を下し、統帥のうえでも軍紀の面でも好ましくない問題をひき起こした。こうして横井参謀長は、沖縄作戦は、比島以来「狂信的な特攻戦法にのみ、戦勢挽回のはかなき望をつないできた最高統帥の迷夢が消えて、跡方もなき水泡のようなものであったことを、如実に思い知らした戦であった」と記している（『太平洋戦争の全貌』）。

ところが、沖縄の実情を知ってか知らないでか、一九四五年四月五日、小磯首相に代わって新たに首相に任じられた鈴木貫太郎海軍大将は、四月二六日、ラジオ放送を通して沖縄の現地軍将兵および官民にたいして、一部つぎのように訓示した。

「……沖縄に在る全軍官民諸君、私の只おもうことは御詔を奉じ、一億国民共に一致団結し、以てこの大戦争を最後まで戦い抜き、勝ち抜き、米英の野望をあくまで粉砕し、以て大御心を安んじ奉らねばならぬということである。

不肖私自らも一億全国民の先頭に立って、戦争一本の旗印の下に総突撃を敢行する所存である。我が肉弾による特攻兵器の威力に対しては、敵は、恐怖をきたしつつある。今後、日本独特の作戦に対して敵の辟易することは、火を見るよりも明らかである。私は、諸君がこの神機をつかみ勝利への鍵を確かと握られることを期待してやまぬ」

「私共本土にある国民亦時来らば、一人残らず特攻隊員となり、敵に体当りをなし、如何なる事態に立ち至ろうとも、絶対にひるむことなく、最後まで戦い抜いて、終局の勝利を得んことを固く決意している。繰り返して申すが、沖縄戦に打ち勝ちてこそ、敵の野望を挫折せしめる戦局の段階を見るのである」(『朝日新聞』一九四五年四月二七日)

米機の空襲を受けたとはいえ、いまだ安全地帯の本土で、首相が一億全国民の先頭に立って総突撃を敢行する、とか「神機」に期待し、「肉弾による特攻兵器の威力」を称えていた頃、戦場化した沖縄では、どういうことが起こったか、もう少しみてみる必要があろう。沖縄守備軍(第三二軍)の牛島満司令官は、早くも四四年八月三一日、配下部隊の師団長ら指揮官にたいする訓示のなかでつぎの点を強調していた。

「地方官民をして喜んで軍の作戦に寄与し、進んで郷土を防衛する如く指導すべし。之が為、懇に地方官民を指導し軍の作戦準備に協力せしむると共に、敵の来攻に方りては軍の作戦を阻碍せざるのみならず、進んで戦力増強に寄与して郷土を防衛せしむる如く指導すべし」

しかし現実には、この訓示どおりにはゆかず、戦況が守備軍に不利な状況になるにつれて、軍・民間の感情的離反はつのるばかりであった。沖縄の首都、那覇の西方およそ九二キロの地点に久米島という人口一万三〇〇〇人ほどの島がある。同島には、海軍の電波探知機が設置され、約三〇人の海軍通信隊の分遣隊が守備に当たっていた。隊長は、鹿山正という海軍兵曹長であった。四月一日、沖縄本島へ上陸する米軍の一部が久米島の東海岸に上陸、約二キロほど進出した。守備隊員は、山中にひそんで応戦態勢をとっていたが、米軍は、翌二日には後退して小型上陸用舟艇でそのまま撤退した。

沖縄本島の攻略をすませた米軍は、四五年六月二六日、この久米島に再上陸した。その日、久米島郵便局につとめていた安里正次郎さんは、避難する途中（一説には寝ているところを）、上陸してきた米軍に捕えられた。

そして、すでに沖縄本島が米軍に占拠されたことを聞き、いまさら抗戦しても無益なことを悟って、米軍の執拗な指示に従い、翌二七日、山中にひそむ海軍守備隊のもとへ降伏勧告状を届けさせられた。

安里さんが降伏勧告状を届けると、鹿山隊長はろくに話も聞かず、即座にスパイの汚名を着せて、その場で殺害したという。

私が、関係者にインタビューしたところ、当時、「日本兵の命を救う勇気のあるものはいないか」と上陸して来た米軍兵士に言われ、安里さんは、みずから使者をかって出たとのことであった。

その数日後、安里さんの内妻のカネ子さんは、夫を殺された悲しみと恐怖のあまり、近くの小川に身を投げて自殺した。

久米島にいた海軍兵たちは、すでに米軍の上陸前に空襲で宿舎を破壊され、七月には村警防団の勧告に従って近くの集落に分散し、付近の住民に食糧をただで供出させて暮らしていた。

米軍は、八月一五日に、ラジオ受信機を設置して日本が無条件降伏したことを島の人びとに知らせていた。ところが、その三日後の八月一八日には、仲村渠明勇さんとその身重の妻シゲさん、そして一歳になる長男の明廣ちゃんの三人をスパイを働いたとして殺害したうえ、住居に火を放って死体もろとも焼き払った。

仲村渠明勇さんは、具志川村字西銘の出身で、沖縄本島の球部隊に所属していた旧海軍上等兵だった。彼は、本島南部の戦線で捕虜となり嘉手納の捕虜収容所に入れられている時、通訳の一人から近日中に米軍が久米島に艦砲射撃をして上陸する予定だと聞かされた。仲村渠さんは、同島の野村という人から乞われて、久米島がほとんど無防備であることを米軍に告げ、艦砲攻撃を止めさせたうえ、要請されるまま宣撫員になって米軍部隊に同行した。そして郷里では知人や友人を訪ね、すでに沖縄本島は米軍に占領されているので、無駄な抵抗はやめ、避難場所から自分の家へ帰って生産に励むよう説いて回った。

こうした言動が守備隊から「敵に通じた」としてねらわれ、ついに惨殺されてしまったのである。

それから二日後、同島守備隊の兵士たちは、今度は、戦前から具志川村の上江洲部落に住んでいた朝鮮人、谷川昇(具仲会)さん一家七人を惨殺した。

兵士たちは鹿山隊長の命令を受けて、最初に沖縄本島大宜味《おおぎみ》村出身の内妻のウタさんと長男の一男君(一〇歳)、そして生まれて間もない乳飲み児を日本刀で斬殺した。谷川昇さんは、二男(五歳)を連れて海岸の方へ逃げていたが、間もなく親子もろとも捕えられ、無惨に殺害された。そのあと、長女の綾子ちゃん(八歳)と次女の八重子ちゃん(五歳)も、母親のところへ連れて行くといって、隠れていた自宅裏の小屋から連れ出され、部落はずれの田んぼの傍で、綱で首をしめられて殺された。

いずれも殺害の理由は「スパイ」ということだった。だが、何らの具体的な根拠もなしにだ(吉浜智改氏の日記および内間仁廣氏の「戦争日記」参照)。

それとは別に一九七二年の地元新聞は、同島でほかにも同様の事件があったことを報じている。六月二九日、具志川村字北原の小橋川友晃区長と警防団長の糸数盛保さんは、地元の住民が米軍に拉致されたことを鹿山隊長らへ通報する義務を怠ったとして、殺害された。米軍が上陸する前に、夜ねていたところを三人の住民が拉致され沖縄本島まで連行されたあげく、上陸のさいに米軍に同行させられたことで、三人はスパイの容疑を受けた。そしてその家族の宮城栄明さんの一家三人と、拉致された本人の比嘉亀さんの家族四人とが、区長・警防団長とともに、宮城さんの家に集められ、針金で後手に縛られて刺殺された後、全員が家屋もろとも焼き払われた。

こうして久米島における戦争犠牲者四〇人のうち、住民二〇人と兵士九人が、同島の海軍守備隊の手によって殺戮されたと記録されている。

この住民虐殺事件は、その後、一九七二年四月、「沖縄のソンミ事件」として週刊誌『サンデー毎日』に詳しく報道され、さらに、四月四日朝、鹿山隊長がＪＮＮ系テレビのニュースショーに出演し、殺害された人たちの遺族や関係者の目の前で、「指揮官として当然のことをしたまでで謝罪する気はない」と開きなおる態度に出たことから、二十数年の歳月をこえていっきょに表面化した。

その日の地元新聞『沖縄タイムス』は、テレビでの対決の模様を詳しく報じているが、それによると、鹿山元隊長は、報道された事件のあらましにはほとんど間違いがないことを認めたうえで、つぎのように発言している。

「私は日本軍人として戦争に参加し、米軍が進駐したばあい、軍人も国民も、たとえ竹槍であってもうって一丸となって国を守るのだという信念、国の方針で戦争をやってきた。

だから敵に好意をよせるものには断固たる措置をとるという信念でやった……」

テレビを見ていた沖縄の人びとは、わが耳を疑ったが、それは聞き間違いではなかった。

久米島具志川村では、その後、すぐに臨時村議会が招集され、鹿山本人と日本政府、そして衆参両院議長にあてつぎのような決議を採択した。そしてとくにつぎのような声明文を発表した。

「久米島住民にとっては忘れもしない当時、この島の総指揮官・元日本軍久米島駐屯鹿山隊の横暴と残虐をきわめた一連の行動は、断じてゆるしてはならないいまわしい事件である。いついかなる時代、どのような窮迫した場においても人命の尊さを守り通すのが人類社会の鉄則であるにもかかわらず、鹿山隊長はきわめて稀薄な情報や流言、不十分な証拠により、独断で二〇人の村民をつぎつぎ殺害することを命令、あるいは直接銃殺したのである。国民の安全を守り、国家の繁栄を守るのが当時の戦闘目的だったはずにもかかわらず、かかる残酷な行動命令をしたのは自己保身のため以外のなにものでもない――極悪非道の行為と断定するものである」

そして、日本政府が国の責任において最善の処置を講じるよう要求した。

地元の新聞は、この「鹿山発言」は、「軍隊とは国民にとって何なのか」「沖縄は日本にとって何なのか」を問い返させるばかりか、これを聞くと、「人間とは、いったい何なのか」ということを考えずにはいられないと述べ、連日この問題を取り上げて論評した。新聞が一個人の発言をめぐって、これほど多くの紙面を長期にわたってさき続けたことは、かつて例がないことだ。もちろん、事件の内容は、それほど重い意味を持つものだった。

ところで、殺害された人びとの遺族は、スパイの汚名を着せられていることもあって、賠償も要求できず、わずか三万円程度の特別弔慰金をもらっただけで泣き寝入りしているに等しいうえ、戸籍の記載もたんに「死亡」とあり、しかも殺害された日時も場所も全く別のものとなっている。日本政府は、この事件について、ほとんど何らの適切な措置を講じなかったばかりでなく、殺害された人の名前や、年齢さえも未確認のまま放置している実情だ。

戦闘後の恐怖

一方、沖縄本島の北部でも、同様の事件はいくつも見られた、と住民は証言している。沖縄タイムス社刊の『鉄の暴風』は、北部の状況を、あらましつぎのように記録している。

「沖縄北部、本部半島の北端にある今帰仁村では、四月一日、米軍の上陸と同時に全村民は裏手の山に避難した。同村には、中部、南部からの避難民が入りこみ、食糧はみるみる尽きていった。

そこへ四月一〇日、米軍戦車が押し寄せ、住民は山あいの谷間に押しつめられて犠牲者は日を追って多くなった。本部半島地区の戦闘は、四月二〇日の時点でほとんど終わり、米軍は住民にたいし、山中から出て食糧の生産に当たるよう呼びかけた。急迫する食糧難から非戦闘員を救うため、五月二日、米軍はすでに占拠した地域の区長たちを集め、村の復旧と生産計画の実施を急ぐよう命じた。

ところが、山中にかくれていた守備軍兵士は、夜になると地元住民の着物に着換えて住民地区に現われ、食物を強要して歩いた。彼らは、運天港に配備されていた海軍特殊潜航艇隊の隊員で、隊長の渡辺大尉は、日頃から「米軍に通ずる奴は国賊だ。生かしてはおけぬ」などと、日本刀をちらつかせて脅迫していた。

住民は、米軍と日本軍の双方のあいだで、板ばさみになり進退きわまった状態におちいった。五月一二日夜、警防団長の謝花喜睦さんは、友軍兵士に連行された。翌朝、彼は近くの畑に死体となって見つかった。家族の話によると、死体には日本刀の切り傷が生々しく残っていたという。相ついで、村の通訳をしていた平良幸吉さんも何者かの手によって斬殺された。さらに、終戦間近の七月一六日、村民の与那嶺静行夫妻と静行さんの弟静正さんも、友軍兵士によって斬殺された」

こうして戦闘が終結して、ほっとしたのも束の間で、住民にとって今度は同胞の日本軍があらたな恐怖となったのだ。渡辺隊長は、五月二日に米軍の命令で区長会議に参列させられた人びとをはじめ、村民のなかで殺害すべき人びとのリストを所持していることが知れわたったたからである。その後、米軍によって村民は、羽地、久志の収容所に入れられたため、ようやく殺害からまぬかれるにいたったとのこと(沖縄タイムス社、前掲書)。

だが、同様の事件は、場所をかえてくり返し起こった。本部国民学校長の照屋忠英氏は、迫撃砲弾で妻を失い、みずからも爆風でほとんど耳の聞こえぬ状態になっていた。彼は、「御真影」をかかえ、どうしてよいかわからず、単身、北部の伊豆味《いずみ》の山中を彷徨していた。日本軍陣地に立ち寄った彼は、中へ入れてくれと訴えた。だが、「御真影」を奉護しているところから、かくまってもらえると期待したのである。だが、「地方人は軍の壕に入れるわけにはゆかぬ」と言下にことわられた。耳の遠い照屋校長は、要領をえずしばらくそこを動こうとはしなかった。彼が断念してその場を去った直後、同陣地は激しい砲撃に襲われた。「スパイの仕業だ」と友軍兵士は騒ぎ出した。あげく照屋校長は、背後から銃弾を浴びせられた。瀕死の重傷を負い血まみれになった彼は、住民のところへ這ってくると、「誤解だ、私は誤解されたんだ」と言い残して息絶えたという(沖縄タイムス社、前掲書)。

米軍の上陸以来、沖縄で学校関係者が最も心を悩ましたことの一つは、戦乱の渦中でいかにして「御真影」を奉護しおわせるか、ということであった。天皇の御真影を守るために教師たちが払った犠牲は、けっして些少ではなかった。

さて、以上みてきた事例は、決して沖縄戦の全容を示すものではない。非戦闘員の地元住民のこうむった物心両面の損失は甚大で、類似の不幸な事件は、その後もつづいたのである。

四五年四月一日に米軍が上陸してから、六月二二日に牛島守備軍司令官と長参謀長が自決して沖縄が占拠されるまでの八〇日余。沖縄の人びとが払った犠牲は、あまりにも大きく、かろうじて生き延びた人びとの辛苦は、表現を絶するものがあった。

ちなみに、太平洋戦争中の日本本土における非戦闘員の死者総数は、二九万九四八五人（経済安定本部の一九四九年度調査）。これにくらべて沖縄戦ではどうかというと、米軍の戦死者は一万四〇〇五人、日本軍の戦死者が七万四七九六人にたいし、沖縄県民の死者の数が一四万人余におよんでいる。当時の沖縄の人口が四五万程度だから、その三分の一近くが玉砕したことになる。沖縄の全教職員の三割が死んだほか、とくに次代を背負うはずの「鉄血勤皇隊」に動員された師範学校生や男子中等学校生は、半数から三分の二を失った。従軍看護婦として駆り出された女子学生も半数以上が戦死した。

四五年七月八日、太田耕造文部大臣は、沖縄師範学校にたいし、つぎのような表彰状を授与した。「挙校一体戦時教育の本義に徹して至誠尽忠、平素鍛錬の成果を遺憾なく発揮した」と。だがこの一片の表彰状と引きかえに、学校は跡かたもなく消滅し、野田貞雄校長以下一八人の教職員と、二八八人の若い生命が失われた。

戦争がすんだ翌年の調査によると、生存者の二〇代から四〇代にかけての男女の比率は、ほぼ男性の二にたいし女性が八を占めている。こうして家庭の主柱となるべき働きざかりの男性の甚大な被害は、沖縄住民が敗戦後立ち直るうえでも、きわめて不利な条件をもたらしたことは言うまでもなかろう。

戦争末期の六月六日夜、沖縄南部小禄《おろく》付近に布陣していた海軍陸戦隊司令官大田実海軍少将は、すでに施設を失い、通信のできない県知事に代わって、沖縄の人びとの守備軍への協力ぶりについて最後の電報で報告した。そのなかで、大田司令官は、とくに「沖縄県民斯く戦えり、県民に対し後世特別の御高配を賜らんことを」と述べている(防衛庁戦史室、前掲書)。

だが、その結果はどうか。戦後の沖縄が、どうなっているかは、あらためて指摘するまでもあるまい。

2　核基地――なぜ沖縄だけが

血であがなわれたもの

沖縄は、戦争でいっさいを失ったうえ、戦争後もひきつづき米軍の軍政下におかれ、日本との関係をいっさい断たれてしまった。日本政府は、敗戦後六年目にいたり講和条約を締結するにさいしても、旧沖縄県の実状には目をつぶって本土他府県のみの独立をはかった。沖縄の有権者の七二％が復帰の願望を表明し、署名請願までしたにもかかわらず、その県民の意思を無視し、沖縄の施政権を公式にアメリカに譲り渡して、吉田茂首相のことばをかりると、「欣然として」講和を成立させた。

帆足計、北村孫盛著『沖縄』は、故蜷川新博士の説だとして「沖縄は、日本政府と米国政府間の秘密外交によって、日本天皇の地位保障との交換条件として、米国に譲り渡された」というわけで、「ことの真相を八千万国民にまちがって伝えたところに今日の悲劇が起こった」と記録している。いずれにせよ、沖縄戦で十数万の沖縄の人びとの「血であがなった」平和な沖縄が、その後、米軍が大っぴらに核基地化した「核基地沖縄」でしかないということは、誰の目にも明らかである。この冷酷な実情が、いかなる意味でも死者たちの霊に報いるものでないことは、むろんである。

平和条約の発効後、本土他府県では「独立」の喜びにひたっていた一九五三年九月、沖縄住民の唯一の代弁機関であった琉球政府立法院は、「南西諸島統治について衆参両院への懇請決議」を採択し、こう述べている。

「第二次世界大戦において、琉球が祖国防衛の基地となり、最後の決戦場として言語に絶する惨害を受けたことは、祖国八千万同胞もすでに御承知であると思います。然《しか》し終戦後八年、対日平和条約発効後一年有余を経過しているのに、この地域が同条約第三条に支配されて祖国から分離され、異例な統治下におかれている実情については知っている同胞は数多くないと思います。

悲惨な戦争も条約の締結も、われわれ国民の意思とはかかわりなく遂行されたもので、憤りと不満を感ずるものでありますが、今更、その責任を追求したくありません。然し過去の過ちを是正し、われわれの運命をこの不自然不遇の状態から、正常な安定した姿に回復する責任は、一に祖国日本、特に政治の衝に当る者にあると思料するものであります。

条約第三条後段の規定に基づいて、行政、立法、司法の権利は米国が持っているとはいえ、われわれは依然として、日本の領土に住む日本国民であります。従ってその国民が如何なる思いをもち、如何に生きているか、或は領土が如何になっているかは日本国として当然重大な関心事であるべきものと確信致します」

「而《しか》して琉球においては、基本的人権に関する幾多の問題が山積し、それは何《いず》れも、条約第三条によって祖国から分離されたことに原因するものであります。われわれは、現政治形態下において、外交権を有せず、公式に祖国に訴える自由もありません。ただし祖国日本はその外交交渉によって直接現地を視察し、その実情を知る道は可能であり、かつ、それは日本のなすべき当然の責務であり、米国亦これを拒む理由はないと思います（後略）」

この決議には、抑制された表現にもかかわらず、鬱積《うっせき》した沖縄住民の不満が盛りこまれている。だが、頼みとする日本の衆参両院で、沖縄の施政権の返還要請決議をはじめて採択したのは、じつに一〇年後の一九六二年になってからだ。これが日本政府の沖縄にたいする態度である。政治家がそうなら、マスコミはむろん、学者や知識人をはじめ一般国民の関心も「沖縄」とはほとんど無縁であった。

平和条約第三条によって公認されたいっさいの統治権限に加えて、日本政府の冷淡さや一般国民の無関心によって、アメリカは、完全にみずからの思うままに、沖縄を「不沈空母化」し「核基地化」するのに成功した。

戦後二四年もたち、日本政府は、しつこい沖縄からの「つき上げ」もあり、また世界第三位の経済力を誇る「大国日本」のメンツからも、沖縄を放っておくわけにいかず、というより放っておけば、いわゆる「七〇年問題」ともからんで、火傷をしそうなので、鎮火剤を処方する必要に迫られて、ようやく対米折衝に乗り出そうとしているわけだ。

一方、国内問題としての沖縄については、無知であるか知っていても無視するかして、「ベトナム」を論じ、世界を俎上にのせて論断している学者、評論家、ジャーナリストたちは、政府が「現状のまま」沖縄を復帰させようとの意図をちらつかせるとあわて出した。核基地沖縄の返還によって、「本土の沖縄化」が現実的問題となったため、好むと好まざるとにかかわらず「みずからの問題」となってきたからだ。そして一方では「沖縄は奪還すべきだ」と呼号しながら、他方では、「核つき返還はごめんだ」などと叫ばざるをえないジレンマに追いこまれたというわけである。

ここではっきりさせなくてはならないことは、沖縄は、みずから好んで核基地になったのではないということ。それどころか、琉球政府立法院では、一九五五年に「原子力兵器使用禁止要請」の決議を採択して以来、五七年に「原水爆等核兵器の製造、実験、使用の禁止並びに核兵器基地の建設中止を要請する決議」を満場一致で採択した。そして翌年には「沖縄の原水爆基地化反対と核兵器の実験、使用禁止に関する要請決議」、同じく「核兵器持込み反対決議」「核兵器持込み反対に関する協力要請決議」を採択、さらに五九年に「原水爆基地化反対と核兵器の製造、実験、使用の禁止に関する決議」、同じく「ナイキ発射訓練取止めに関する要請決議」を行なった。

六〇年にも「土地新規接収並びにミサイル兵器持込み阻止に関する要請決議」、また「土地新規接収並びにミサイル兵器持込み阻止に関する協力要請決議」、同じく「ミサイル・メース持ち込み反対決議」を採択し、本土政府に核基地でない沖縄の実現について訴えた。

六一年にも、「ミサイル・メース持込み反対並びに基地の建設中止に関する要請決議」、同じく「ミサイル・メース持ち込み反対並びに基地の建設中止に関する協力要請決議」を行なっており、直接、核基地化に反対を表明したものだけでも、衆参両院がはじめて施政権の返還を要請する決議を採択した六二年までに、十数回を数えている。そのほか、土地問題との関連で軍事基地化に反対した決議も、何回となく、くり返し採択されたのだ。しかもそれらの声は、戦争の惨禍を身をもって体験した沖縄の住民の切実な訴えであった。だが、本土では、対米追随を本領とする政府与党はむろん、革新政党にしても、「沖縄解放」などと大言壮語するだけで、ほとんど何らの有効な手も打てずに過してきたし、遺憾ながらマスコミや知識人にしても、五十歩百歩でしかなかった。

ちなみに本土の有力新聞社が、いっせいに沖縄に記者を常駐させるようになったのも、一九六一年からでしかない。それはともあれ、核基地沖縄の実情がいかなるものか、ここで概観しておく必要があろう。

密集する基地

ふつう、沖縄というのは、鹿児島県と台湾とのあいだに弓状をなしてつらなる七二の島々を総称したものである。その総面積は二三八八平方キロで、ほぼ神奈川県に匹敵する。七二の諸島のうち、人が住んでいるのは四八の島だけである。そのうち最も大きな島が沖縄本島で、総面積の半分以上の一四九八平方キロを占めている。ところで米軍が基地に使用している「軍用地」の総面積は、沖縄全土の総面積のおよそ八・八%を占めており、沖縄群島(沖縄本島とその周辺の島々)にかぎっていえば、一三・九%におよぶ。もし私有地以外の公有地の使用分までもふくめると、それはほぼ一八%にも達する(『アメリカ戦略下の沖縄』朝日新聞社)。

米軍基地は、ほとんど沖縄本島の中部地域に集中しているが、そこでは三三%が軍用地である。B52の基地として知られている嘉手納飛行場をかかえる嘉手納村では、軍用地面積は七八%も占め、その隣接地域の北谷村では六九%、コザ市(現沖縄市)では六七%を占める実情である。沖縄の総人口は、石川県のそれに近く、九六万人である。このうち、八一万人余が沖縄本島に住んでいる。

沖縄全域の一平方キロあたりの人口密度は、ほぼ四〇〇人(軍用地を除く場合には、四二八人)であるが、沖縄本島ではそれが五四一人を数える。国連統計(一九五五年度)によると、世界最高の人口密度をもつ国は、オランダだが、それでも一平方キロあたり三四二人でしかない。日本本土の人口密度は、一九六五年現在で一平方キロあたり二六六人である。沖縄の人口密度が、いかに過密状態にあるかは、これらの比較からも明らかだが、それはアメリカの人口密度の、ほぼ二二倍にも達する。

このような狭小で人口が過密な沖縄に、米軍基地がいくつあるかというと、一九六八年八月現在、陸軍基地が六五、空軍二二、海兵隊一七、海軍一三など計一一七もある(一九六六年一一月、米下院外交委員会の極東太平洋分科委員会のザブロッキー委員長の報告、および最近の資料による)。周知のとおり、沖縄は、日本の四七都道府県のうちの一県にすぎない。沖縄をのぞいた本土の四六都道府県にある米軍基地は、全部あわせても一四六である。そこから、ほぼ本土の四六県の基地と同じ数の基地が、本土よりはるかに人口過密の沖縄に集中させられている事態がいかなるものであるかは、現地を訪れたことのない読者にとっても想像できよう。

しかも、本土にある基地は、アンテナ一本の無人通信施設から巨大な飛行場までさまざまだが、ほとんどは倉庫とか演習場、住宅、通信施設などである。言いかえるなら、基地総面積の六五%は演習用のもので、比較的に危険度の高い飛行場は八、港湾九、作戦施設が二となっている。だが、沖縄の場合は、基地の性格、態様が本土の場合とはきわだってちがう。すなわち出撃基地となっているだけに危険度がはるかに高いものばかり。一九六五年八月三〇日号の『ニューズ・ウィーク』誌は、沖縄についてこう説明している。

「米国にとって沖縄は疑いもなく戦略上のキーストーン(かなめ石)である。第二次大戦最後の大規模な戦闘で、一万二五〇〇人の米将兵が命を奪われ、ついに占領した。

沖縄は、いまや巨大な兵站物資集積所と化し、さらに将兵のトレーニング・センター(訓練場)となり、また米太平洋統合軍の前進中継基地でもある。米国の巨大な兵器廠にある品目ならすべて――ジャングル戦用の飛び出しナイフから、核兵器にいたるまで――が、実際に沖縄にある。那覇のすぐ北の嘉手納空軍基地は、月平均一万回の離着陸を記録する、世界でも最も多忙な空港の一つである。海軍の艦船は、たえまなしにホワイト・ビーチ港から出たりはいったりしている。軍隊宿営地、射撃場、物資集積場は島の長さと幅いっぱいにばらまかれ、道路はジープや緑褐色の軍隊輸送用トラックでふさがっている。……そして沖縄のどこかには、メースB核ミサイルの四つの発射基地がある」

たしかにここで言われているように、沖縄がアメリカのアジア戦略の「かなめ石」となっていることは、つぎの事実からもはっきりする。まず沖縄は、東京まで一五〇〇キロ、韓国のソウルまで一四〇〇キロ、フィリピンまで一四五〇キロ、サイゴンまで二六〇〇キロといったぐあいに、アメリカにとって、アジアの同盟諸国のすべてに近いという地理的に格好の条件を具備している。

言うまでもなく、アメリカはこれらの友好諸国と条約を結んで密接に結びついている。日本とは日米安全保障条約(一九五一年九月と一九六〇年一月に再締結)、韓国とは米韓相互防衛条約(一九五三年一〇月)、台湾とは米台相互防衛条約(一九五四年一二月)、フィリピンとは米比援助条約(一九五一年八月)を結んでいるほか、オーストラリア、ニュージーランドとはアンザス条約(一九五一年九月)を締結し、英国、フランス、オーストラリア、ニュージーランド、フィリピン、タイ、パキスタンと「東南アジア条約機構」(一九五四年九月)を形成している。そのいわば中心となるかなめどころの沖縄の施政権を、アメリカは一九五二年四月に発効した「サンフランシスコ平和条約」の第三条によって排他的ににぎり、誰にも遠慮することなく大っぴらに核基地化してきたのである。

一九六四年三月、琉球列島米高等弁務官のキャラウェイ中将は、米下院歳出委員会で、基地建設に約一一億八四〇〇万ドルを投じたと証言したが、六七年半ばには、その額は一五億ドルに達したと言われている。その結果、沖縄は名実ともに、アメリカの「アジア戦略のかなめ石」に変貌させられたわけである。六二年五月、ウィリアム・P・バンディ米国防次官補は、下院軍事小委員会において、沖縄基地が作戦・進攻基地になっているほか、補給、訓練、輸送、通信・中継の四つの機能をもっていることを明らかにした。

持ちこまれたメースB

一九五六年六月、沖縄の土地問題を調査した米上院のメルビン・プライス議員は、その報告書で「沖縄では米軍による核兵器の貯蔵ないし使用の権限にたいし、外国政府による制限は存在しない」と強調したが、アメリカは、沖縄のもつ地理的条件の有利さに加えて、統治上の完全な自由をとことんまで利用してきたのである。言うまでもなくアメリカは、日本本土では、米軍基地の配置の重要な変更、核兵器の持ち込みなど装備の重要な変更、あるいは日本本土から行なわれる戦闘作戦行動などについて、日本政府と、事前に協議しなければならない。ところが沖縄基地の場合は、そういう制限もいっさいなく自由だからだ。こうした自由に使用できる基地は、アメリカの海外基地では沖縄だけとされている。『沖縄タイムス』は、一九六一年三月二四日付の社説で「本土政府のふがいない態度」と題し、つぎのように論じている。

ある米誌が「アメリカは、沖縄で四ヵ所にミサイル兵器メースB基地を建設中であるが、これには、日本政府当局がこれを承認しているという有力なしるしがある」と発表した。この記事について本土国会で政府は野党側の質疑を受けたが、政府の答弁は、あやふやで沖縄側にとって、実にふがいないものというよりない。

たとえば、メースB核ミサイル持ち込みは、沖縄の安全にたいする脅威になるのではないか、という問いにたいし、小坂善太郎元外相は「メースBを置くことは、むしろその脅威をのぞくことになる」と答えている。アメリカの立場からの見解ならいざ知らず、これが本土政府の責任者の口から出たことばとしては、どうしても受け取りがたいし、あまりにも情けない思いがする。沖縄住民の気持を踏みにじったといえるからだ。

この種のミサイル兵器の持ち込みにたいして、沖縄の立法府である立法院は、そのつど反対決議をしてきた。メースBの配備についても、一九六〇年五月一〇日付で決議を行なっており、さらに翌年三月二四日の本会議で、再決議をする予定である。決議によって米軍によるメースBの持ち込みを防止できる可能性はうすいとしても、決議の効果をとやかくいうのはあたらない。アメリカが強引に持ち込んできても、沖縄の人びとは、それを肯定しているわけではない。だから反対の意思表示をするのは当然である。

本土の場合、こうした特殊兵器の持ち込みには、米国とのあいだに「事前協議」をする申し合わせがある。しかし沖縄の現状では、アメリカは勝手にどこの国の干渉も受けず、自由に沖縄へどんな兵器でも持ち込めるわけで、そのためにこそ「沖縄基地」をこの上なくありがたがって保有しつづけているのだろうが、だからといって本土政府が、この状態をいつまでも黙ってみすごしてよいか、はなはだ疑問である。

本土政府がアメリカと「事前協議」の制度を取り交わしているのは、予想される不利益から国民を事前に守るためにちがいなかろう。だとすれば、沖縄のミサイル問題について、本土政府が、いかにも「われ関せず」の態度をとっているのは、沖縄の住民を国民として扱うことを忘れていることになりはしないか。

黒い殺し屋

本格的な核装備がすすみ、アメリカは現在では沖縄本島の四ヵ所に地対地核ミサイルの基地をもつほか、核武装のできるF一〇五サンダーチーフ戦闘機をも配備している。アメリカの『リポーター』誌は、「沖縄にはメースB核ミサイルのほか、第一八戦術戦闘航空部隊のF一〇五が、沖縄に貯蔵されている核爆弾で武装できる」と記して、その事実を裏付けている。その他、対空ミサイル「ナイキ・ハーキュリーズ」、野戦用戦術ミサイル「リトル・ジョン」もあり、米国ネブラスカ州オマハの戦略空軍の指揮下にある核戦略部隊なども駐留している。

とくに「黒い殺し屋」などと地元住民から嫌悪されているB52の常駐は特筆に値する。B52戦略爆撃機は、ジェットエンジン八基を備え、時速が一四〇〇キロ以上、一回の給油で世界を一周できる航続距離をもつ、いわゆる「戦略要塞」である。B52戦略爆撃機は、第二次大戦終了の翌年一月から、核戦争に対処するため開発された純然たる「核戦略用爆撃機」で、戦後一〇年目の一九五五年六月にはじめて戦略空軍の実践部隊に配置された。

B52三〇機が、台風避難の名目で、グアム島から嘉手納飛行場に飛んできたのは、一九六五年七月二八日である。それが翌二九日からさっそく嘉手納を発進してベトナムを爆撃、六月一八日の最初の爆撃から通算六回目であった。B52の沖縄からの直接出撃は、住民に大きなショックを与え、戦争の恐怖は、いやおうなしに高まってきた。そのため住民意思の代弁機関である琉球政府立法院は、超党派でつぎのような決議を採択した。

「第二次世界大戦で、戦争の惨禍を直接受けたわれわれ沖縄県民は、戦争がいかに恐るべき罪悪であり、人類にとって最大の不幸であるかを身をもって知った。戦後二〇年の今日にいたるまで米国は、沖縄に強大な軍事基地を保有し、この基地はベトナムへの出撃の拠点として使用され、軍事演習は頻繁となり、軍人による犯罪の激増ともなって、県民の生命財産に直接大きな被害を与えている」

「ことに米軍は、さきに県民を軍雇用員としてベトナムに派遣する問題を引き起こし、県民の一大反撃を受けたが、さらに七月二九日、サイゴンにおける米軍スポークスマンは、沖縄から発進した米軍のB52爆撃機約三〇機が、サイゴン東南方五六キロのベトコン地区に爆撃を加えたことを発表した。このようにして、沖縄の米軍基地がベトナムへの出撃基地となり、沖縄が直接戦争の渦中にまきこまれていることは、県民に直接戦争の不安と恐怖を与え、単に沖縄の安全ばかりでなく、本土の安全をも脅かす重大問題となっている。

よって本院は、米国が沖縄基地からのベトナムへの出撃、および沖縄を戦争にまきこむいっさいの行動を、即時とり止めるよう強く要請する」

この決議文は、アメリカ大統領をはじめ、上下両院議長、ならびにアルバート・ワトソン高等弁務官あてに送られた。『琉球新報』の社説は、全会一致のこの決議は、まことに意義深いとして、つぎのように高く評価した。

「……これまで基地問題をめぐって、政党各派の態度には微妙な差異があった。この違いは、イデオロギーにつながるだけに、根本的には妥協できる筋合いのものではない。しかし思想や信条、生活態度などの違いはあっても〝沖縄を戦争に巻き込むいっさいの行動〟にたいしては、すべての党派が一致して反対するとの、いわば平和運動の原点ではひとつになりうることを、今度の決議は証明したと言えよう」

同社説は、さらに語をついで言う。

「どちらかと言えば、民主党は基地問題に関し、消極的な立場をとっている。沖縄における米軍基地について、同党は日本を含め自由陣営を防衛するための基地であるとの見解にたち、戦争の抑止力となる力の均衡を保ち、平和の維持に必要な基地の存在を認めるとの態度で基地の存在を是認してきている。これが基地の存在を積極的に否定しようとする野党側と、ことごとに衝突し、さきには、米軍LST沖縄人乗組員を、南ベトナムへ派遣する計画に端を発する「戦争回避要請決議案」の成立さえ、ついに流してしまうといういきさつもあった」

「しかし今度の場合、B52爆撃機がベトコン基地爆撃のため、嘉手納飛行場から発進するにおよんで、民主党としても、沖縄基地は補給基地であるとの、お仕着せの論理を、かなぐり捨てざるをえない立場に追いやられた。民主党が他派に同調して、米国が沖縄基地からのベトナムへの出撃、および沖縄を戦争に巻き込むいっさいの行動を、即時とりやめるよう米側に強く求めたことは、戦争体験者の感情からしても、当然すぎるほど当然のことである」(一九六五年八月一日)

嘉手納基地の機能

Ｂ52は、その後、翌六六年には姿をみせなかった。しかし翌年になると、三月二一日の昼すぎ、七月二六日の夕方、一一月一二日の昼と、三回たてつづけに嘉手納に飛来した。それが翌々年になると、二月五日以来、腰を据えたままである。それは、なぜだろうか。

戦略空軍基地のグアム島からベトナムまで片道約四二〇〇キロ、北朝鮮まで約五〇〇〇キロである。それが沖縄からだと北ベトナムまで二一〇〇キロで半分の距離。北朝鮮まで約一五〇〇キロで約三分の一の距離でしかない。グアムからベトナムまで一回出撃するたびに、三〇機分で一〇〇〇万ドル(三億六〇〇〇万円)かかるという(上院における国防長官ロバート・Ｓ・マクナマラの証言、『沖縄タイムス』一九六八年三月二〇日)。したがって、沖縄から出撃するとなると、その費用も約半分ですむということになる。つまり、最小限の経費で最大の効果をあげうる、という魅力があるというわけ。

Ｂ52などをもつ米戦略空軍は、海外では、グアム島をはじめスペインやイギリス、タイに一三の基地をもっているが、グアム島をのぞくほかの基地は、すべて条約で作戦行動が制約されている。ところが沖縄では、何らの制約もなく、完全に自由なので、その点がＢ52を常駐させる要因となったことは、容易に推察できる。

ちなみに嘉手納基地が「極東一」の空軍基地と呼ばれるのは、基地の面積が広いということではなく、基地の機能が大きいからだとされている。米三一三空軍師団司令部によると、基地の面積や兵員、雇用員の数は、むしろフィリピンのクラーク基地のほうが大きい。しかし、基地内における支援施設、兵舎、宿舎、駐機場、給油施設、通信施設など基地の機能において、嘉手納基地は極東で類をみないという(『沖縄タイムス』一九六八年六月一日)。

一九六八年六月七日の『朝日新聞』によると、在東京の横田基地は、四分間に一機の割合でジェット機が離着陸し、立川では軍用機の離着陸は、月に二〇〇〇回もあるという。

では、沖縄ではどうか。米三一三空軍師団司令部によると、嘉手納では、前年には、三分間に一機の割で飛行機が発着。その数は、一ヵ月間に一万四〇〇〇機、一年間に一六万八〇〇〇機にものぼる。こうした事情を考えるなら、事故が起こらないかと地元住民が不安がるのも無理はないのではないか。ところが、この住民の不安にたいして、本土からきた学者や軍事評論家は、嘉手納付近では防空壕を掘っている様子もないから、住民が不安を感じているとは思えない、などと公言するしまつだ。

なお嘉手納基地から出入りする米軍関係者の数は、一年間で八〇万五二三四人。ほぼ沖縄の全人口にちかく、貨物輸送が九万五〇六九トンにおよんでいる。

同年六月一日付の『沖縄タイムス』によると、ここ数年間に嘉手納基地に離発着した飛行機の種類は、プロペラ機から超音速ジェット戦闘機にいたるまで五〇種類を越す。一日に使用する航空ガソリンは、ざっと一〇〇万ガロンといわれ、嘉手納基地の機能が、まさに「極東一」だとされているのも、むべなるかなである。

同年二月に駐機して以来、B52は、完全に常駐態勢をとっている。一説によると、B52の沖縄駐機は数年前から計画されていたという。その説を裏付けるように、嘉手納基地内では、米軍の「戦後二番目の大工事」と言われる大規模な基地拡張が、六六年夏から翌年にわたり、総工費二二〇〇万ドルをかけて行なわれた。その結果、滑走路が約四〇〇〇メートル、幅九〇メートルの二本に延長され、いかなる飛行機でも離着陸できるように整備されたからである(つねに数十機を駐留できる)。

しかもこの工事は、B52の常駐にたいする反対運動が起こったときは、すべて完了していた。しかも、日本政府は、あらかじめそのことを知っていたふしがある。にもかかわらず「暴風のための待避」だなどと強弁してきたのである。ところで人びとの不安が高まり、B52常駐への不満の声がひろまってくると、日米両政府は、やむをえず対応策を講じなければならなくなった。

恐るべきB52

一九六五年八月一三日、米民政府は、米国の対琉経済援助の最高限度額一二〇〇万ドルを引き上げるため「プライス法」の改正を議会に要請すると発表した。現行の一二〇〇万ドルから、二倍余の二五〇〇万ドルに引き上げることを要請するというものであった。

プライス法は、一九六一年に年額六〇〇万ドルのわくが決まり、その後、ケネディ新政策によって、翌年、米国政府はいっきょに二五〇〇万ドルに改正する要請を行なったが、上院で現行の一二〇〇万ドルに押えられたいきさつがあった。

二五〇〇万ドルの増額の話は、ケネディ新政策に立脚したもので、復帰につながる沖縄住民の福祉の向上や自治の拡大なども「本土並み」を目標としたものであるとして、住民に期待を抱かせた。ところが、プライス法改正は、一二〇〇万ドルのわくにとどまり、本土並み水準の目標はつぶれ、琉球政府は、その穴埋めの財源を見つけるのに腐心せざるをえなくなった。プライス法の改正が提案されたいきさつについて、ワシントンからの報道が、つぎのように述べたことは、注目に値する。

「その背後には、B52爆撃機による沖縄基地の使用問題などをめぐり、現地住民および日本国民のあいだに不安が強くなっているのをしずめるという、政治的考慮がはいっているようである」

この報道にたいし、地元の新聞『琉球新報』は、この観測が当たっているとすれば、いわゆる「ゴネ得」で、不平や不満を訴えなければ反応を示さないのかとの疑問も出てくると論評している(一九六五年八月一五日)。ところでその懸案の援助資金の増額は、六八年に入って行政主席の公選など「三大選挙」が近づくと、ようやく実をむすび、一七五〇万ドルの限度額いっぱいに引き上げられるようになった。

ところで、B52が嫌悪されるのは、それなりの理由があった。アメリカのB52爆撃機は、一機で二〇ないし二五メガトンの水爆をつんでいると言われ、ときには五〇メガトンを積んでいるという説も出ていた。これらの核兵器の威力は、一トン爆弾二〇〇〇万個あるいは五〇〇〇万個に相当すると言われている。

広島・長崎の原爆は約二〇キロトン、つまりTNT二万トン相当であった。だから、一メガトン水爆は、広島・長崎で使用された原爆の五〇個分にあたり、二〇メガトン水爆なら原爆一〇〇〇個にあたる計算になるという。これを爆撃機の数でみると、水爆をつんだB52の一機は、原爆をつんで広島・長崎へ飛来したB29の一〇〇〇機ないし二〇〇〇機に相当し、第二次大戦中、東京その他の都市を空襲した普通爆弾積載B29の実に二〇〇万機から四〇〇万機に等しい（『朝日新聞』一九六八年七月二五日、奥田数久氏解説）。はたして一〇〇万機のB29の空襲を、われわれは実感として想像できるだろうか。

『琉球新報』は、「B52の飛来と核の脅威」と題する社説で、沖縄では米軍機の墜落事故がくり返し起こっていることを指摘し、およそつぎのように述べている。

「B52が沖縄で墜落しないという保障はどこにもないし、B52はひんぱんに飛来しているのだから、事故は当然予想されることである。

B52だけではない。沖縄には核兵器があり、島全体が核の脅威にさらされているのである。下水だけでなく、井戸からガソリンが流れ、昼夜の別なくジェット機の爆音がのしかかる。生きる権利さえ奪われようとしているのである。この沖縄の現実にたいして、本土政府は、いったい何をしようとしているのだろうか」

「沖縄の返還という国民的な願望を口実にして国防意識の高揚を宣伝するし、非核三原則は沖縄には適用されないのだという……。これでは沖縄にいる九六万の日本人は救われない。いまさらわれわれは、太平洋戦争で祖国防衛のとりでになって五人に一人の犠牲者を出したとか、二三年間も異民族に支配され苦しい目に会ってきたという泣きごとは言いたくない。しかし、祖国の独立と現在の繁栄の犠牲にされた沖縄を、このような形で利用されては、まったく立つ瀬がない」

さらに同社説は、一日も早く復帰を実現することが、平和日本の建設につながる要因になる、と強調している(一九六七年二月七日)。

一方、一九六六年五月に九〇〇〇人の住民が参加して開かれた沖縄原水協主催の、B52の即時撤去を要求する第二回県民総決起大会での大会宣言は、つぎのように述べている。

「……佐藤自民党政府は、B52の撤去をアメリカに申し入れる意思がないとの態度を示し、逆に沖縄を核武装するための橋頭堡にしようとしている。沖縄の戦いは、日本の将来を大きく変える核武装再軍備に対する歯止めの役目を持っていることを理解し、B52の撤去と軍事基地の完全撤去まで戦い抜くことを宣言する」

いのちを守る闘い

核搭載の可能な戦略爆撃機のＢ52常駐については、経済問題もからんで一般住民の反応は、一見したところ表面化していない。だが、意識の底では、人びとが絶えず戦争の恐怖感に脅えていることは、各種の調査結果にはっきり示されている。たとえば、一九六二年七月、明治大学法学部社会思想史ゼミナール沖縄調査団が、沖縄の高校生六八七人、中学生二九九人、合計九八六人の戦後世代を対象に行なったアンケート調査の結果をみよう。「沖縄が原水爆基地になることをどう思いますか」「沖縄に基地があることをどう思いますか」という二つの質問にたいし「良いと思う」「悪いと思う」「わからない」という選択肢を設けてそれぞれ答えさせた結果、原水爆基地化に、回答者の九五・一％が反対の態度を表明している。基地の存在については、八三・四％が「悪い」と回答している（「沖縄の戦後世代の社会意識」）。これらの意見が、戦争をじかに体験したことのない戦後世代のものであることに、注目する必要があろう。

一方、一九六五年七月に琉球大学人文社会科学研究所が那覇市の有権者五〇〇人を対象に行なった調査によると、全基地の撤廃を望むのが、五三・九％で、核基地だけの撤廃に賛成するのが二三・九％、現状維持が八％、残りの一四・二％が「わからない」となっている。これらの結果からみても、戦争体験のあるなしにかかわらず、沖縄の圧倒的多数の人びとが核基地化に反対していることは、明らかである。しかも後述するように、沖縄の経済が基地の恩恵を多分に受けている現状においてさえ、こうした結果が出ることは軽視できない。基地に代わりうる収益の方途を保障すれば、基地に反対する数字が、さらに急増するだろうことは、容易に推測できるからだ。

沖縄の人びとが基地に反対するのは、たんに戦争への恐怖感からだけではない。基地による公害が現実に日常生活を脅かしているからである。たとえば、嘉手納周辺の学校のジェット機などによる爆音被害は、その一例である。同地域の爆音は、最高音量が一一〇ホン、週六時限の授業中におこる爆音発生回数は、三一六回で、年間になおすと一〇九時間。すなわち、小学校で六ヵ年間に失う授業時間は、六五四時間余。中学校までの義務教育期間では、じつに九八〇時間余りがつぶれる計算だという。

飛行場周辺の学校でたえず爆音に悩まされる学校は、一五校、被害をこうむる生徒数は、二万人と推定されている。ちなみに、沖縄全域で防音装置を施さなければならない教室が三五五教室もあるというが、防音装置の必要性が論議されながらも、費用がなく空論に終わってしまう。嘉手納村だけでも爆音装置に要する費用は、一二七万ドル(四億五七二〇万円)も要るからである。

本土の場合、防音対策は「特別損失補償法」という法律によって保証されているため、かなり進んでいるようだが、沖縄ではまるで野放し状態のまま。『沖縄タイムス』は、「防音対策の話し合い」と題する社説で、こうした事態をつぎのように批判した。

「基地が必要悪なら、それから派生する不都合なことにたいしては、虚心となって真剣に解決をはかるべきである。基地から生ずる直接・間接のトラブルの類いに目を伏せるようであってはならない」

最近、ようやく琉球政府も住民も事の重大さに気づき、防音対策にとりくみだした。だが、嘉手納付近の小・中学校では、基地の爆音から児童を守ろうと防音教室をつくったはよかったが、防音の目的は、ほぼ達成されたものの、今度は空気汚染で健康障害など、新たな問題が起こりつつある。

適当な空気中の二酸化炭素は、ふつう、〇・〇三%から〇・〇五%であるようだが嘉手納の小学校では、なんと〇・五%から一・〇%である。東京都の興行条例(映画館など)では、空気汚染を〇・五%を限度とし、これ以上あると興行を停止するというわけだが。

困っているのは、学童ばかりではない。ある農民は、こうぼやいている。「ろくろく百姓もできんですよ」「百姓は、下をみて仕事をするのに、危険だからいつも上をみてなきゃならんので」と。空からいろいろなものが落下するからだ。

一九六八年一一月一九日、ついに、恐るべき事態が起こった。B52が墜落し爆発したのだ。それ以来、住民は、生存そのものが脅かされている、という恐怖感にかられるようになった。そのため、人びとはすぐに「いのちを守る県民共闘会議」を結成し、従来より以上に真剣に、B52の撤去を要求している。「非核三原則」を唯一の旗印にしている本土の日本人は、核基地沖縄の現実をいったいどう見るのだろうか。

3　基地労働者の役割

生きのびるために

一九五二年五月二一日、琉球政府立法院は、「琉球人軍労務者にたいする人種的差別待遇撤廃に関する陳情」という決議を採択して、ビートラー琉球列島米国民政副長官に提出した。

決議の内容は、つぎのような趣旨のもの。すなわち、琉球住民は、琉球人労務者の雇用について規定した布令七号の改正を念願していたところ、米軍当局は七号を廃止した代わりに、新たに布令七九号(琉球人雇用規定)を公布した。このさい米軍当局は、一九四八年一二月に国連で採択された世界人権宣言第二条の精神を尊重し、琉球の労働者にたいしても、世界の労働水準と同等の待遇を与えてほしいというものであった。その理由として、同決議は、つぎのように述べている。

「従来、しばしば琉球人軍労務者の非能率が問題となっておりましたのも、その原因の一つとして、これまでの琉球人労務者にたいする労働条件が琉球列島内において働いている日本人、アメリカ人およびフィリピン人の労働条件に比較して、その差別が余りにも酷すぎることを挙げることができ、そのために琉球人労務者の勤労意欲を殺ぎ、作業能率の低下を招来しているものと考えます」

翌月の六月一一日、立法院は、今度は「日本道路株式会社土木労働者の待遇改善について」と題し、つぎのような要請決議を採択した。

「日本土建請負業者、清水建設株式会社の下請、日本道路株式会社の城間《ぐすくま》飯場における土木労働者一五〇名の待遇は、わが琉球における労働者階級の悲惨なる状態の最悪なものである。

彼らは、終戦後の農村経済の窮迫に基づく必然的結果として、軍作業出稼ぎとなり、父母妻子を残して郷里を離れ、現在の職場に仕事を求めたのであるが、賃金の不払いと、昔ながらのタコ部屋制度の重圧下に呻吟しながらも、いつかは諸待遇が改善されることを期待して今日まで耐え忍んできたのである。しかるに最近の会社側の不法な処置に堪えられず、ついに奮起、賃金の即時支払い、待遇改善を会社に要求し目下生きるための闘いをつづけている。

われわれは、この琉球において、タコ部屋のごとき飯場のあることを恥じるものであると同時に、かかる悲惨なる労働条件が一掃されなければならぬものと信ずる。琉球政府立法院は、決議をもってかかる奴隷労働の排除にたいし、適切な処置がなされるよう行政府に要請するものである」

日本本土では平和条約の発効で、人びとが「独立」の喜びに有頂天になっていたとき、沖縄では、生まれ代わった日本の「平和憲法、民主国家」の呼称がおぞましいほどの奴隷労働が、本土からきた土建業者によって強制されていたのである。前掲の文面は、一組織団体による不平、不満の表明ではなく、沖縄における唯一の民意代弁機関であった立法院の正式の抗議であることに注目する必要があろう。

前述の決議がなされてから一週間後、つまり六月一八日に立法院は、またもや「日本道路株式会社労働者の就職保障について」と題するつぎのような決議を採択して、ビートラー米民政副長官と本土から来た清水建設株式会社沖縄出張所長あてに提出し、善処を要請した。

「六月七日、人間として生きるための最低の要求を示して、会社側と交渉中の日本道路株式会社城間飯場の労働者一四三名は、会社側の要求拒否と清水建設から日本道路株式会社にたいする契約破棄の言い渡しにあい、日本道路株式会社城間飯場は、解散すると決定している。

いまや一四三名の労働者は、文字通り路頭に迷い、死を待つのみとなっている。かかる惨状は、何びともこれを座視するわけにいかない。したがって立法院は、人道の名において、親会社たる清水建設にたいし、これら労働者の就職と生活の保障を院の決議をもって要請するものである」

低劣な労働条件

第二次大戦での敗戦は、日本本土の労働者をあらゆる桎梏《しっこく》から解放した。労働運動の進展を抑圧し制限していた各種の法令が除去されただけでなく、民主的な労働法令が積極的に制定されたからである。

一九四六年一二月一八日、極東委員会は、「労働条件を防護し改善するため」ということを含め、三つの目的をもって組合の結成を奨励する「日本の労働組合組織に関する十六原則」を決定した。そして労働組合および組合員が、組合を組織する権利を法律でもって確認し、保護することを明らかにした。こうして翌年四月七日、「労働基準法」が公布され、ついで九月一日からそれは施行された。

労働基準法は、「労働条件は、労働者が人たるに値する生活を営むための必要を充たすべきものでなければならない」とか、「労働条件は、労働者と使用者が、対等の立場において決定すべきものである」などと規定していたほか、「使用者は労働者の国籍、信条または社会的身分を理由として、賃金、労働時間その他の労働条件について、差別的取扱いをしてはならない」といったことを明記し、それも人間らしい生活を営むための「必要最低限の条件」でしかない、と述べている。こうした積極的な労働者の保護対策によって、本土における労働組合は急速に躍進し、同年七月末には、すでに組合数が二万三三二二に達し、組合員は五五九万四六九九人に飛躍した(大河内一男『戦後日本の労働運動』)。

ところが、沖縄では事情はまるで異なっていた。戦災で生活は潰滅状態となり、人びとは、文字どおりゼロから出発しなければならなかった。使用者と労働者の区別もなく、誰もが、その日その日を食いつないでいくだけで精一ぱいだった。

米軍は、一九四五年九月初旬に沖縄を完全に占領し終わると、住民を彼らが指定する十数ヵ所の地域に設けられた収容所に収容し、人びとが他の地域と通交するのを禁じた。戦後一年近くは、通貨の流通もなく、住民は、テントの仮小屋で米軍から食糧や衣類の現物給付を受けて辛うじて生計を維持していた。翌四六年四月になって、ようやく一部の住民は、戦前の居住地に帰ることができたが、軍用地に接収された地域も多かったため、多くはみずからの生まれ育った地域周辺に粗末な家屋を建てて生活の立て直しを計らねばならなかった。

いきおい、働く場所と言えば米軍の職場しかなく、働く者はすべていわゆる「軍作業員」でしかなかった。むろん労働条件についての法的保障などというのは皆無に近く、米軍の都合しだいで一方的に解雇されても抗弁のすべもなく、職を失えば路頭に迷うほかなかったのである。

米占領軍は、同年三月二五日、「紙幣の両替と外国貿易および金銭取引」について規定した特別布告第七号を公布し、五月には通貨も流通し、六月から従来の無償配給制度は、有償制度に改まった。その結果、軍関係労働者にたいしても、賃金が支払われるようになった。だが、それも時給四セント、最高時給で一五・三セントという劣悪なもの。もっとも、低賃金は、軍関係の職場においてだけでなく政府公務員の場合も同様だった。ちなみに公務員の場合、月給がわずかに九・三ドル、最高級で四六・六七ドルでしかなかった。ましてや企業らしい企業もない民間職場の低賃金のひどさは、あらためて指摘するまでもない。

沖縄住民は、終戦直後に公布された布告第八号「一般警察及び安全に関する規定」によって、言論・集会の自由を拘束されていたほか、特別布告第三号「外出禁止令」や特別布告第四号「通行制限令」によって基本的自由を奪われていた。こうした軍事占領下のがんじがらめの制約のもとで、労務者たちは、低賃金に加えて、労働法制の欠如から使用者の恣意的な首切りを受けるといった、もろもろの悪条件が因となり果となって、すっかり働く意欲を失った。あげく無気力な存在と化して、組合の結成もおぼつかない状態であった。

国際自由労連沖縄事務所の発表によると、一九四六年八月現在、沖縄の労働人口は、一三万六八五二人。就業人口は軍民合わせて一一万九八三九人、そのうち、熟練労働者は、わずかに三三七人という実情だった。

以上のような低劣な労働条件下の沖縄へ、戦時中、他府県へ疎開していた人びとや南洋や朝鮮その他海外に出稼ぎに出ていた人びとが引き揚げてきた。一九四六年末までにその数はおよそ一五万五〇〇〇人に達した。そのため、政治の進展を図り、生活条件を改善することは、沖縄の人びとにとって必須の課題となった。

政党の登場

折りしもマッカーサー司令部は、一九四六年、日本政府に命じて約五万戸分に相当する復興資材を送らせた結果、沖縄の復興は、ようやく本格的に始まった。それに伴い、住民の政治への関心もしだいに芽生え、翌四七年六月、「沖縄の政治、経済、社会、文化、教育などの民主化を促進し、その確立発展を期す」ことを目的に、仲宗根源和氏らを中心とする「沖縄民主同盟」が誕生した。

その後、五〇年一〇月に入って、民主同盟は解党して新たに共和党として発足したが、琉球の独立を唱えるこの党の綱領には、「農山漁村民、ならびに給料生活者の生活を安定せしめる」といったことが謳われていた。

四七年七月、民主同盟についで、瀬長亀次郎氏を中心とする沖縄人民党が登場した。この党の結成は、その後の労働運動の発達に画期的な役割を演じた。すなわち、同党は、結党の目的について「わが党は労働者、農民、漁民、俸給生活者、中小商工業者および全勤労大衆の利益を代表し……保守反動勢力とたたかい、政治、経済、社会、文化の各分野において、民主主義を確立し、全沖縄民族の解放を期す」と述べ、具体的政策の一つに、

「労働者保護法のすみやかなる制定」をかかげた。

　こうした政党の動きを背景に、米軍政府は同年一〇月、「労務と雇用」について規定した特別布告第二四号を公布し、制限つきながら、はじめて労働者の基本権を認めるにいたった。すなわち、米軍または知事の任命による労務委員会を設置し、それがアメリカ軍施設と、その機関以外の雇用者と被雇用者とのあいだに争議が起こった場合には、調停委員の機能を果たすことにして、「争議行為」を認めたほか、「琉球人の雇用者が団体を組織する権利は保証する。ただし被雇用者の組織する団体は、軍政府の許可を受けなければならない」と、組合の結成を認可したのである。

　こうして、団交権と団結権が公式に認められはしたものの、それらは、本土の労働法規に見られるような幅広い権利保障とは異なり、組合を結成するにも軍・民両政府の要件にそうものでなければならなかった。また、政府や米軍が雇用者である場合には、「どのような理由、または原因によるにせよ」ストライキは厳禁され、もし違反すれば、布告第三二号「刑法ならびに訴訟手続法典」によって、きびしく罰せられるしかけになっていた。そのためか、団交権や団結権を認められた後も、労働組合の結成には、みるべきものがなかった。

　五〇年一〇月、沖縄群島知事平良辰雄氏を委員長に「社会大衆党」が結成された。同党は、綱領に「わが党は農民、漁民、中小商工業者ならびに一般勤労階層の結合体として、民主主義による社会政策を実施し、国際正義に基づく新琉球の建設を期す」ということを謳い、政策の一つに「労働組合法、労働調整法、労働基準法の制定」をかかげた。人民党とともに社大党が、その後の労働組合の育成に果たした役割は、きわめて大きい。とくに、労働法規の整備面での貢献は多大であった。

社大党の登場から二年後、琉球政府の初代行政主席、比嘉秀平氏を総裁に、「琉球民主党」が結成された。同党は、政府の与党であるだけに、人民、社大両党にくらべるときわだって保守的な綱領をかかげた。それでも同党は、十五大政策のなかに「適正なる労働諸法規の制定、住民生活の安定ならびに中小企業者の保護育成」を、打ち出さざるをえなかった。というのは、沖縄の労働運動は、政党の登場によって促進され、一九五二年の時点でまさに一大転機を迎えるからである。

差別待遇

同年五月一日、日本本土では二三回目の統一メーデーが催され、全国で九〇万、東京で四〇万人の労働者が参加した。周知のとおり、このメーデーは「血のメーデー」と呼ばれたように、死者一名、重軽傷者数百名を出す不幸な惨事となった。だが、本土で労働者たちが「低賃銀を統一闘争で打ち破れ」「再軍備反対、民族の独立を闘いとれ」といったスローガンをかかげ激しい攻勢に出たことは、ようやく高まりつつあった沖縄の労働者の意識に強い影響を与えずにはおかなかった。

同じ日に、沖縄では人民党が主催して、はじめての統一メーデーが開催された。反米政党とみなされていた人民党が単独で主催したので、それに参加して米民政府から反米と見なされるのを恐れたためか、一般労働者の参加は低調で、わずか三〇〇人余の参加しかなかった。しかし戦後七ヵ年におよぶ沈滞を破って、沖縄の労働者がはじめてその「存在」を公然と誇示したことで、初回メーデーは意義深いものがあった。このメーデーを契機に、労働条件の改善を要求して、労働運動は急激に拡大していったからだ。

メーデーの参加者たちは、「おれたちにもメシを食わせろ」とか「仕事を与えよ」と書いたプラカードを押し立てて、那覇市の会場に集まったが、それらの人たちを前に、人民党の瀬長亀次郎書記長は、「戦争に絶対反対し、恒久平和樹立のため平和条約第三条を撤廃し、即時日本に復帰すべきである。そのためには、労働者が団結すべきだ」と訴えた。

参会者は、「今日、日本を含めて世界の労働者が、ひとしく労働者の権利と自由を掲げて闘うメーデーに当たり、終戦以来、沈黙を強いられてきた全琉球の労働者も、みずからの立場に目覚め、ここに第一回のメーデーを決行するに至った。われわれは全琉労働者の権利と生活の擁護のため、われらの選んだ立法院議会にたいし、つぎのごとく要求する」として、「労働者保護法の制定」「労働組合法の制定」「団結権、団交権、罷業権、デモの自由」「人種、国籍、性別の差別待遇撤廃」を含む大会決議を採択し、決議文を立法院議長と琉球政府行政主席あてに提出した。

北部の名護においても、人民党主催で約三〇名の労働者が集まり、同じ内容の決議を採択した。大会決議文は、即時日本復帰や平和条約第三条の撤廃などを公然と謳っていたこともあって、米軍当局は、労働者の動きに無関心ではおれなくなった。

米軍は、すでに一九五〇年四月、布令第七号「琉球人の雇用、職種ならびに賃金」を公布して、労働条件の改善に乗り出していたが、メーデー当日から一〇日目、布令第七号に代わる布令第七九号「沖縄離島における琉球人雇用規定」を公布し、「雇用者には、その雇用に関する問題について被雇用者と自由に論議する権利を与えられなければならない」とか、「勤務時間が一昼夜に一六時間をこえてはならない」といったことを規定した。

これは、明らかに従前の軍の制約を緩和し、労働条件の整備を図ったものではあったが、同一の労働にたいする人種的差別待遇などについては、まったく改善の跡が見られなかった。そのため、最初に見たような立法院の決議による要請となったのである。

五二年五月一五日付の『琉球新報』は、「雇用関係の明朗化」と題する社説をかかげ、沖縄における従来の雇用規定は雇用者側だけの一方的なもので、雇用関係の改善を期してもどうにもならぬものがあったが、布令第七九号が公布されて、一歩前進することになったと歓迎しながらも、つぎのように論評した。

「(布令第七九号の)規定において、いぜんとして罷業権は、軍作業の場合認められていないが、いずれ文明国なみに人権のうえから合法化されねばならぬ性質のものである。

従来、沖縄人軍労務者の非能率がしばしば問題になったが、低賃金が彼らの働く意欲をそそらないのと、自主性を完全に取り上げられ、ただ生命をつなぐだけのための、捕虜心理によって支配された労役であったところからきているのは、絶対に無視してはならないことであろう。適当な労務管理と賃金が与えられていたならば、過去六年間に沖縄人労務者の能力は大幅に向上していたと考える」

最初の組織的抵抗

ところで、沖縄での労働者による最初の組織的抵抗が、外国人使用者にかかわるものでなく、日本本土からきた業者にたいするものだったことは、注目に値する。一九四九年に中華人民共和国が誕生したのに伴い、アメリカは、沖縄で本格的な基地建設を始めた。建設工事は、沖縄地元の中小業者には手におえない大規模なものであったため、本土の土建業者が米軍と契約を結んで工事に乗り出した。地元の業者は、ほとんどが本土業者の下請をするようになり、失業状態同様であった労働者は、仕事にありつけたのを喜んだ。

ところが、基地労働者の最高賃金は、軍布令で枠が決められていたうえ、下請制度下で二重三重にしぼりとられて、労働者の生活は、「奴隷以下」のものだと言われた。しかも、米軍の基地建設工事も断続的なものでしかなく、閑散期になると、労働者は何の保証もないまま、真っ先に解雇された。本土の土建業者は、沖縄に労働法制がないのをいいことに、極端に劣悪な労働条件を意識的に押しつけ、搾取の限りをつくした。そうした状況下で、労働者は、仕事にありつける機会を失うまいとあらゆる困難、酷使にも耐えていた。だが、事態は改善されるどころか悪化していく一方で、やがて極点に達した。

沖縄の中部、浦添村の城間《ぐすくま》で日本道路株式会社が、米軍の工事を請負っていた。この会社は、同じく本土からきた清水建設会社の下請会社であった。日本道路会社で働いている一四三人の沖縄人労働者(奄美大島出身者もふくむ)は、五ヵ月も給料を支給されてないばかりか、宿舎も名ばかりで、一二坪の広さに四〇人余りがすし詰めにされ、しかも、雨天には雨漏りがひどく、居住に堪えない状況下におかれていた。

労働者たちは、四度も給料の支払いを要求したが、会社側はこれを無視、あげくは「従業員バッジと交換に」、つまり、解雇を条件に給料を支払う旨、通告してきた。そのため沖縄人労働者たちは、「日本人と琉球人を差別待遇している」、「労務者の大半が離島出身であり、解雇は死を意味する」と不満を述べ、給料の早期支払い、宿舎および施設の完備、首切り反対など、一六の改善要求項目を出して、一九五二年六月五日からストライキに入った(琉球政府労働局『資料琉球労働運動史』)。

六月一〇日、日本道路会社の労働者は、「われわれは日本人だ」「蚊帳を与えよ」「悪質土建資本家を倒せ」などと書いたプラカードを押し立て、一四三人全員が那覇市内をデモ行進したあと、立法院と行政府にたいして善処を要請した。プラカードの文句にはそれなりの理由があった。立法院での論議で明らかにされたように、会社は、同じ会社で働く本土から来た労働者に比べ沖縄の労働者を、宿舎や賃金その他あらゆる面で、差別して処遇していたからだ。

たとえば、本土から来た労働者の場合には、部屋には畳がしかれ、蚊帳からラジオにいたるまで完備し、食器なども十分に備えられていた。これに反して、沖縄人労働者の宿舎といえば、雨漏りのひどいテント小屋で、畳どころか蚊帳もなく、食器も一五名の人数にたいして六つしかなく、順番に交替で使うありさま。お箸さえすすきの幹で間に合わせる、というしまつだった。

そのため立法院の厚生労務委員会は、同年六月一一日、会社の代表者から実情を聞いたうえ、労働条件の改善を要望し、本会議でも人権擁護上の由々しい問題だとして、本節の冒頭に掲げたような決議を採択して、雇用主の会社のほか、米民政副長官と行政主席あてに送付した。

その後、立法院の斡旋を受けて労使双方は、つぎのような内容をふくむ五項目からなる契約を交わした。

(1) 雇用主側は、労働者にたいし、他府県人と沖縄人との区別をしない。
(2) 労働者の宿舎を改善する。労働者に食器ややかんを与え、飲料水も他府県人と同様に支給する。

こうして問題は、労使双方によって自主的に解決されたかに見えたが、一週間のストライキで米軍に迷惑をかけたという理由で、日本道路会社は、親会社同様の清水建設会社から解約を言い渡された。そのため、労働者は、給与の支払いは受けたものの、会社は解散、実質的には首を切られたも同然になり、労使間の契約も空手形となった。一方、同社のストライキに参加しなかった労働者だけは、清水建設会社が引き取って雇用することになったから、結局はストライキ参加者にたいする懲罰的解雇のような結果になった。

こうした事態は、日本道路会社のみに限られたものでなく、基地建設の土建業界には共通のものだった。それだけに、全島の基地労働者に衝撃を与えずにはおかなかった。

同年六月一四日付の『沖縄タイムス』は、「琉球における労働問題」と題する社説でつぎのように論じた。

「日本道路会社の琉球人労務者のストは、長い冬眠状態の労務調停委員会を揺ぶりさまし、立法院の本会議で労働条件改善に関する決議を行なわしめるなどの効果をあげた。もし、琉球人労働者があらゆる酷使に忍従してわが身をさいなみ、ひいては家族を不幸のどん底につき落とせば、琉球の社会不安を招くに決まっている。米民政副長官に報告される立法院調査によると、豚箱みたいな宿舎に蚊帳もつらないで牛馬の食うような食物を与え、搾取されたうえに賃金の不払いもあるという。それでは動物と人間との区別がつかない。二重三重の搾取は、昔の奴隷時代を再現したかにみえる。よくもこれまで黙々と忍従したものだと、琉球人労務者の骨の髄まで浸みこんだ奴隷根性が恨めしくなる。……沖縄では、戦前から労働者の福祉が公然と踏みにじられる傾向がある。労働者の自覚の欠如をいいことにして、南北大東島、その他の炭坑地や製糖地における労働者の奴隷化は、あまねく宣伝された事実だが、その改善に往時の県当局者や政治家が、献身したためしがない。見殺しにしたと言ってもよい。……労働者も含めて、われわれ全琉住民の人間的な新しい生活感情と世界観の変革が痛感される」

同社説は、語をついで、戦災のために瀕死状態になった沖縄は、復興期にあるが、復興はたんなる再興ではなく新生を意味しなければならない。その観点から労働者の人間解放を助けるためにも、労働者の保護立法を急ぐ必要がある。労働者はまた、何がゆえに特別な差別待遇を受けるのか、考えてみるべきだ、と労働者の自覚を促した。

ハンガー・ストライキ

日本道路会社の労働者たちが、ストライキに突入してから一〇日目の六月一五日、「労働組合を結成しよう」「日本道路会社のストにつづけ」といった呼びかけのもとに、那覇劇場で最初の労働者大会が開かれた。大会には沖縄各地から三〇〇〇人の労働者が集まり、日本道路会社の争議団を全面的に勝利させるべく、全労働者の団結を呼びかけ、「労働基準法、労働組合法を原案通り可決せよ」「封建的タコ部屋制度の廃止」「労働者の権利をほうむる契約制度の撤廃」などを含む一〇項目のスローガンをかかげ、一般住民をはじめ日本本土の労働者に訴える決議をした(沖縄問題調査会『水攻めの沖縄』)。

ところで、実質的に首を切られた形となった日本道路会社のスト労働者たちは、六月一九日、代表一〇名が琉球政府、立法院前広場でハンガー・ストライキに入った。すると他の会社の労働者もこれをみずからの問題としてとらえ、支援態勢を強固にしていった。労働者の結束が強まり、ストライキ支援の動きが全島的に広がるのをみて、米軍も事の重大さをさとり、臨時調停委員を任命して労使双方と予備折衝に当たらせ、六月二六日を期して米軍が裁定を下すことに決めた。立法院は、労働争議に米軍が直接介入するのは好ましくないと判断し、自主的に解決すべく六月二五日の本会議で七人の交渉委員を選出して清水建設会社との交渉に当たらせることにした。その背景には、労働者たちの強い圧力があった。

同じ日、一〇〇〇人あまりの労働者が、立法院前広場に集まってハンスト団を前にして、第三回労働者大会を開いた結果、大会代表者と会社側との交渉に、立法院の全議員の同行を求める動議を提出した。立法院は、労働者の強硬な要求に押されて本会議を中止した。そして交渉委員となった議員を先頭に十数台のトラックに分乗した労働者たちは、牧港にある清水建設の本社に押しかけ、議員団と会社側との交渉が始まった。午前二時までもみにもみ抜いたあげく、会社側は争議団の要求を呑み、解雇された労働者は全員、清水建設会社の下請会社に就職が決まり、ストライキ期間中の賃金も支払うことで双方が妥結した。こうしてストライキ突入後二〇日目に、ハンストが決行されてから六日目に解決をみた。

沖縄の労働運動史の第一頁は、こうして一四三名の労働者の不屈な闘争によって勝利を収め、労働者が団結すれば、生活と権利を守ることも可能だという自信を与えた。そのうえ、他社の労働者たちに与えた影響は、ストライキの勝利以上に多大なものがあった。

一方、労働者たちの勝利は、本土からきた土建業者にショックを与えた。「米軍基地内で、組合もない労働者がストライキなどやれるはずがない」とたかをくくっていたからだ。経営者である彼らに、社交クラブ的組織はあったが、共通の労務対策はもち合わせていなかった。そのため、日本道路会社のストライキ解決後、本土からきた十数社の土建業者は、「水曜会」という一種の経営者団体を結成し、スト対策をねるようになった。そして争議で首になった労働者は、水曜会加盟の会社では、絶対に雇わないと申し合わせた(沖縄問題調査会、前掲書)。

権力の直接介入

日本道路会社の問題が片づいてから五日目の六月三〇日、今度は、松村組で労働争議が起こった。松村組というのは、軍工事請負のため本土からやってきた土建会社で、一九五一年頃から沖縄中部にある美里村の知花で、土木建築工事に当たっていた。同社が米軍とのあいだに結んだ工事契約期間は、翌年六月三〇日限りとなっていたため、同日までに工事を完了し、事業場を本契約者の広瀬産業会社に引き継いだ。

松村組は、工事期間中に雇っていた一二〇〇人の沖縄人従業員の就職を、広瀬産業会社に斡旋したが、全員の雇用は不可能だと、二〇一名は解雇されることになった。松村組は、三〇日付で二〇一名の退職を公表した。これを不満とした労働者三〇〇余人は、七月二日、那覇市内をデモ行進したあと、政府、立法院前で集会を開き、「無警告首切り絶対反対」「三ヵ月分の退職金を支給せよ」「労働組合法、労働基準法を原案通り可決せよ」「スト期間中の賃金を支払え」などを含む大会決議を行ない、護得久朝章立法院議長に手交した。

琉球政府の労務調停委員は、松村組の社長と話し合い、調停に乗り出したが、松村組は、ストライキ期間中の賃金支払いは法的に根拠がないから支払うことはできない、退職金も法的に支払う義務はないが、一四日分の賃金は、工場法の規定により、就職できない二〇一名だけに支払うと回答、結局、琉球政府側の調停は失敗した。

松村組の争議が始まってから一週間目、同社の被雇用者を支援するため、およそ一五〇〇人の労働者が那覇市内の劇場「さんご座」に集まり、労働者大会を開いて、つぎのような決議文を採択した。

「日本道路、松村組の争議その他頻々として起こりつつある一連の労働争議は、過去七ヵ年、圧制と隷属を強いられてきた琉球の労働者が、団結の力をもって起ち上がらなければ、もはや座して死ぬ以外に道のないことを知ったからである。

松村組争議で会社側は、一松村組対松村組労働者の問題でなく、全日本土建業者対全琉球労働者の問題である。悪い前例をつくりたくない、と公言しているごとく、彼ら悪質土建業者は、官憲と結託して組織的に琉球労働者の奴隷化を企み、公然と全琉球労働者に挑戦しているが、琉球労働者は、組織皆無で苦しい闘いを続けねばならぬ立場にある。琉球労働者はみずからを奴隷化から解放するために、民主的労働組合法、労働基準法の制定を要求すると同時に、労働組合を結成し、全琉球労働戦線の統一を固めることこそ焦眉の急務である」

こうして、彼らは大会の名において、「人種、国籍、性別による差別待遇を撤廃せよ」「無警告首切り絶対反対」などの決議を採択した。「奴隷化」という言葉が示唆するとおり、沖縄の労働者がおかれていた苦しい立場は、容易に察知できるが、松村組の争議は、この大会から三日後の七月九日、米民政府の労務調停委員会によって裁決された。結果は、ルイス民政官の名において、労働者側の要求は、却下されたのである。

これにたいし、松村組の争議団は、五二年七月一六日付で護得久立法院議長あてに請願書を提出し、米軍の裁定に不服を申し立て、議会が実情を調査して法的保護措置をとるよう要望した。だが、その陳情も空しく、労働者たちは闘争が長びくにつれて参加者の数も減少し、何らの打開策も講じられないまま、ついに八月二〇日、闘争本部は閉鎖され、五十余日間にわたる争議は、労働者の要求が、何一つ充たされないまま終結した(琉球政府労働局、前掲書)。

結局、労働者側が完敗したわけだが、それだけに、労働法制定の要求をいちだんと促進する結果となる。ところで、松村組の争議において労働者側が負けたのは、それなりの理由があった。米民政府当局者が労働争議にじかに介入したからであった。

二つの書簡

すでに見たとおり、日本道路会社の争議の場合は、「人道上の問題」と言われたように、人権的要素が核心となっていたから、米民政府は比較的に労働者側にたいして好意的であった。その上、世論が労働者のストを支持していたこともあって、その解決にも尽力した。しかし米民政府が反米的政党とみなしていた人民党が、労働争議で大きな役割を担っていることを目のあたりにするにつれ、次第に警戒しだした。とくに立法院では人民党の瀬長亀次郎議員が、労働法の制定に中心となって動いていたことが、米民政府を強く刺激したのだ(砂川恵勝「戦後琉球労働運動略史」琉大経済研究第二号)。

松村組の争議でも、人民党や瀬長議員は、積極的に労働者を支援していた。労働者が結束する姿勢をみせ、もはや雇用主側の「水曜会」のメンバーだけでは、収拾がつかなくなったため、基地建設の促進をはかる軍事的要請からも、米民政府はみずから乗り出さざるをえなくなったというわけだ。松村組の争議が始まって四日目、琉球列島米国民政府首席民政官代理のフォースター大佐は、護得久立法院議長と比嘉行政主席あてに「労働争議の調停について」と題し、「必要な処置を喚起するための」書簡を送った。護得久議長あての書簡は、こう述べている。

「松村組の現従業員や解雇された従業員たちに係る争議は、調停中の段階にある。しかるに立法院議員は、公の資格でこれに関係しており、本官は某議員(瀬長亀次郎議員をさす)が、昨晩の会議(スト団協議会)に直接参加したとの確報を受けている。その議員が、琉球政府立法院からいかなる権限もしくは許可を得たのであるか、本官は、これを知らない。琉球政府の行政府は、労務者と雇用者との意見の相違を調停する責任を負わされている。

……

行政府の労務委員会で調停できず、または異常なる要因のため、民主的手続のもとでは双方が同意しうる調停を求めることができないような事態が、万一発生した場合においては、本官がただちにその責に任ずる。これは米国政府の直接の責任下にある多大の建築工事に関連する問題であるからである」

この文面には、労働争議についての米民政府当局の真意が端的に表明されているわけだが、一方、行政主席あての書簡では、要旨つぎのようにいう。

「最近、労働者の請願や示威運動がふえ、立法院の平常の事務の邪魔になっており、住民にたいしても、相当不安の感を与えている。立法院が大衆行動に左右されて、法律の制定または公的活動を停止することは許さるべきではない。争議を解決するため立法院による、適正な労調法の制定を望むものである。争議の解決は琉球政府行政府の責任であり、本職は、行政府が解決できない争議の調停を引受ける充分の用意がある。もし本職が争議を解決しえない場合は、さらに上級官に委託して解決を依頼する」(琉球政府労働局、前掲書)

この「フォースター書簡」は、米統治下の琉球政府の地位や機能がいかなるものであったかを物語っていると同時に、軍政の本質を余すところなく露呈している。護得久議長あての書簡のなかで、フォースター民政官代理は、「本官は琉球住民の琉球住民による琉球住民のための政府を設立し育成するという、われらの共同の願望と使命にたいし、全面的賛助を与えるものである」と述べている。ところが、立法院が労働法の制定を始めると、いろいろな理由をつけて、むしろその遅延をはかったのであった。

立法院では、一九五二年五月一九日、瀬長議員が「労働組合法」の制定を発議して以来、本会議で数回にわたって慎重な審議をした結果、同年七月一一日の本会議で可決した。するとルイス民政官は、同日、立法院に書簡を送り、同一事件について布令および民立法が適用されると、住民に迷惑をかけることになるから、布令、布告に抵触する法案を事前に調整する必要があると指示した。そのため立法院では、可決した原案を、ふたたび文教社会委員会に付託し、同委員会は、米民政府のデイビス法務部長やワーラー労務課長と一〇回以上におよぶ調整をしたあげく、成案をうる段階に入った。

すると、一一月三日付で、米民政府は、二度目の「ルイス書簡」を送ってきた。その要旨は「沖縄には資格のある労働専門家がいない。したがって、労働面における有資格者によって、適切な労働法案が作成されるまでは、立法院は、労働法案を可決してはならない。労働法案の作成にあたり、貴院を援助するため、有資格者を求める計画が進められている。労働法案の原則にたいしては、なんら異議を有するものではない」というものだった。

しかし、立法院の文教社会委員会は、「一〇万労働者の人権を保護し産業の向上と能率を高めるため」に法的保障が必要だということを再確認し、二回も書簡を受けとったにもかかわらず、次回の定例議会で、あえて立法に踏みきる用意をしていた。そこへ、一一月一三日、「既定方針に変更なし。今期には立法してほしくない」という三度目の「ルイス書簡」が送られてきた。だが、立法院は、一一月一五日、自主的に法案を可決した。ところが、せっかく可決されたその「労働組合法」は、米民政府との調整がつかなかっただけでなく、米民政府の意向を踏まえ比嘉行政主席も署名を拒否。結局、法の公布前に葬り去ってしまった。

抑制された立法

沖縄住民にとって、この頃の米民政府の権限がいかに強大に感じられたかは、当時の地元新聞の論調から容易に読みとることができる。二度目の「ルイス書簡」が出された後、五二年一一月九日付の『沖縄タイムス』は、「労働条件の改善」という社説で、こう述べている。

「ルイス民政官は立法院にたいし、労働関係法案の審議を一時中止するよう要請した。過去半ヵ年にわたって審議をつづけてきたのが実を結ばないで打ち切るのは、委員諸君にとって残念であるに違いないし、又労働立法のすみやかなる実現に、大きな期待をかけてきた労働者諸君も落胆していることであろう。

が、ルイス准将は、決して労働者の基本的権利を拒否したのではなく、労働法規については目下、二人の専門家が研究しているというのであるから、残念に思うのも、落胆するのも早すぎる。心静かに民政府側から指示される労働法参考案を待つことである」

もっとも、これが本心とは思えない。というのは、同社説は語をついで、立法院で労働法案が審議されてきたのも、労働階級の強い要望に答えるためだ、ととくにつぎのような趣旨のことを強調しているからだ。

すなわち、軍関係労働者たちが、現在受けている待遇――労働賃金、労働時間、その他の労働条件――が、いかに恵まれない状態におかれているかを熟知する者には、一日も早く労働三法が制定されて、それが改善されることを願わずにはおれない。最近日本設備産業会社の労働者たちが、八月以降、賃金が不払いとなっているから、なんとかしてほしいと、立法院に陳情している。当然受けとるべき賃金を三ヵ月も不払いにされても、いかんともすることができないという労働者たちの哀れな境遇。無警告で大量に首を切られても、泣き寝入りするほかはない労働者たちの立場を、現状のまま傍観してよいものではあるまい。もし、この事実を、一つのたんなる社会的現象として取り扱う程度で終わるなら、沖縄の勤労者階級を、賃金奴隷的存在に追いこむおそれがある。

「農業では食えないといって、軍作業に職業を求める者が多いが、しからば軍関係労務で食えるかというと、現在の低賃金では食えない。軍作業がなければ五、六万の労働者は失業する。現在の沖縄にとって、軍関係の労務は、一種の救済であり恩恵である。だから労働条件にたいし、とやかくいうのは、身のほどを知らないものである――と言う者もいるが、それは、沖縄の勤労者階級の基本的権利を認めないものであり、同時に、人間としての自己を否定することにも気づかないものであると」

一方、同年一一月一三日付の『琉球新報』は、「労働法規の制定について」という社説をかかげ、労働法規を制定することは、企業の健全な推進や発展からいっても望ましいことではあるが、「現実の問題としていろいろ調査研究すべき点があるので、専門家を招聘してその意見を参考にして制定するまで、立法を見合わしたい、というのがルイス准将の意向である」と述べ、さらにつぎのように指摘している。

「立法院は、民意の代表として労働法規を議決すべしと主張する。これが議決され、行政府に回されたなら、行政主席はサインを阻まぬだろうとの観測がある。かくて労働三法が制定公布されても、布告第一三号の(米民政府による)拒否権の行使となって廃棄されることになる。

それで、せっかく労働者のために、また社会全体のためされるべき立法行為も、なんのためになしたか意味をなさなくなるであろう。のみならず琉球政治のあり方に険悪なる空気を加えることにはなっても、決して円滑なる運用を進めることにはならない」

同社説は、さらにこう敷衍している。政治はあくまで現実性がなければならぬ。平和条約第三条の撤廃を望む者でも、それが廃棄されるまでは、「合衆国は領水を含むこれらの諸島の領域および住民にたいして、行政、立法および司法上の権力の全部および一部を行使する権利を有するものとする」という規定を無視することはできない。

このような現実に即して、われわれは、どこまでも米民政府の信用を得てわれわれの自治の範囲を拡大したい。信用を得て自治の範囲を拡張せんがためには、意思の疎通をはかり、われわれの自治能力を認めてもらうほかに道はない。民立法にたいする拒否権をもつ米民政府の意志に反すると知りながら行動することは、みずからを縛る結果となるのではないか。一部の労働者は、これを痛快とするかも知れないが、大多数の琉球人の喝采を博するゆえんとはなりえないだろう、と。

現在の『琉球新報』の歯に衣きせぬ論評と比較すれば、いかにも奥歯に物が挟まったような言い方でまさに隔世の感を抱かしめる。それも、当時のきびしい状況を反映したものでしかない。そのことは、立法院が労働法の制定に躍起となっていたとき、米民政府がその動きを「ルイス書簡」で抑制したほか、ビートラー民政副長官も、同年八月一九日に立法院本会議で行なった演説で警告を発していたからだ。

「沖縄人民党の主義および目的が、国際共産主義の原則および目的と軌を一にしているという、疑うべからざる証拠を本官は持つものである。人民党の言行は、それが明らかに、共産主義と呼ばれる恐怖すべき病気の媒介者であることを、十分に立証している」

彼はさらに、琉球列島内で、住民の労働組合が組織されるものとすれば、いかなる場合にも、けっして破壊分子に支配権を握らしめてはならない。それは、共産主義の浸透戦術の兆候が、労働組合の組織方法にみられるからだ。彼ら共産主義者たちは、労働組合の制御権を獲得すると、政府の転覆と権力の把握をはかり、政治的自由を完全に破壊しつくし、労働者は事実上奴隷化されるからだ、と。

立法院で、与党の民主党が、たえずこのような米民政府の意向を忖度《そんたく》し、労働法の審議に熱心でなかったのも、以上のような背景からであった。

血みどろの闘い

だが、もはやいかなる強大な権力も、労働者の「人間的生存への欲求」を抑圧することはできなくなりつつあった。それに伴い、労働者の圧力もあって、立法院での労働三法の制定は、不可避の状態となった。五二年五月二三日に労働組合法が発議され、同じく五月二六日には労働関係調整法、つづいて六月二三日には労働基準法が発議された。上程された三法案は、原則的にはいずれも本土の戦後にできた労働法規に準じていた上、沖縄の労働事情をもふまえ、文教社会委員会での委託研究をへて、七ヵ月の長期間、慎重に審議された。その結果、同年一一月一五日、労働組合法と労働関係調整法は可決され、労働基準法は否決された。

ところが、可決になった二法案は、署名公布のため行政主席に送付されたが、同年一二月五日付の「ルイス書簡」で、署名を見合わすよう勧告を受けた行政主席に握りつぶされた。しかし、労働攻勢の高まりもあって、比嘉行政主席は、完全な労働法が制定されるまでの空白を埋めるため、労働者保護の臨時措置を講じるよう米民政府に進言し、それが容れられて、翌年一月一七日、布令第九七号「労働基準令」が公布された。

この布令の施行責任は、米軍関係の労務者については、直接米軍が負い、軍の請負業者による職場や民間事業場については、琉球政府が責任を負うことになっていた。しかしその後、これが改正され、琉球政府の責任は、民間事業だけに限定された。軍関係の工事は、請負業者の職場も含めてすべて米民政府の責任となり、琉球政府はタッチできなくなった。

ちなみに、労働基準令による苦情の解決方法は、被雇用者に労働条件について不満があれば、まず第一に、雇用主に申し出て自主的に解決をはかる。第二に、雇用主と被雇用主とのあいだで満足に解決できなければ、軍関係の職場で起こった問題については、米民政府労働課に苦情処理を申し立てる。一方、民間事業場で起こった問題については、琉球政府労務課に解決を依頼する。第三に、米民政府労働課および琉球政府労務課で解決できないときは、事件を労働委員会に付託する。その場合も、軍関係職場での事件は、米国代行機関から出た三人の委員と、沖縄人委員三人で構成する労働委員会で処理解決されるが、民間事業場で起こった事件は、沖縄人三人の委員で構成する労働委員会だけで解決されることになっていた。

こうして労働法を、軍・民別々の二本建てにしないで一本建てにすることは、沖縄側の根気強い折衝にもかかわらず、米軍の承認を得ることはできなかった。ただ、その後、民間事業関係についてのみ、立法院が可決し、行政主席が公布した労働三法の施行が認められるに至った。そして同年一〇月、労働三法が施行される直前に米民政府は、あらたに布令第一一六号(琉球人被雇用者にたいする労働基準および労働関係法)を公布、施行した。それ以来、沖縄では、琉球政府立法院が制定した、いわゆる民立法による労働三法と、米軍の布令第一一六号による立法の二本建ての労働法が施行されてきた。

こうした変則的な状態にもかかわらず、労働三法の制定は、沖縄の労働者が文字どおり、血みどろのたたかいをへて、かちとった貴重な第一歩であった。その成果をふまえ、それ以後の労働運動は、組織労働者の急激な増加に明示されているように、着実に発展し、拡大の一途を辿ってきたからだ。

鍵にぎる基地労働者

こうして一九四七年に、一七万〇六二三人であった労働者の数は、五一年一月には、二九万〇八二〇人に増大した。労働三法の施行後、最初に組織されたのは、政府や公共企業体職員による「官公労」であった(一九五三年一一月)。その後は、労働者の経験不足もあって、労組の結成は容易に進展しなかったところへ、五五年三月、米民政府によって布令第一四五号が公布されたため、組合結成の条件はいっそう不利になった。同布令は、労働組合が雇用者と団交を行なう場合には、米民政官の認可をえなければならない、と規定していたからだ。

沖縄の労働界の不利な状況を見かねて、翌年に、国際自由労連日本事務所は、沖縄へ調査団を派遣するよう同本部に要請した。それによって、ジョージ・ウィーバーを団長とする調査団が派遣され、沖縄の労働者は基本的な労働条件さえ保障されていない実情が、国際的にも知られる結果となった。

「ウィーバー調査団」は、沖縄の劣悪な労働条件や前近代的な労使関係を改善するために、多くの勧告項目を含む報告書を作成して、国際自由労連本部に提出した。勧告内容には、沖縄の基地労働者の賃金は安すぎるとか、同一の仕事において人種差別がなされている、労働者の社会保障制度がない、米軍の布令の内容が複雑で難解である、健全な労働組合の育成をはかる必要がある、といった項目が含まれていた。とくに同報告書では、沖縄における労働組合の健全な発達を促進するため、指導、助言に当たらせる立場から、国際自由労連の沖縄事務所を設置するよう勧告していた。

これらの勧告をうけて、国際自由労連本部は、五八年に二度目の調査団を派遣して調査せしめた結果、翌年に沖縄事務所を開設した。

当時の組織労働者の数は、およそ八五〇〇人で、官公労や公共企業体の組合員が大部分であった。沖縄人民党は、国際自由労連沖縄事務所の開設は、労働者の結束や組織の分裂を狙ったものだとして、激しく非難した。しかし、労働組合についての知識や経験に乏しいうえ、人民党の指示を受け入れて「反米」とみなされるのを怖れた一般労働者は、沖縄事務所の開設を歓迎し、積極的にその指導や助言を受けた。

ことに、悪評高い「布令第一四五号」を、国際自由労連沖縄事務所が六二年に撤廃させるのに大きな役割を果たしてからは、助言を得ようとする労働者の数は急速にふえた(『ウィクリー・オキナワ・タイムス』一九六六年三月五日)。

六一年に、労働者の最初の連合組織である「全沖労連」が誕生した。その結成に貢献し、組織を牛耳ったのは、人民党系の労働組合員であった。そのためか、全沖労連の活動には、経済闘争より政治的な闘争方針が目立つようになり、いきおい、政治色をさけ、待遇改善に尽力したいと望む一般労働者を尻込みさせる結果となった。かくて、六三年の春闘を契機に、まず個人企業の労働者たちが脱退したのにつづいて、翌六四年の春闘では、大手の組合までが脱退し、事実上、全沖労連は分裂した。その結果、全沖労連の組合員は、一万五〇〇〇人から七〇〇〇人に激減した。六三年には、八〇〇〇人の基地労働者が、統一組織を結成するのに成功し、「全軍労」が誕生したが、それは、全沖労連には加盟しなかった。翌六四年九月には、新たに「県労協」、すなわち全沖縄労働者協議会が結成され、二万四〇〇〇人の組合員が加入した。県労協には、全軍労(一万〇五七三人)をはじめ、官公労(六五五九人)、全逓、海員組合などが加盟した(ちなみに、一九六四年の労働人口は四一万二〇〇〇人で、うち三〇〇〇人が失業者であった)。

沖縄の組織労働者のうち、その動向が最も注目されていたのは、むろん「全軍労」傘下の「基地労働者」たちだ。全軍労は、六八年末現在、二万余の組合員を擁し、沖縄の労働界で最大の組織力を誇っている。その背後には、組織されてない労働者が、なお四万人近くもいる。したがって、今後組織化が進めば、単一の労働組織では名実ともに最大最強の組合になる可能性さえある。

全軍労は、民間企業の労働者とは異なり、軍布令による排他的で苛酷な拘束を受けているなかから、今日の成長をとげているので、たんに規模が大きいだけでなく、その政策は柔軟性に富み、しかも粘り強い「闘争力」をもっている。それだけに、沖縄の労働界の中軸となって、今後「重大な役割」をになっていくことになろう。全軍労配下の基地労働者の職場は、沖縄がかかえる矛盾のかたまりのようなところである。そこには、ありとあらゆる問題が集中的に露呈している。したがって「軍事基地」に生活の根拠をもつ彼らの動向は、今後、たんに一組織内の問題にとどまらず、広く全沖縄の労働者、ひいては全住民の進路を決定づけかねない。

布令第一一六号によって、基地労働者はストライキ権を奪われている。だが、彼らは組合を結成して以来、執拗に同布令の廃棄を要求し、琉球政府立法院が制定した労働三法を、基地労働者にも適用するよう、一貫して主張している。六八年一一月一九日、彼らの職場の嘉手納飛行場で、B52爆撃機の爆発事故が発生したあと、基地労働者は、従来の「基地反対」の主張を「基地撤去」の方向へ改め、「いのちを守る県民共闘」の主力となっている。

それだけに、沖縄の復帰問題が、現実的課題として本土政府でも取り上げられ、いよいよ「基地のあり方」が最大の焦点になりつつある今日、これらの基地労働者たちの言動は、本土、沖縄を一丸として、日本の政・財界に大きな反響をおよぼすことになろう。ひいては、日米両政府をゆり動かす中心勢力になるにちがいない。その意味から、基地労働者の役割は、これからも大いに注目に値しよう。

第三章　沖縄のアメリカ人

1 解放者から占領者へ

アメリカ人の多様性

一九四五年六月二三日、太平洋戦争の最後の決戦で、沖縄が米軍に占領されてからすでに二三年。沖縄に住む一〇〇万近く(一九九九年三月現在、一三〇万余)の日本人は、統治主体である米国と、アメリカ人をどのように見ているのだろうか。

つまり、沖縄住民がもつ「アメリカ像」はいかなるもので、それは、いかにして形成されたのかを考えてみたい。一口に「アメリカ像」といっても、むろんそのことばの内包するものは、多岐で複雑でもある。アメリカ人について考える場合、その多様性に驚かぬ者は、おそらくいないだろう。アメリカ文化論を展開するにあたって、マーガレット・ミードは、合衆国の広大な広がりの多様な場所に、多様に存在するさまざまな民俗習慣を見渡してみると、アメリカ人を一般化して論ずることは、ほとんど不可能と思われる、と述べている。

私は、戦後三年くらいたってどうにか英会話にもなじみ、バブという最初のアメリカ人の友だちをつくることができた。彼は、海兵隊に入隊する前は、エール大学で人類学を専攻したインテリであっただけに、沖縄の歴史や文化などに異常な好奇心をもっていた。私と語り合うとき、彼は「ここ(沖縄)に駐留しているアメリカ人を見て、これがアメリカ人だと一般化しては困るよ。本国には、ちがったアメリカ人もいるのだから」ということをくり返し強調していた。

私には、彼のいう意味がよくのみ込めなかった。ところがその後、私は、二年半ほどアメリカで学ぶ機会があり、バスで大陸を横断したり、アメリカ人の家庭に下宿したり、じかに彼らの生活にはいり込んでみて、なるほどアメリカ人は、十把ひとからげに論ずることはできないと実感できた。たとえば、ボストンあたりの人とジョージアあたりの人とでは、同一国民とは思えないほど、ことばづかいから気質にいたるまで、まるで異なっている。少なくとも、私にはそう思われた。言うまでもなく、アメリカは、多民族国家であり、特定の人種とか民族だけを基盤にしてできた国ではない。『アメリカ的文明』を書いたマックス・ラーナーは「ひとつの国民である以前に、アメリカには多種類のアメリカ人がいる。そのうちのどれが他に比べて、よりアメリカ人的であるか、ないか、といったような区別を立てることはできない」と述べているが、たしかにそうだと思う。

とはいえ、アメリカ各地の地域風土や伝統の多様性にもかかわらず、「全体をおし包んでしまうような力、多様性を越えて、なお指摘しうるような共通点、すなわち特徴的なパーソナリティ構造——制度化された固有の心理、信念体系、行動様式——といったものの検出も、あながち不可能ではなかろう。現に「アメリカ人」の国民性については、当のアメリカ人をはじめ諸外国の多くの人びとが論じてきている。

歴史学者のアーサー・シュレジンガー教授は「アメリカ人の肖像」をつぎのように描く。「誰もが働くべきだという信条、つぎからつぎへと居所をかえたがる衝動、平均的にみて高度の安楽を享受していること、進歩への信念、物質的利益のたえまない追求、恒久的な階級障壁の欠如、抽象的思弁や審美的生活の軽視、大言壮語の風、婦人に対する恭譲、子供をあまやかす慣習、食事を急いで食べる習慣にも見られるとおり、概して落ち着きがなく、物事を手っとりばやく片づけたがる」(都留重人『アメリカ遊学記』)

そのほか、アメリカ人は、理想主義者であるとか、主体性の意識が強い、自由を追求してやまない行動原理をもっている、価値判断の基準が平面的である、物量をもとにして行動計画を設計する、などといった特性もしばしば指摘される点である。とくに、「自由」の問題については、「世界の国ぐにのなかでアメリカほど、自由というものを家柄や富を越えたひとつの夢となした国はない。……アメリカは、政治の分野においても、抑圧された人びとのための避難所であった」と語ったハロルド・J・ラスキのことばを借りるまでもなく、アメリカには自由の伝統が根強く息づいていることは、自他ともに認めるところである。むろん、真っ向からそれを否定する見方もないわけではないが。

解放と幻想

ところで、アメリカ人の以上のような特性は、アメリカ社会の発展には大きな役割を果たしてきたにしろ、それが沖縄でも長所としてストレートに発揮されると受け取られるとはかぎらない。人間のあらゆる特性がそうであるように、長所は同時に短所にもなりうる。だから、前に述べたアメリカ人に共通な国民性を媒介として、まったく相反する「アメリカ像」さえ描出されることもおおいにありうる。ある特定の国の国民性を考える場合、観察者自身が他の民族集団の一員であることから生ずるバイアスをさけることは、むずかしいからである。したがって、沖縄のように、被支配者の意思に反して、異民族のアメリカ人による統治、しかも、軍隊による政治が強制されている状況下では、感情的にしろ理性的にしろ「虚像づくり」は、正常な状況下でより、いちだんと容易に行なわれかねない。

私たちは、アメリカのみならず、ソ連、中国、その他の国ぐにについても、しばしば実像ならぬ虚像をつくりがちだ。特定の国についての虚像の作られ方は、その国と私たち自身との対立関係いかんによって決まるとも言えそうである。だとすれば、虚像の内容から、その作られ方にいたるまで、時代によって変遷があることは言うまでもない。沖縄で、アメリカについて、いかなる虚像が描かれてきたかを跡づければ、沖縄における現在の「アメリカ像」が形成されてきた背景は、おのずと明らかになろう。

鶴見俊輔氏は、日本の知識人がアメリカについて最も確固とした虚像をうちたてたのは、一九四一(昭和一六)年から一九四五(昭和二〇)年にかけてで、その虚像づくりには、つぎのような変遷があったと述べている。

すなわち、日本の知識人は、青年時代の欧米模倣時代につちかわれた劣等感を切り替えることで、いっきょに昭和一〇年代の支配的世界観の創造に成功し、それに伴い、完全な劣等感から完全な優越感への交替が、アメリカに関する虚像の交替と結びつく。しかもそのことは、昭和一〇年代の問題だけでなく敗戦後の問題ともなる、と。

つまり敗戦は、アメリカについての虚像づくりの原理をもう一度、劣等感におきかえた。この劣等感によるアメリカ像は、敗戦から一九五二年まで通用し、占領が終わって日本が形式的にも独立すると同時に、虚像づくりの原理はふたたび交替する。とくに言論や思想の面で、この交替は顕著であったというわけだ(鶴見俊輔『アメリカ思想から何を学ぶか』)。

多かれ少なかれ、沖縄でもこうした事情に変わりはなかった。だが、虚像づくりの変遷について言えば、本土の場合とは、やや趣きを異にしているように思う。

「ローマを遠ざかるにつれて愛国心は強まる」とやらで、戦前から戦時中にかけて、アメリカについての国策的な虚像づくりの潮流は、辺境の沖縄では、いっそう強く波及した。ところが、太平洋戦争末期の沖縄戦の過程で、とくにその最後の段階で、虚像の内容が一変し、その時期につくり上げられた「アメリカ像」が、多くの曲折を経ながら現在まで生きながらえていると言える。沖縄では、戦後処理がまだ終わってなく、沖縄の日本人は、独立した日本国民としての地位もかちえていない。そのために、本土で見られた虚像づくりの原理の交替は、ほとんどなかったからである。

沖縄のアメリカ像は、きわめて複雑で多様だ。それは劣等感によってつくり出された虚像と言うより、むしろ失意からつくり出された虚像とでも言えそうだ。そのことは、アメリカの統治政策の変遷と、それにたいする沖縄住民の対応の仕方から容易に理解できる。

私は、戦時中、初めてアメリカ人を見たときのショックを、いまも忘れることができない。まだ学生の頃のことで、学寮の近くに捕虜として監禁されていた一飛行兵を見たのだが、彼は、私たちの頭のなかにたたき込まれていた「鬼畜」とはまるで無縁の、弱いただの人間でしかなかったからだ。衛兵所の仮寝台に、恐怖に打ちひしがれ、両手で頭をかかえこんでいる二〇歳前後の白面の青年を目のあたりにすると、私には気の毒にという同情心が先立つだけで、国策的な憎悪や敵愾心などわきようがなかった。英語の好きな私の同僚には、衛兵の目をかすめて、ひそかに捕虜に煙草や食物を与え、それがばれて顔が青ぶくれするほどなぐられた者もいた。

東京大学の斎藤真教授は「太平洋戦争のときですら、政府の鬼畜米英のスローガンにもかかわらず、日本の国民感情としては、それほど強い敵対感、反米感はなかったように思う。それまでは、むしろ自由の国、平等の国としてのアメリカというイメージが、日本国民のあいだには強かった」と述べている(斎藤真『アメリカ外交の論理と現実』)。案外、これが実情だったのではないか。むろん、戦争中だから、敵愾心が皆無ということはありえない。だが、それは個々のアメリカ人にたいしてというより、彼らの背後にある不可視の何か得体の知れぬ、アメリカ国家にたいするものだった気がする。

ともあれ、沖縄住民の多くは、沖縄戦の末期において、アメリカ人についての国策的虚像をぶちこわし、みずからの体験から新たなアメリカ像――これを実像だと信じた者も多い――を描き上げた。それも皮肉なことに、同胞である日本兵との対比においてであった。

ほぼ神奈川県の大きさしかない狭小な沖縄で、戦乱に巻き込まれた一般民間人は、ほとんどが軍隊の徴用を免れた老人か婦女子であった。だが、戦場ではたのみとする友軍は、守ってくれるどころか、老幼婦女子を壕から追い出してみずからが入ったばかりか、食糧さえも情け容赦もなく取り上げた。あげくは、戦況の悪化を地元住民のせいだとして、スパイの汚名をきせ、射殺するなどした。

素朴な住民は、友軍の兵士から夢想だにしなかった苛酷な扱いを受けて、ただ茫然とするばかりであった。いかに不利な戦況下とはいえ「皇軍兵士」の中には、負傷者を救出してくれるどころか、子供たちの泣き声で敵兵に壕の所在がばれるのを恐れて、幼児を母親の手から取り上げ、弾痕の跡にできた水たまりに放り出し、頭を押えて水死させた者さえいたという。

それに反して、「鬼」「畜生」と恐れられていた米兵は、負傷者を見ると殺すどころか、みずからの命を危険にさらしてまで救出に当たる者も多く、そのおかげで九死に一生を得た地元住民も少なくなかった。友軍から見捨てられた負傷者にとって、親身になって看護してくれる米兵が、人道愛の権化に見えても、不思議はなかろう。沖縄住民の手になる沖縄戦記には、友軍兵士の非道にたいする憤慨と、アメリカ兵にたいする好意的記述が対比的に見られるのも当然である(山川泰邦『秘録沖縄戦史』)。

転換したアメリカ観

こうして、沖縄の「アメリカ像」は、戦争といういわば極限状況下で、一時的とはいえ国策的な「鬼畜」からいっきょに「神仏」へイメージ・チェンジした、と言ってもあながち誇張ではない。私自身の経験からいっても、戦場でのアメリカ人はヒューマニズムに富み、アメリカ的長所をいかんなく発揮したのが、少なからずいた。したがって、もしこうした特性が、アメリカ人の「実像」そのものであったなら、多くの住民はその実像の一側面にふれえたことにもなろう。

だが、戦場におけるすべてのアメリカ兵が善意の持主であったわけではない。また、戦争がすみ、いわば終戦時の混乱期に「占領軍」として居残ったアメリカ兵のなかには「百鬼夜行」と形容されるほどの悪業を平気でなす者もいて、これが同じアメリカ人かと、沖縄住民はとまどったものである。といって、それが必ずしもアメリカ人の実像でもなく、いわば「占領軍に特有」なものであったことは、占領地域での日本軍の例からも理解できよう。

結局、こうした不幸な事態が現出したにもかかわらず沖縄では、比較的、好意的なアメリカ像が、一九五二年頃までは保たれていたように思う。一九五二年と言えば、平和条約が発効し、日本本土は曲がりなりにも独立したのに反して、沖縄は日本からの分離が法的に確定した年である。ちなみにその根拠となった同条約の第三条は、つぎのように規定している。

「日本国は、北緯二九度以南の南西諸島(琉球諸島および大東諸島を含む)……を、合衆国を唯一の施政権者とする信託統治制度の下におくこととする、国際連合に対する合衆国のいかなる提案にも同意する。このような提案が行なわれかつ可決されるまで、合衆国は、領水を含むこれらの諸島の領域及び住民に対して、行政、立法及び司法上の全部かつ一切の権力を行使する権利を有するものとする」

これが沖縄の住民にとって、その運命を大転換せしめたことは言うまでもない。したがって、ほぼこの時期を転機に、沖縄の人びとは好むと好まざるとにかかわらず、みずからの「アメリカ観」の再検討を迫られることになった。彼らが戦場でつくり上げた好ましいアメリカ人像は消えはじめ、代わりに失望からくる虚像が生まれ、両者がないまぜの形で今日にいたっているように思う。アメリカ統治下の沖縄の実情が、極度にいびつなものであっただけに、こうしたイメージ・チェンジもまた、半ば必然のコースであった。とくに基地拡張のため米軍による農民の土地の強制収用が始まった翌五三年から五八年にかけての「島ぐるみの土地闘争」の過程でそれが表面化した。

一九六七年九月『朝日新聞』は、本土で三〇〇〇人、沖縄で二〇〇〇人を対象に「沖縄問題」について世論調査を行なった。その結果、つぎの点が明らかにされた。

「アメリカのいまの沖縄統治は、住民のためによくやってくれていると思うか」という設問にたいし、よくやっている、と肯定的なのは本土で一七%、沖縄で二六%。よくやっているとは思わないと、否定的な者が本土で二九%、沖縄で三一%となっている。「よくやっているとは思わない」という回答の八割までが、アメリカ人統治者が沖縄住民の人権を尊重していないという点に不満を述べている。

また、沖縄の九〇%近くの人たちが日本復帰を望んでいるが、「実際問題として復帰を実現させるためには、どういうことをするのがいちばん大切だと思うか」という設問にたいし、本土では復帰運動を強めるというのが二二%で最も多く、ついで、アメリカと仲良くして譲歩を求めるというのが二〇%いる。ところが「アメリカと仲良くして譲歩を求める」というのは、沖縄では一二%でしかなく、日本政府がアメリカに強い態度をとる、というのが三四%で最も多い。

さらに「あなたはアメリカが好きですか、きらいですか」という質問にたいして、本土では、好きと答えたのは二六%、きらいと答えたのが一九%なのにくらべ、沖縄では、好きが一四%で、きらいが四〇%にも達している。

『朝日新聞』の沖縄調査に協力した『沖縄タイムス』は、同年一〇月一七日付社説で、この結果についてつぎのように論評している。

「アメリカ人は、個人的につき合えば、親切で明朗で、決してきらわれるようなタイプではない。沖縄でも、個人的には多くの人たちがそう感じていることであろう。だが、アメリカという場合、きらいというのが好きだというのをかなり上回っているのは、二三年余の軍事優先の支配からでてきたものだと受け取りたい」

『朝日新聞』も、きらいという回答が好きというのを上回ったのは、異民族の軍事占領下に二三年間も屈従を強いられたからで、本土がまだ米軍に占領されていたときに、このような世論調査が行なわれたとしたら、沖縄と同じような結果がでたにちがいないと、ほぼ同様の見解を社説で表明している。

すでに述べたように、沖縄の日本人は戦場での体験をとおして、一度はアメリカ人の親切さや善良さに強くうたれたことがあるだけに、戦後二十余年間の統治の現実から裏切られた感じで、かえって反感をつのらせたのではないかとも見られる。

そこから、虚像づくりの原理にしても、その背景に失意をともなっているが、本土では、戦場化されることもなしに、つまり極限状況下でのアメリカ人のヒューマニズムにふれる機会もなく、終戦と同時に「強大な占領軍」としてアメリカ人を迎えた。そのため、鶴見氏のいう劣等感による虚像づくりとなり、やがて独立すると、逆に今度は優越感をとり戻すといった現象が起こったように思う。ともあれ、本土と沖縄の戦後における状況の差が本土と沖縄両者の対アメリカ観の差異をもたらしたと言えそうである。

沖縄住民の非好意的なアメリカ観を子細にみると、「きらい」とは言うものの、それはけっしてアメリカ人にたいする人種的偏見に根ざす憎悪とか嫌悪感ではなく、状況の変化によっては、容易に「好き」に転化しうる種類のものだと思われる。

ふつう、偏見とは「根拠がないのに、個人・集団・人種・国民・主義・制度などにたいして抱く、好意的もしくは非好意的な感情的態度」と定義されている。だとすると、沖縄の場合、根拠なしにアメリカ人に非好意的な感情を示しているのではない。実在する根拠があり、それにもとづいて、「きらい」だと表明しているわけである。

現実との格差

東京大学文学部社会学科の学生が、一九六七年に沖縄問題についての本土住民(沖縄出身者を含む)の意識調査を行ない、沖縄現地での調査結果とを比較したことがある。それによるとアメリカの沖縄統治の評価をめぐって、沖縄調査、本土在住の沖縄出身者の調査、本土調査とのあいだには明白な差が見られる。沖縄との結びつきがうすれるにつれて、アメリカ統治をやむをえないとする数がふえ、許せないとする数が減少している(たとえば、アメリカ統治を許せないとする者が、沖縄住民で五六・二%、本土在住の沖縄出身者では四二・九%、本土住民で三一・八%となっている)。要するに、アメリカ統治と直接的かかわりがなければ摩擦も少なく、いきおいアメリカ人にたいする評価もあまくなるわけだ。

もともと、沖縄住民が戦場での体験をとおしてアメリカ人についての国策的な虚像を払拭し、イメージ・チェンジをなしえたのは、個人対個人の次元においてであった。言いかえると、次元の高いアメリカの国家政策とか占領軍の統治政策の問題になると、戦後まもない一時期を除いては、地元住民は当初から失望させられたと見てよい。布告、布令など占領軍の法規が、あらゆる面で彼らの自由を拘束したこともその一因だが、住民のより深い失意をかったのは、内面的な生き方の問題との関連においてであったように思う。

戦争から生きのびた沖縄住民は、民主政治を指向することによって再生をはかろうとした。だが、そうした人びとの内面的願望にたいして、米占領軍はほとんど顧慮することなくふるまった。その結果、戦後、十分とは言えないまでも、急速に民主化が進んだ日本本土との対比において、沖縄の住民は深い挫折感におちいらざるをえなかった。

本土では一九四七年五月三日、新憲法が施行されたが、沖縄には、その恵沢はみじんもおよばなかった。私は、まるで昨日のことのようによく覚えている。当時まだ本土との自由な往来が許されてなく、密航船で初めて平和憲法の写しが沖縄にもたらされたとき、私たちは争ってその一字一句を写しとったことを。新憲法には、敗残の身の沖縄住民に「生きる力」を与える高邁《こうまい》な理念があった。たとえば、つぎのような新憲法の前文のことばに人びとは深く感動したものである。

「日本国民は、正当に選挙された国会における代表者を通じて行動し……わが国全土にわたって自由のもたらす恵沢を確保し、政府の行為によって再び戦争の惨禍が起ることのないようにすることを決意し、ここに主権が国民に存することを宣言し、この憲法を確定する。そもそも国政は、国民の厳粛な信託によるものであって、その権威は国民に由来し、その権力は国民の代表者がこれを行使し、その福利は国民がこれを享受する。これは人類普遍の原理であり、……われらは、これに反する一切の憲法、法令及び詔勅を排除する。

……われらは、全世界の国民が、ひとしく恐怖と欠乏から免かれ、平和のうちに生存する権利を有することを確認する。われらは、いずれの国家も、自国のことにのみ専念して他国を無視してはならないのであって、政治道徳の法則は、普遍的なものであり、この法則に従うことは、自国の主権を維持し、他国と対等関係に立とうとする各国の責務であると信ずる。……」

しかし新憲法のこの高邁な理念と沖縄の現実とは、あまりにもくい違っていた。にもかかわらず新憲法の文言は、逆に沖縄のいびつな現実を照射するいわば指針となって、沖縄の人びとの胸中に根を張っていった。

当初、沖縄住民はアメリカ統治に楽観的であった。アメリカについては自由、平等の国としての好ましいイメージが一部にあったことと、占領初期の段階では行政主席(知事)の公選を公約するなど柔軟な政策を打ち出す統治責任者もいたからだ。しかも、個人的に見るアメリカ人の善良さや親切さにほだされて、国家政策の面でもアメリカに過大の期待をかけていたことも指摘できる。戦後沖縄にできたいくつかの政党の初期の言動や本土の革新政党の初期の言動が、そのことを裏付けているように思う。

人民党とアメリカ

アメリカの直接占領統治を受けた沖縄は、戦後数年近くも本土と政治的、経済的、文化的その他あらゆる面での交流を断たれ、人びとは日本人としての民族意識をほとんど消失していた。というより、生活が苦しく生存を維持するのに精いっぱいで、民族問題を考えるゆとりはなかったとも言える。そのうえ、戦前から戦時中にかけての超国家主義や軍国主義への反動も加わり、沖縄の日本からの分離、独立を主張する政党さえも登場した。

一九四七年六月、仲宗根源和氏を中心に、最初の政党である沖縄民主同盟が誕生したが、これはナショナルな視野をもち合わせていない、いわば郷党的な性格の政党であった。民主同盟に属する人びとは「民意を反映した議会政治、米軍政府と直結しての沖縄再建」などをスローガンにかかげ、あげくは「米軍の庇護の下での」独立論を主張するようになった。

同年七月には、瀬長亀次郎氏がリーダーとなって、沖縄人民党が結成された。現在最も反米的だと見られているこの党も、当初は沖縄の帰属問題については、まったくふれず「人民自治政府の樹立」とか「憲法議会の開催」、あるいは「琉球民族の解放」といったスローガンをかかげ、あたかも自治共和国の創設を意図しているかのような感があった(国場幸太郎、『思想』一九六二年二月号)。

その裏には、一時的なりともアメリカにたいする信頼もしくは期待があったであろうことは、容易に察知できる。たとえば、一九五〇年に公表された『人民党遷略史』にはこう記録されている

「沖縄人民から、言論、結社、集会、出版の自由はいうまでもなく、信教の自由まで奪い取っていた日本軍閥を撃砕し、沖縄人を解放したアメリカ軍に感謝しつつ、米軍より与えられた結社の自由を適切に生かし、沖縄を民主化するために、沖縄人民党は結成された」(南方同胞援護会編『沖縄問題基本資料集』)

ところで瀬長氏は『うるま新報』の社長をつとめていたが、一九四九年八月「民族解放運動の一兵卒として琉球民族戦線結成のため全身全霊をうちこむため」にといって、新聞

社をやめた。彼はその退社声明でいう。

『うるま新報』は、戦後まもなく戦争の的確な見とおしをもって真実の姿を報道したため、日本軍の勝利を盲信していた一部から、アメリカの御用新聞だとまで悪口をたたかれながら敢然として刊行を継続し、解放軍としての米軍に協力し、民主沖縄建設のため果敢な報道の闘いをつづけてきた歴史に飾られている」

沖縄でのこうした言動は、本土の革新政党の言動に照応していた。日本社会党は、四七年七月の衆院本会議で、同党の加藤勘十氏が芦田均外務大臣とのあいだで交わした質疑応答が例示するように、「沖縄を日本へ返還せよ」との要求は、ポツダム宣言違反だという立場をとっていた。

一方、日本共産党は、四六年二月、本土在住の沖縄県出身者の組織である沖縄人連盟の全国大会が開かれたさい、沖縄民族の独立を祝うメッセージを送り、そのなかで「日本の天皇制帝国主義の搾取と圧迫とに苦しめられた沖縄人諸君が、今回民主主義革命の世界的発展のなかに、ついに多年の願望たる独立と自由を獲得する道につかれたことは、諸君にとっては大きな喜びとされるところでしょう」と述べた。

このような言動の背景には、戦後、マッカーサーの指令によって政治犯が釈放されたあと、徳田球一氏ら共産党幹部が、アメリカ軍を解放軍として好意的に描き上げた事情がある。日本共産党の考え方が、沖縄人連盟の意にそうものであったことは、日本復帰を唱える沖縄の人びとが国粋主義者として排斥された事実からも明らかである。共産党は、後にアメリカが反動政策に転ずると、前述のような言動にたいする自己批判をして、政策の変更を余儀なくされた。

信頼感の喪失

沖縄では、アメリカの一高級官史がいみじくも「軍隊に民主主義はない」と語ったように、軍政下で民主政治が成り立つはずがないにもかかわらず、一九五〇年代の初め頃までは、「民主主義の擁護者」としてアメリカに期待する人たちもかなり残っていた。だが、そうした期待も、五〇年九月、アメリカが琉球と小笠原諸島を国連の信託統治下におく意向を表明し、ついで一一月に米国務省が対日講和七原則を公表して、ようやく沖縄の将来の地位が予見できるようになるにつれて、消えはじめた。

その頃、沖縄をめぐる内外情勢は一大転機にあり、沖縄の人びとのアメリカにたいする信頼感の喪失は、こうした内外の情勢の変化と軌を一にしていた。

本土では、四七年一月末、マッカーサーによって「二・一スト」が中止されたのを手はじめに、民主化への曙光は早くも色あせ、いわば戦後日本史の第二期に移りつつあった。しかし沖縄では、人びとが敗戦で失った自己を取りもどし、政治的関心をもちはじめたのは、むしろ四七年頃からである。

民衆の意識が高まり、政党の結成があいつぐと、アメリカ軍は、特別布告第二三号を公布し、政党が占領軍の政策や自治体の行政活動に「敵対し、それを批判する政治目的をもって演説をなし、あるいは印刷または手書の文書を配布すること」を禁止した。新聞の事前検閲も公然と行なわれた。軍政の本質から派生するこうした制約は、実際には占領当初から始まっていた。だが、住民は戦争によって潰滅させられた生活を立て直すだけで精いっぱいだったので、政治的思考をなすゆとりはなかった。そのうえ、アメリカの基本的統治政策も未確定で、制約をほとんど感じさせないほど、個々の統治責任者には雅量の持主もいた。

一九四五年八月一五日、日本が降伏した当日、沖縄の占領に当たっていた米国海軍軍政府副長官チャールズ・I・ムーレー大佐は、沖縄各地から集めた住民代表にたいして、日本がポツダム宣言を受け入れて和を請い、戦争が終わるとは予期しなかったことで、日本の天皇は、連合軍総司令部の監督下でひきつづき国を治める。日本がポツダム宣言を受諾しても沖縄県民は心配することはない、と言い、さらに米軍当局と協力して沖縄の再生復興をはかるため、一五人の諮詢委員を選任することを明らかにした。

占領当初、アメリカ軍は、沖縄を日本軍閥の桎梏下から解放してやったという考えをもっていて、民主化の意図もないではなかった。それだけに、いまもって当初軍政に当たっていた海軍さんはよかった、と陸軍治政下の現状と比較して語る者もいるほどだ。

ところが、四六年七月一日に、軍政府の責任が海軍から陸軍に変わると軍政の本質はすぐ露呈しはじめた。同年四月、軍政府布令で沖縄民政府が設立された。知事も任命され、沖縄議会も発足した。だが、いずれもたんに占領政策を円滑に行なうための施策でしかなかった。米軍政府は、沖縄民政府の諮詢委員にたいし、米国では民衆の声は重視するが、敵国の沖縄では、民衆の声を認めるわけにはいかないと言明した。さらに米軍当局者は、「当初は沖縄にデモクラシーを取り入れる計画もあったが、それはつぶれた。民政府のような政治機構をつくっても、それが軍政府の意図にそうか、それとも邪魔になるかによって、その存廃が分かれる。沖縄の政治は、沖縄人の対米協力いかんによって決まる。軍政府の意にそわなければ、住民による政治は取り上げられるだけだ」と宣言した。

このような発言は、軍政担当者の個人的善意を帳消しにするほど、軍政の本質を露骨に示しているが、政治的に目覚めつつあった住民が、こうした一方的な態度を黙過するはずはなく、政党の出現にともない、軍民間のあつれきが、目立って表面化した。特別布告による言論弾圧も、そうした背景から出てきたもので、敵側に言論の自由はない、というのが、軍政府当局の公言してはばからない論理であった。

対立から弾圧へ

一九四八年夏、配給物資を扱う売店の閉鎖問題をめぐって米軍と住民が衝突した。米軍からの配給物資の代償として民側が軍職場に就労させる港湾労働者が、軍側の期待どおり出勤しないため、米軍政府は報復措置として売店を閉鎖し、食糧の配給を停止した。住民のほとんどが配給食糧に依存していたうえに、地方自治体の財政も、売店からの利潤でまかなっていたので、売店の閉鎖は、たちまち政治問題化した。

軍労務者が容易に集まらなかったのは、志喜屋知事の説明によると、故意にサボタージュしたのではなく、米軍の賃金では食っていけないという理由からであった。ちなみに軍職場での最高賃金が、八時間勤務で一五円二〇銭なのに比べ、同一人の民間給与は八〇円であった。こうした実情であったので、米軍の措置にたいする住民の不満は急激に高まってき、米軍政府は、売店の閉鎖指令を撤回せざるをえなくなった。

四八年一〇月下旬、米軍政府は、市町村直営の売店など物資配給機構を廃止し、自由経済へ移行せしめた。そして翌年一月、住民の需要の五〇％を占めていた食糧品の配給量を三五％に減らす一方、米など主食の値段をいっきょに約六倍に値上げした。すると民主同盟、人民党、社会党(一九四七年一〇月結成)は「三党協議会」を結成、食糧値上げ反対市民大会を開いてこれに抗議した。その結果米軍政府は、翌月末、引き上げ価格を半額に値下げし、三月には指令を撤回した。だが、それで軍・民間の対立が解消したわけではなかった。

四九年三月二日、沖縄議会議員二三人が、住民に責任のもてる政府の樹立と決議機関としての新沖縄議会の設置を要望し、総辞職を決意して訴えた。ところがジェシー・B・グリーン副長官は、辞表を全面的に拒否し、つぎのように宣言した。

「小官は、こんごも起こるであろうこういう事実に対して、十分なる関心をよせている。沖縄議会議員のこのたびの高圧的な策略には、小官としては絶対に賛成できない。小官は政治機構を正常に動かすために非常手段をとらなければならないかもしれない」(沖縄タイムス編『沖縄年鑑』一九五九年版)

このようにアメリカが、軍事占領という最も露骨な形で権力を行使すれば、沖縄住民は、過去の権力追随による破滅の経験をふまえ、自立的政治の確立を指向していただけに、両者の矛盾、対立はいわば必然的であった。そのうえ、沖縄内外の情勢の変化が、いっそう対立に拍車をかける結果となった。

一九四九年九月、ソ連が原爆所有を公表、一〇月には中華人民共和国が成立した。アメリカは、一九五〇年度予算で沖縄の軍事施設工事に五〇〇〇万ドルを割り当て、四九年夏からすでに本格的な基地建設を始めていた。同年一〇月、のちに名長官として留任運動まで受けたジョセフ・R・シーツ少将が、軍政長官として赴任したが、皮肉にも米軍政府は、同じ日に民選による沖縄議会を解散し、代わりに任命制の民政議会を設置した。

この頃、日本を訪れたジョーゼフ・L・コリンズ米陸軍参謀総長は、沖縄の無期限保持を内外に宣言した。一九四九年一一月、米国務省は「対日平和条約の起草を準備中」と発表した。翌年一月、ディーン・アチソン国務長官が「アメリカの防衛線は、アリューシャン列島、日本、琉球諸島、フィリピン群島を連ねる線である」と強調したのについで、来日したオマー・N・ブラッドレー米統合参謀本部議長らは、沖縄・日本の軍事基地化の強化を発表し、七〇〇〇余万ドルの費用をかけ、二ヵ年計画の工事を始めた。

一九五〇年六月二三日、ルイス・ジョンソン米国防長官は、「沖縄は太平洋における米国防衛上の恒久的とりでになろう」と語ったが、二日後に朝鮮戦争が起こり、沖縄は文字どおり、アメリカの要塞と化した。そのような背景を受けて、言論弾圧はいちだんと強化された。

一九四九年末、民主同盟と人民党の代表は、シーツ軍政長官と会い、沖縄民政府にたいする批判を米軍政府への批判とみなすことに抗議した。だが、米軍政府は、民政府役人の能力について批判することは構わないが、「軍が民に示した政策を、民政府が施行する努力を批判することは、軍政府を批判するのと同一である」として、批判を封じたのをはじめ、翌年九月、アメリカに非友好的な人民党の機関誌『人民文化』を発禁処分にした。

こうしてアメリカの統治は、沖縄住民が切望した民主主義とは縁遠いことが歴然としてきた。それだけに人びとの目は、ようやく日本本土へ向けられ、祖国復帰の願望はしだいに表面化するようになった。

一九五〇年六月、特別布告「群島政府の知事および群島議会議員選挙」が出され、住民の政治への関心は、いやがうえにも高まった。選挙の結果は、日本復帰を唱える平良辰雄氏が、親米的な松岡政保候補をおさえて当選した。

ところが、県民の復帰熱が表面化しつつあったのとはうらはらに、同年九月、アメリカは「琉球・小笠原諸島を国連信託統治下におく」意向を内外に宣明した。そうした状況下で、日本復帰を志向する人びとによって、沖縄社会大衆党(社大党)が結成され、委員長に沖縄群島知事平良辰雄氏が就任した。社大党は、民主同盟や社会党が唱えていた沖縄の独立とか、アメリカによる信託統治論を否定し、タブーであった日本復帰を公然と主張し、復帰問題を大衆運動にのせる基盤をつくった。

復帰運動の登場

米極東軍総司令部は、一九五〇年一二月「琉球列島米国民政府に関する指令」を出し、軍事色の濃い軍政府を民政府に改称したり、極東軍司令官を民政長官に、琉球軍司令官を民政副長官に任命するなどした。しかし、この「衣がえ」も、軍政の本質を変えるものでなかったことは、軍事基地としての沖縄の性格からして言うまでもない。

翌年三月、人民、社大両党は、それぞれの党大会で復帰運動の推進を決めたが、沖縄群島議会もこれにならった。翌四月には、日本復帰促進期成会が結成され、有権者の七二％の署名を集めて日本政府に復帰を陳情した。復帰運動が顕在化したのは、むろんひとつには、ようやく再燃した民族意識に負うのも事実だが、前にふれたようにアメリカ民主主義にたいする失望感に起因する面も見逃せない点だ。ハワイやアメリカ本国にいる沖縄出身者が、現在でも「非民主的」な日本への復帰に消極的で、むしろ反対する態度をとっているのは、この点と関連して注目に値しよう。

五一年六月、日本復帰期成会会長の兼次佐一氏は「日本復帰の提唱について」と題し、こう述べた。

「琉球独立論やアメリカの信託統治賛成論者は、過去の天皇中心主義的な非民主主義日本が、現存しているかのような錯覚を起こしているが、現在の日本は、主権在民の新憲法のもとに、真の民主主義国家として、米国を中心とする民主主義国家群の仲間入りをして、世界の自由愛好国となるために努力している……日本軍閥のもとに自由を奪われていたわれわれは、米軍を解放軍として迎え、真の民主主義のもとに人民の意思によって祖国日本を民主化しているものと信じていた関係上、いま信託統治下におかれることは忍びえないものである。

……主権天皇から主権在民へ、帝国議会から民主主義へ、好戦国家から平和愛好国家へと一八〇度の転換をした日本の八〇〇〇万同胞と共に、われわれは日本の国籍に復帰、衆・参両院に代表を選出して国政に参画し、人民の政治を人民の手によって行なう民主主義の恩典に浴することができる」(『世論週報』一九五一年六月)

この一文には、民主主義を渇望していた沖縄住民が現実のアメリカ統治にたいする失望から、平和な民主国家として再生した日本本土のイメージに強く惹かれていった過程が、浮きぼりにされている。むろん、民族意識もこれと結びついていたことは、日本復帰期成会の趣意書に「われわれは、ここに琉球の歴史的、地理的、文化的、民族的関係からすみやかに日本に復帰することが、琉球人の繁栄と幸福とをもたらすものと信じ、日本復帰期成会を結成した」と述べていることからも明らかである。

結局、外国の軍政下では、沖縄住民の主体性は確立されようがなく、政治的自由もありえないということを、戦後数年の体験から思い知らされたとも言える。すでにこの時点では、沖縄の独立論とかアメリカによる信託統治論などは、住民から完全に見放されていた。

とはいえ、アメリカへの住民の期待が完全に消失したわけではない。一九五二年、琉球政府が設立され、初代行政主席に任命された比嘉秀平氏を中心に結成された琉球民主党の綱領は、こう述べている。「自由と平和を擁護するための米国の施策に協力するとともに、協力と建設の精神にもとづき、軍政以来の諸制度を改革して自治権を拡張し、祖国との一体化をはかる」

これからみると、日本復帰を否定したわけでなく、現実重視策をとったとも言えるが、民主党総裁が英語教師をしていた比嘉氏だけに、アメリカにたいする信頼感はいぜん強かったにちがいない。

抵抗はじめる沖縄

だが、沖縄住民の対米姿勢の変化、つまり、好意的なアメリカ像から非好意的アメリカ像への移行は、一九五五、五六年の「土地問題」をとおして決定的となる。人びとはそれまでのあまい幻想を捨て去り、抵抗する姿勢を打ち出していく。土地問題ほど軍政の本質をむきだしに示したものはなかったからである。

土地問題は、沖縄の恒久基地化と同時に発生した。一九五二年、土地の所有権を規定した布告第一六号が出るまで、沖縄の土地形態は混乱をきわめていた。戦争で所有権を証拠立てる書類が消滅し、境界線もあいまいだったからである。

アメリカは、ハーグ陸戦法規などを適用して、沖縄の土地をいわば合法的に使用していたが、五二年四月、講和条約の発効を契機に土地使用権を失い、土地使用は契約によらなければならなくなった。そこで、米民政府は同年一一月、土地の契約権を規定する布令第九一号を公布したが、これによって琉球政府行政主席は、土地所有者と賃貸借契約を結ぶ権限を付与され、地主は、主席を仲立ちにしてアメリカと間接的に契約を結ぶ仕組みになった。

ところが、布令の実施にさいして地主の意思は無視され、賃貸料も米軍の一方的な査定で安いうえに、契約期間も二〇年にわたる長期的なものであった。それで、すべての地主が契約を拒否した。

するとアメリカは、契約内容を検討するゆとりもなく態度を硬化させ、翌五三年四月、布令第一〇三号「土地収用令」を公布し、強制的な土地収用に乗り出した。これにたいし地主たちは、猛烈な反対運動を展開した。その結果、米軍は同年一二月、布告第二六号「軍用地内における不動産の使用に対する補償」を公布し、アメリカが占領後、引きつづき占有してきた土地についても、その所有権を確認し補償する意向を表明した。

ところが翌五四年、デイヴィド・A・D・オグデン副長官は、米国が使用している土地の二〇年分近くの地代を「一括払い」にすると発表、地主だけでなく一般住民にショックを与えた。一括払いは、ていのよい「土地買い上げ」だと受け取られたからだ。同年四月、住民は結束して、いわゆる「土地を守る四原則」を確立した。

ちなみに四原則とは、つぎの四点だ。(1)米国は土地の買い上げ、または永久使用料の一括払いを絶対に行なわないこと。(2)現在使用中の土地については、適正にして完全な保障がなされること。使用料の決定は、住民の合理的算定にもとづく要求額にもとづいてなされ、かつ評価および支払いは一年ごとになされなければならない。(3)米国軍隊が加えたいっさいの損害については、住民の要求する適正賠償額をすみやかに支払うこと。(4)米国軍隊の占有する土地で不用の土地は早急に開放し、かつ新たな土地の収用は絶対に避けること。

島ぐるみ闘争

土地問題にたいするアメリカの政策・態度は、地主や農民を含めて沖縄住民のアメリカ像を極度に変えたようである。主権在民の民主主義を標榜しながら、米軍は戦車で押し寄せて来て、強制的に農民の土地を奪うとは、何たることか、といった声がちまたにみちていった。沖縄で唯一の民意代弁機関である琉球政府立法院は、五二年一一月一五日「強制立退反対に関する陳情」という決議を採択、そのなかで言う。

「立ち退きに反対し、みずからの土地と生活権を擁護せんとする住民の叫びは、生きるための当然の要求である。これを政治的にみるとき、住民の窮乏と社会不安を招来し、米国政治に疑惑の念を与えることになる。沖縄住民がその住居とわずかな土地さえ失い、将来の悲惨な生活が予想されることは、世界平和維持の名の下に、沖縄住民の繁栄と幸福が踏みにじられることであり、これは米国建国の精神、自由、平等、人権尊重の米国憲法にもそわないものであり、民主国家の指導原理にも反する」

同決議は、とくに「われわれは米国の良き理解者である故に、琉球にたいし司法、立法、行政の権利を有する米国の政治を不成功に終わらせたくない」ということを強調し、「アメリカが戦争終了後も土地を収用し、住民に立ち退きを強要することの法的根拠そのものに、根本的な疑問がある」と述べている(立法院事務局『立法院決議集』)。

土地を収奪される農民の苦難は深刻だった。一九五二年、那覇市の郊外にある字銘刈のほか三部落が立ち退き通告を受けた。同地域の住民は、ただちに「立ち退き反対陳情書」をロバート・S・ビートラー副長官に出したが、そのなかでこう訴えている。

「私たちは遠き祖先から受け継いだこの土地に生まれて成長し、この土地を耕作し農業生産に励むことによって、どうにかあすの生産に不安なく生活を営んできた。軍の命令には、賃貸借地料の協定についても移動先の指示もなく、老人子供をかかえ、あるいは戦末亡人として、か細い生活を営む私たちにとってこれほど無慈悲な衝撃はない。平和条約も発効し、私たちには土地の所有権も認められた。にもかかわらず、祖先伝来の命より二番目に愛着する土地を捨て、落ち着く先のあてもない移動を甘受せねばならないのか」

同集落の人びとは、語をついで言う。

「ビートラー副長官は、さる新聞大会で琉球から共産主義を追放するには貧乏をなくすることであると話されたと聞きます。誠に天下の至言でありまして、等しく感激にたえません。ところが私たちは、安定した生活を捨て、貧乏生活に落ちていくことを余儀なくされており、浮沈の岐路に立たされています」(沖縄県学生会編『祖国なき沖縄』)

以上の文意から明らかなとおり、アメリカの政策にたいする沖縄住民の抵抗は、特定のイデオロギーに基づくものではなく、生活を守る、いわば、ぎりぎりの闘争であった。それだけに、その後、土地の収用面積が拡大されるにつれ、県民の反対闘争はみるみる各地に広がり、前述の「土地を守る四原則」が確立され、やがてそれは「島ぐるみの土地闘争」へと発展していく。

土地問題が悪化しつつあった一九五五年一〇月、米議会からメルビン・プライス議員を団長とする調査団が沖縄を訪れ、現地調査をした。帰米後、同調査団は「プライス勧告」を発表したが、その内容は、アメリカは土地借地料の一括払いと新規接収をあくまで実施するという完全に住民の期待を裏切るものであった。そのため住民の不満は一気に爆発し、親米的で現実主義者の比嘉行政主席までが、辞職を覚悟で住民の先頭に立って抗議し、いわゆる「島ぐるみの土地闘争」が展開されることになった。

一九五六年九月、沖縄側はプライス勧告への反論を出したが、問題の一括払いについては、沖縄は耕地が狭隘で代替地の入手も不可能なうえ、労働市場も狭く、技術をもたぬ農民の転業は困難をきわめている。土地は各家々の遺産で、金に代えて無期限に手放すことは「祖先および子孫にたいする背信行為であるだけでなく、一括払いだと地代について意見を述べる機会を永久に失い、土地の擁護が不可能になる」と強調している。

だが、反論が出た翌五七年一月、ライマン・L・レムニッツァー民政長官は、新規接収と一括払いは米国の最終方針である旨、改めて言明した。一ヵ月後には布令第一六五号「米国土地収用計画」が公布され、五月四日、一括払いによる最初の収用告知書が発送された。しかし、住民の手強い抵抗にあい、アメリカ政府は、五八年、ついに一括払い方式を放棄するにいたった。その後、地代も米琉双方の代表の合意にもとづいて、適正に算定されることが決まり、長年にわたってもめぬいた土地問題にからむ争いは、いちおう終結した。

こうした土地問題の経過は、沖縄のアメリカ像の形成過程を象徴的に示しているように思われる。すでに冒頭で指摘したように、アメリカ的特性は、アメリカ社会では長所でありえても、他国では短所に転化することもありうることを示す好例だと言えるから。

アメリカ人の「つぎからつぎへと居所を変えたがる衝動」、つまり文化的特性の「モビリティ」(移動性)は、巨大なアメリカ大陸なればこその特性であり、長所でもある。だが、狭小な沖縄では、その特性が、土地問題との関連で完全に逆作用したことはいなめない。

土地闘争の過程で沖縄の住民がくり返し強調したことは、土地は命から二番目に大事なもので「土地を手放すことは、祖先および子孫にたいする背信だ」ということであった。つまり、土地は祖先が残してくれたかけがえのない遺産であり、したがって売買の対象物ではない、というわけだ。だが、モビリティをアメリカの文化的長所と自認するアメリカ人には、地元住民のこうした土地にたいする強烈な愛着、執着は理解されようもなく、「金を払えばいいじゃないか」式の安易な発想で強制的に土地収用を行なったため、必要以上の軋轢をもたらす結果となったのだ。

露呈する矛盾

自由の問題についても、アメリカでは諸外国以上に自由の伝統が脈打っていると自他ともに認めていながら、その長所を沖縄では生かしえず、かえって地元住民に「自由の伝統」を逆手にとられて非難されるはめとなった。

一九六三年に、国場秀夫君という那覇市内の上山《うえのやま》中学校生徒が、青信号で横断歩道を渡っているさい、二〇歳の米兵によって大型トラックでひき殺されるという事件が起こった。ひき殺したジャクソン二等兵は、琉球政府の権限がおよばない軍事裁判に回され、無罪になり帰国した。これにたいし、国場君の校友のひとりはこう批判した。

「私たちは、社会科の勉強で、民主主義について学んでいますが、その基本的人権とは、人間が人間として最低限度に生きることを、誰にも譲れない基本的な権利ということだ、と教えられました。ところが実際には、そんな権利は、いまの世の中では何の役にも立たないように思いました。いったい人間愛の象徴である真の基本的人権とは、どんなことでしょうか。

……米軍の方々や政治をなさる方々には、誰もが安心して生きていける世の中、誰もが生まれてきてよかったと思えるような世の中、自分を大切にするかたわら、他人をも大切にすることのできる世の中、そういう世の中をつくってもらいたい」(沖縄教職員会編『沖縄の子ら』)

被支配者の同意なしの軍政下の沖縄では、アメリカ民主主義の偽善と矛盾は、必然的に露呈する。そのことは、アメリカ人自身が認めるところであった。

一九四九年『タイム』誌のフランク・ギブニィ記者は、一一月二八日号誌上に「沖縄――忘れられた島」と題する現地ルポをのせ、アメリカの軍政を鋭く批判した。

すなわち彼は、アメリカの占領が四年になる沖縄での米軍の軍紀は、世界中の米軍駐屯地の、どこよりも悪く、一万五〇〇〇の沖縄駐屯米軍部隊が、絶望的貧困のなかに暮らしている六〇万の住民を統治してきた。沖縄は米陸軍の才能のない者や、つまはじき者のていのよい「掃きだめ」となってきたと言い、同年九月までの過去六ヵ月間に米軍兵士は殺人二九件、強姦一八件、強盗一六件、殺傷三三件の犯罪を犯した、と指摘している。

ギブニィ記者は、沖縄住民は米国人が好きで、沖縄が米国の属領になることを望んでおり、沖縄住民は六〇年以上の長いあいだ、彼らをいなか者として蔑視した日本軍や日本商人によって搾取されていたから、米軍が上陸して彼らに食糧と仮小屋を与えたとき、驚き、かつ喜んだと書き、つぎのように報じた。

「米国は、沖縄人を被解放民族だと言っているが、米国は占領中、時に日本がしたよりきびしく沖縄人を取り扱った。米国のブルドーザーは、沖縄人が一世紀以上も骨身を惜しまずにつくった畑を、わずか数分間で踏みつぶした」

なおまた、新軍司令官のシーツ少将は、赴任後ただちに士気高揚に着手し、将兵にたいしては、「諸君は米国政府の無任所外交使節である」と訓示しつづけている。ギブニィ記者によると、シーツ少将は、米国は沖縄にたいして作戦上の関心よりもいっそう多くの関心をもっていると信じており、それはキリスト教国民の、他国民にたいする道義的責任である、と語ったという(『うるま新報』一九四九年一二月三日)。

なぜ米国をきらうか

では、その後、沖縄はどう変わったか。

ほぼ一〇年後、アメリカの有力雑誌『ハーパーズ』のバートン・ビッグズ記者は「なぜ沖縄人は米国をきらうのだろうか」と題する長文の記事を、同誌の一九五八年一二月号にのせた。そのなかで、ビッグズ記者は、米軍はすべてを尽くしたにもかかわらず、なぜ沖縄の人びとはアメリカをきらうのか。はたして沖縄で共産主義が勝利を得るのを防ぐことができるだろうか、とつぎのように自問する。

「もし金だけで住民の人気を獲得できるとすれば、沖縄の米軍基地は住民に望ましい居心地のよい関係を築きえたはずである。アメリカは沖縄に一〇億ドル以上も注ぎこみ、住民の生活水準は、アメリカ人がやってくる前の三倍に向上した。ところが、不幸にも七〇万沖縄人の大部分は、アメリカ人がきらいであり、しばしば憎みさえしている。

彼らはアメリカ人が沖縄から立ち去ることを望み、昨年行なわれた那覇市長選挙では即時日本復帰を主張する共産主義者の支持する候補者に票を投じた。昨春の立法院選挙では容共政党が四五％もの人気をかせいだ反面、親米政党は前の選挙で獲得した票数の半分以下に減らされている。

沖縄におけるアメリカの国防計画が焦げついているのは、その駐留権がはっきりしないためである。一九五一年に結ばれた対日講和条約は、アメリカを唯一の委任統治権者として沖縄統治を国連に要求する権利を認めているが、アメリカは、いまだかつてこのような要請をしたことがない」

ビッグズ記者は、アメリカが沖縄にいるかぎり、住民との関係を改善することは重要である。アメリカの不人気は、純軍事的なマイナスをまったく考えなくても、アジアにおけるアメリカの威信に、はかりしれない損失を与えるとして、つぎのように指摘する。

「沖縄人は、しばしば沖縄を貧乏な一県として扱い、容赦なく搾取する傾向のある日本人に恐怖と不信さえ抱いている。日本軍が撤退したとき残念がった住民は一部で、最初はある種の懸念が見られたが、問題なくアメリカ人は解放者として迎えられた。多くの面で、アメリカの占領が、沖縄人に、ある種の解放となったことは疑いない。

アメリカの衛生改善運動は、沖縄の幼児死亡率を七〇％から一〇％に引き下げ、陸軍と海兵隊は近代的道路や大学を建設した。沖縄に駐留したことのある兵隊は誰でも、アメリカ軍が沖縄の子供たちをパーティに招くとか、慈善事業などをとおして、沖縄の善意を得る努力をしてきたことを証言できるはずである。

アメリカの占領による物質的利益や日本との不幸な歴史的関係、アメリカが去らねばならぬとき、沖縄が経済的危機に見舞われるだろうにもかかわらず、沖縄人の大部分はアメリカ軍が一刻も早く沖縄から立ち去り、沖縄が日本の統治に復帰することを希望しているのは疑いないのである。なぜなのか」

ビッグズ記者は、こう反問し、みずから答えていう。

「その答は、アメリカ軍要員一人一人の態度と、司令官たちの政策の両方に求めることができる。両方とも悲しいことに、また残酷にも、沖縄人の感情、彼らの精神生活、伝統などにたいして無感覚だった。アメリカ人は、アメリカの生活態度を魅力あるものにするよう留意しなかったのである。

一九四五年、沖縄が占領されて以来、売春は一〇〇％ふえており、このような婦人は六万から八万人もいると推定されている。アメリカ人は婦人を見るとみな売春婦と考えがちである。ある地域では正しいわけだが、他の地域では婦人を侮辱し永遠の敵をつくる結果を招いている。

筆者が沖縄にいた昨夏には、倦怠しきった兵たちが、人種問題で毎夜町で暴力沙汰を起こし、黒人海兵隊員と白人海兵隊員の一団が、衝突して死人を出すという事態にまで達した。一九五六年八月には、遊興街のことで海軍と海兵隊が乱闘、その波は町から村へ広がり、およそ八〇〇人の兵たちが事件に巻き込まれ、その夏のアメリカ病院の患者は、三〇%ほどが街頭の乱闘事件で負傷した人たちだと報じられたほどである。

アメリカが沖縄にもたらした物質的幸福の問題について、あるアメリカの軍医が沖縄人の医者と議論したことがあるが、そのとき沖縄人の医者は、ピシャリと一言で言ってのけた。「あなた方は沖縄から結核を追い払ってくれました。しかしその代わりに魂の花柳病を持ち込んでしまったのです」と。

アメリカの軍事基地の付近を、夜少しでも歩いてみれば、沖縄人のこの考え方——つまりアメリカの持ち込んだ繁栄のために、沖縄人がいかに高価な人間性の代償を支払わなければならなかったかを、はっきりと理解できるであろう」

ビッグズ記者は、アメリカ軍将兵のむきだしの不作法や、そのために起こる好ましくない住民との関係もさることながら、アメリカ軍政府の最高責任者たちの浅はかで、無定見な施策も同じように責められるべきだ、ときびしく批判した。

「そのはなはだしい一例は、一九五七年沖縄の首都那覇市が、共産主義者である瀬長亀次郎を市長に選んだあと、アメリカ軍高等弁務官ジェームス・E・ムーア中将が新市長を免職にするとともに、永久的に公職から追放するために、選挙法を布令で改めたことである。沖縄人は、保守主義者たちでさえ、ムーア中将の高飛車な措置には侮辱されたと感じ、追放された瀬長は一種の殉教者となり、共産主義者たちは、かつて得ることのできなかったほど、強い各層の支持をそれによって獲得した。

私の知っている一請負業者は、その問題について典型的とも言える反応を見せた。すなわち、アメリカは沖縄に選挙権は与えはしたが、アメリカの気に入らない人が選出されると、法を変えてそれを退ける。これがアメリカのいう〝すばらしい民主主義〟というものだろうか。私も瀬長はきらいだが、つぎの選挙では彼の支持する候補者に一票を投じたくなる――と彼は言うのである。

事実、つぎの市長選挙ではアメリカの支持する候補者が共産主義者の支持する最左翼派の兼次佐一に敗れたのである」

アメリカの反省

長い引用となったが、この一文には、沖縄の「アメリカ像」が形成された諸要因が浮きぼりにされているように思われる。ビッグズ記者は、沖縄の不幸な事態を改善するには、何よりもアメリカ人が、地元住民やアジア人にたいする態度を変えることが急務で、たとえ沖縄の人びとの生活水準を引き上げる努力をしても、彼らの人間的尊厳を傷つける結果を同時に招くなら、善意を生み出すことはできない、と結論づけている。

アメリカ人自体が、アメリカの沖縄統治を批判しているのは、ほかにも少なからずある。クワード・E・マクレーン弁護士は、それ自体が違憲である大統領行政命令のもとで、米軍は沖縄を動かしていると言い、それは大統領がもっていない立法、または裁判所を設置する権限をも与えていることである、と述べている。

一九六〇年二月、メソジスト教会のカラデン・フーテン牧師は「本国はこんなものではない」と題して『タイム』誌へ投書、沖縄を売春大部隊の島と呼び、嘉手納基地内の風紀問題を批判、同空軍基地の司令官をワシントンに呼びつけるよう要請した(『月刊沖縄』一九六二年新年号)。

沖縄でのアメリカ人による人権侵害問題にたいし、当のアメリカ国民だけでなく世界の視聴を向けさせたのは、アメリカ人権協会会長ロジャー・N・ボールドウィン氏やロバート・スカラピノ教授らの活動によるものが多い。

むろんアメリカの国益中心の立場からとはいえ、また『ワシントン・ポスト』や『ニューヨーク・タイムズ』などアメリカの代表的新聞が、しばしば社説で沖縄問題について論評し、沖縄の早期日本返還について適切なスケジュールをつくるべきだと政府へ勧告していることも見のがせない。

沖縄の不幸な事態に抗議し、改革を要求する個々の善意のアメリカ人や団体は、少なくない。一九六八年八月、沖縄で原水禁国際会議が開かれたさい、アメリカ代表のウォルター・D・ティーグ氏は、大会へのメッセージのなかで、以前に嘉手納空軍基地に勤務しているあいだに、米軍の沖縄支配に疑問を抱き、退役後、自分が過去において、最もいやらしい醜いアメリカ人の一人であったことを反省し、反戦運動に加わったが、何らかの形で沖縄のために役立ちたいと、語っている。

虚像と実像

以上見てきたように、沖縄で民主主義と逆行する軍事優先の統治をしているのもアメリカ人なら、それを矯正しようとする面では、日本政府や本土の一般日本人以上に尽力しているのも、またアメリカ人である。だとすると、いったいアメリカの「実像」とはいかなるものなのか、といった疑問がおのずと出てくる。この問に答えるのは容易ではない。社会変化のはげしいアメリカに、スタティック(静的)な実像があるはずはないし、一〇年前のアメリカ像が今日のアメリカ像と同一だとはかぎらない。

マーガレット・ミードは「それぞれのアメリカ人の行動は、他人の行動を不完全につくりかえた合成物であるにすぎぬ。しかもこの他人なるものもまた、決して単一のモデルと呼びうるようなものではない。アメリカ人は、実は数えきれないほど多数のモデルの見よう見まねで自分の行動を形成しているだけのことだ」と述べている。

この点と関連して加藤秀俊氏は言う。

「アメリカ人は、モデルとしてのほんとうのアメリカ人の幻影を求めてみずから疑い、みずからをほんとうのアメリカ人に近づけるための模索をつづけているのだ。そしてこの模索が、多様なアメリカ人のなかに共通する一つの特徴なのである」

したがって、アメリカの実像があるとすれば、それは加藤氏が指摘するように「ほんとうのアメリカ人の幻影を求めて、みずからをそれに近づけようと模索するアメリカ人に共通な像」とでも言うほかなかろう。

アメリカで「自由」「民主主義」「アメリカ」といったシンボルが、国民のあいだでくり返し交換され、それによってアメリカ人意識が形成され、社会統合が達成されるにしても、それらのシンボルは、けっして現実に獲得され実現されたものではなく、アメリカ人の究極目標でしかない。

不完全な現実のうえに、この理想をかかげて、進んでやまない態度、つまりみずからの自画像を、他の国民以上につねに理想とないまぜにしながらつくる点にこそ、アメリカ人の特色があるのではないか。その意味で、ミードが「彼らはうそを言っているのではない。彼らはつねに理想を語っているのであり、アメリカ人にとっては理想が真実だ」と説くのも、あながちたんなる弁明ではあるまい。

アメリカ人の「実像」がいかなるものであれ、アメリカ人についての好悪の感情とは別に、現実に沖縄でのアメリカ像は、いかなるものか、二、三の例を紹介しよう。

地元新聞の記者からアメリカ人にたいする見方を聞かれ、野党第一党の社会大衆党委員長、安里積千代氏は、アメリカ人は概して正直であるが、ひとくちに言うと、単純でことばや物事の背後を見抜くことができない、と語っている。また同党所属のある立法院議員は「アメリカ人は、紳士的で性格的にものびのびしていて、個人的には好感がもてる。反面、アメリカ兵には、一般的に教養が低く、規律がない者もいる」と評している。

また元那覇市長の兼次佐一氏は「アメリカ人には尊敬できる者も多い。長所は、自然にふるまいユーモラスであること。短所は、彼らの政策と異なった意見をもつ者がいると、すぐ反米だと極めつけることと、沖縄住民にたいして優越感をもっていることだ」と語っている。

米軍の職場で働く一女性は、個々のアメリカ人は好きである。他人事に干渉したり悪口を言ったりしないし、給料が高いせいか鷹揚だからと言い、欠点は、物質的すぎること、たとえば何か事故を起こしたあと、すぐにこれを金で解決しようとする点がそうだと述べている。

一方、親米的な政府与党、自由民主党の幹事長星克氏は、こう評している。「正直だが単純である。世間知らずの坊ちゃんと同じだ。礼儀正しい反面、肩がこらないつき合いができる。勤勉である。個人主義が徹底していながら愛国心が強い。合理的である。反面、わがままで自分の意思だけをとおそうとする」

また、教養に富むある学生は、アメリカ人についてつぎのように批判している。

「彼らは、アメリカの精神的文化にしろ物質的文化にしろ、あるいはまた生活様式にしろ、あらゆるアメリカ的なものが、沖縄住民のよろしく模倣摂取すべきものであるという深い自信だけから、その宣伝普及に努めた。おかげで戦後の沖縄は、突然バターやチーズがあらわれ寝台が出現した。けれども、バターは味噌汁のなかに突っこまれたり、チーズはサツマ汁やご飯のうえにのっけられたりした。寝台のおかれた家屋は、蚊の多い茅ぶきのすきまだらけのバラックだった。

しかしこのようなちぐはぐさよりもさらに滑稽なことは、アメリカ的な考え方や合理的な生活様式の移入が、沖縄県民の現実的生活を度外視して行なわれたということであろう。たしかに彼らが宣伝する生活様式は、結構なものであるけれども、激戦の戦場と化して一切を失った沖縄県民のどん底的生活が、物質的な裏付けなしに合理化されるはずはない」（沖縄県学生会編、前掲書）

そのほかアメリカで教育を受けた者のなかには、アメリカ人の反知性主義に言及する者もいてさまざまだが、多くの人たちの見解からいくつかの共通点が指摘できよう。すなわち、長所としては、親切、善良、おおらか、フランク、合理的、勤勉、正直などがあげられ、短所としては、情緒がない、物質的すぎる、排他的、超愛国的、幼稚、人種的偏見がある、優越感をもっている、といった形容詞が共通して使われている点である。とくに優越感についてはほとんどの人が言及しており、これはおそらく異民族による軍事支配を受けているところからくる、自然の反応であろう。

ところで、注目に値するのは回答者のほとんどが、個人的にはアメリカ人にたいして好感をもっているが、アメリカの統治政策については、不満をかくさず、きびしく批判する態度をとっていることである。したがって、前に見たように世論調査の結果、アメリカ人はきらいだと回答した率が高いのも、沖縄の人びとにたいして、日本国憲法の適用を認めず、人間的尊厳と誇りを傷つけている稚拙な統治政策から結果したものと見てよい。

一九六三年に明治大学の沖縄調査団が、県内の九八六人の中・高校生を対象に戦後世代の意識調査をしているが、対アメリカ人観で、好きと答えたのが四・六％。沖縄のアメリカ統治について「民主的だと思う」と答えたのは五・八％で、七八・三％が「民主的でない」と答えている。

その反面、四割強の者がアメリカ留学を希望しており、アメリカ本国への関心は、そうとう強いことが分かる。それは、ひとつには、米陸軍が沖縄の有能な若人たちを対象とする、米国留学制度に力を入れ、アメリカの大学の卒業生に、米民政府や関連の公社、その他で重要な地位を与えてきた結果、米留学制度が、沖縄ではいわばエリートコースと見られているからでもある。

琉球政府の記録によると、一九四九年から六八年八月までに、九七九九人の沖縄の学生（うち、大学院課程五六三人、大学課程四一六人）がアメリカで勉学しており、これは、国費や各種の奨学金による日本本土への留学生が、一九四九年から六七年までに一九七三人でしかないのと対比して、きわだって目立つ数である。

また一九五〇年から現在までに、女性二〇人をふくむ三四七人の沖縄各界の指導者が、国民指導員としてアメリカを訪問している。このような渡米人口の増大は、沖縄のアメリカ像との関連で大きな意味をもつものと思われる。

東京大学沖縄社会調査団の『沖縄住民の意識構造』によると、アメリカにたいする社会的距離の近い層は、復帰についても段階的復帰を希望する率が高く、逆に距離が遠くなるにつれて、即時全面復帰を望む率が高くなっている。アメリカ統治の全体的評価について見ても、アメリカへの社会的距離の近い者は失敗と見る率が低く、社会的距離が日本本土に近い者ほど、アメリカの沖縄統治を失敗と見る率が高く批判的である。

この点からみると、アメリカの理解者、支持者を育成するねらいをもつと見られている米国への留学制度は、相当の効果をあげていると言える。もっともそれは、アメリカ本国での民主主義と沖縄での政策との極端な背馳を、文字どおり体験させることにもなり、いきおい沖縄におけるアメリカの軍政にたいする批判者を育てるという側面もないわけではない。

改善の基礎

すでにふれたとおり、もともと、沖縄の人びとのアメリカ像は、人種的偏見に根ざしたものでなく、これまで見てきたように、主として統治政策にたいする即物的反応として形成されたものだけに、政策の変更や個々のアメリカ人の態度いかんによっては、容易に好転する可能性もある。したがって、アメリカが沖縄の施政権を日本へ返したとき、はじめて正常な形での「アメリカ像」の形成が始まることになる。

地元の新聞が一九六八年に実施した世論調査の結果によると、沖縄の施政権返還が遅れている最大の障害は、原水爆を含む沖縄の基地だと述べている者が、三三％も占めて最も多い。しかしその障害を除去し施政権返還を実現する運動方法について聞くと、「米国の理解と信頼を深める」というのが八・四％、「米国の世論を喚起する」というのが一・四％なのに比べ、「反米運動を起こす」というのはわずかに〇・四％でしかない。それは、話せば分かってくれるといったアメリカ人にたいする信頼感が、まだ残っていることを端的に示しているように思う。

沖縄の立法院が、過去において、アメリカにたいする感謝決議を何回か行なっている事実も、アメリカの対沖縄、ひいては対日政策の変更いかんによっては、沖縄住民のアメリカ像、そして日本人全体のアメリカ像を改善する契機を与えるかもしれない。要するに沖縄での「好ましいアメリカ像」の形成は、一にアメリカ人自身にかかっているとしか言いようがない。

ところが、肝心のアメリカ人がアメリカ軍政下の沖縄の苛酷な事態について、あまりにも知らなさすぎるのである。各種の世論調査の結果からも分かるように、みずからの政府が現に統治している沖縄の本質的問題について、まるで無知な者が驚くほど多い。こうした実情は、日米両国の将来にとって不幸な事態を招来しかねないし、何よりもこれでは、沖縄に住む一〇〇万近くの日本人は浮かばれまい。私は一九六七年に、アメリカの有力新聞社を訪問したさい、それぞれの新聞社の資料室で沖縄関係のファイルを調べてみたが、その量が少ないことと時期遅れの情報や資料に、絶望感をいだかされたものだ。

このところ、沖縄の「アメリカ像」は、非好意的度合いをますます濃くしつつあり、沖縄社会の平安を願う人びとを憂慮させている。それは、アメリカが沖縄をB52爆撃機のベトナム攻撃の発進基地と化しているほか、コバルト60による港湾の汚染や、原子力潜水艦の沖縄寄港も、いちだんとひんぱんになり、基地公害を深刻化させているからである。

沖縄戦を身をもって体験した人びとは、戦争につながるいっさいのものに恐怖感と憎悪感をもっていて、戦争の要因をもたらす者にたいしては、半ば生理的な反発を示す。それゆえ、アメリカが沖縄のアメリカ像をより好意的なものに転換させるためには、まず何よりもベトナム戦争を止めるほかない。沖縄の人びとが恐怖し憎悪する核基地化が、現状のままつづくか、さらにはこれ以上戦乱がエスカレートしていくかすれば、もはや「沖縄のアメリカ像」は、いやしがたいほど悪化していくことは必定である。

一般アメリカ人が、沖縄問題、ひいては日本の問題について、ほとんど知らないことの責任の一端は、われわれ自身にもある。たとえば日本の三大新聞が、沖縄問題について社説や論評で論じていることが、同系列の英字新聞にのる場合には、しばしばトーン・ダウンされ、論点がぼかされている事実に注目したい。ダブル・トーク(二枚舌)は、アメリカ人が最もいみ嫌うことなのだから、論旨をもっと明確に、少なくとも、日本語による紙面での主張は、そのまま表明してほしいものである。

2　高等弁務官・人と政治

招かれざる客

一九六六年一一月二日の朝、沖縄駐留の米軍将兵や琉球政府首脳の待ちうける嘉手納飛行場に、T39型ジェット機が、東京から着いた。中から、三つ星の軍服を着てサングラスをかけた、面長で中背の一人の米人将官が、婦人を伴ってタラップを降りると、つぎつぎに出迎人とにこやかに握手を交わした。それから特設された歓迎台にあがり、米国国歌の吹奏についで一九発の歓迎礼砲を受けた。この人物は、琉球列島高等弁務官として赴任したフェルナンド・T・アンガー中将で、婦人はエミリー夫人。

しばらく後、米軍司令部のあるズケランの劇場で、アンガー中将は、軍官民七〇〇人を前に、彼が第五代目の施政権者となったことを宣言、正式に就任した。彼の到着から就任式までの模様は、テレビを通じて沖縄中に放映された。いったい、新高等弁務官は、どのような人だろうか。誰もが関心をもってテレビを見ていた。温厚な性格と柔軟な施政で知られたワトソン前高等弁務官が、どうしたのか突然、「解任」されたというので、県内の人びとは、無関心ではおれなかった。米国の政策が、ワトソン時代の「ソフトムード」から、強硬策に変わるのではないかと危惧されていたからである。

思いがけないことが就任式で起こった。国防長官の認証状の交付に先だち、一人の沖縄人牧師が、音吐朗々と祈りはじめた。「戦争の脅威の結果、沖縄は祖国から切り離されていますが、神よ、願わくば一日も早く世界に平和が訪れ、新高等弁務官が最後の高等弁務官になり、沖縄が本来の正常な状態に戻ることを強く希望します」

牧師の祈禱はしきたりとなっていたが、こういう祈りの文句は、はじめてであった。会場は、一瞬、しーんと静まり返った。祈りのことばはつづく。「……天なる父よ、沖縄には、一〇〇万の市民が生活しています。彼らのために送られてきた新高等弁務官をして、これら市民の人権の尊厳の前に深く頭を垂れさせたまえ……」

後述するように、折から、「裁判移送」問題で米側と沖縄側とが対立し、住民の不満は鬱屈していた。「よくぞ言ってくれた」と、誰もが牧師の祈りのことばを聞いて、心をゆさぶられた。日米両国で教育を受けた三三歳の若い平良修牧師の名は、その日のうちに沖縄中に知れわたった。彼の祈りのことばは、共同通信の電波にのって日本全土に飛びかい、『朝日新聞』が、社説で引用するほど多大の共感をよんだ。

かくてアンガー高等弁務官は、着任早々「神の名において」沖縄住民の意思を尊重するよう要請されたわけだ。

こうしたことは、過去二十余年の米国の統治下ではまったく例がないことだった。米民政府の役人は、平良牧師を起用したことの責任をおそれて狼狽した。そして彼の祈りは「政治的すぎる」とひどく立腹したようである。だが、当の平良牧師は、アンガー高等弁務官を、「重荷を背負う弱い人で、むしろ同情する立場にある」と言い、きびしい沖縄の現実に対処しなければならない彼を、励ますための祈禱であったと、割り切っていた。

たしかに、アンガー高等弁務官を迎える沖縄の情勢はきびしかった。赴任当日には、二八の団体から成る裁判移送撤回要求共闘会議の主催する、抗議県民大会が米民政府前の広場で開かれていた。前任者のときに持ち上がった裁判移送、新規土地接収、教育権の分離返還などの諸問題が、未解決のまま新高等弁務官の赴任待ちとなっていた。それだけに、アンガー高等弁務官の赴任ほど、住民から不安と期待をもって注目されたことはない。

地元の新聞が、「高等弁務官の更迭」とか、「ア高等弁務官に望む」、あるいは「新弁務官就任にさいして」と題して社説で論じたほか、本土の多くの新聞も、彼の赴任について論評した。どの報道や論評にも、ワトソン時代の「柔軟政策」が「強硬政策」に変わるのではないか、という懸念が表明されていた。

そうした不安には、それなりの理由があった。沖縄における米国政府の統治政策は、その施政権者が代わるたびに、きびしくなったり、ゆるくなったりだ。要するに、米国は硬軟両様の施策を交互に使い分けている、と見られていた。たとえば、初代のムーア高等弁務官による強硬政策時代、ついでブース高等弁務官のソフト政策時代、キャラウェイ高等弁務官の超強硬政策時代、ワトソン高等弁務官のソフト政策時代を経て、今度はアンガー高等弁務官の「強硬」政策の番を迎えた、というわけ。

地元の人びとのそうした不安をあおるかのように、ワシントンからの報道も新高等弁務官の着任は、ワトソン流の柔軟政策から、軍事基地の自由な確保をむきだしにした強硬策に転換する可能性がつよいと報じていた。

むろん、沖縄住民は、過去の体験から米国の基本的な軍事的目的が、一高等弁務官の更迭によって変わるものではない、ということはよく知っていた。にもかかわらず沖縄の最高権力者である高等弁務官は、無制限ともいえる強大な権力を行使できるし、権限の運用にあたっては、緩厳の決定も、彼自身の個性いかんによって左右されうるし、それが直接住民の生活に影響もする。そのため住民は、高等弁務官の更迭のたびに、一喜一憂させられるわけだ。

性格とその影響

アンガー高等弁務官は就任前から前任者とは経歴も肌合いもまるでちがうと取沙汰され、人びとをよけい不安がらせていた。つまり、ワトソン高等弁務官は、軍人とはいえ、ベルリン駐留米軍最高司令官として政治行政面でも経験者であるが、アンガー高等弁務官は行政家ではなく、生粋の軍事専門家で、会ってみただけでも軍隊一本やりで鍛え上げられた

「堅さ」が感じられる、とまことしやかに言われていた。

前任者のワトソン中将は、民意尊重につとめたというので、日本政府から勲一等瑞宝章を贈られたが、離任にさいし、「アンガー将軍はよく知っており、彼の手腕を高く評価する。高等弁務官としては、最適な人だ」と記者団に語った。同時に、彼自身の辞任が個人的なものである以上、沖縄における米国の方針には、まったく変更はないことも強調していたが、地元住民の不安を払拭することはできなかった。

アンガー高等弁務官の赴任を、統治政策の強硬化と結びつけ、もっとうがった見方をする者もいた。すなわち、ベトナム戦争の激化や中国の核武装など、軍事面の強化を必要とする客観情勢が一方にあり、それと関連するかのように知日派のエドウィン・O・ライシャワー前駐日大使が、アレックス・ジョンソン大使と入れ変わった。ライシャワー＝ワトソンの柔軟路線を、ジョンソン＝アンガーの強硬路線に変えるための措置だというのである。

このような住民の思惑を知ってか知らずにか、アンガー中将は就任のさい、「琉球の米軍基地の有効性を維持し、琉球住民の経済発展、社会福祉の向上のため、たゆまざる努力をはらうことを最重要任務としていく」と述べた。

アンガー高等弁務官は、人びとの危惧に反して当初の一年ほどは、「泣かず飛ばず」の態度をとった。その名前さえ忘れられかねないほどの低姿勢ぶりであった。民政より「軍事優先」という至上任務を担っているし異国の施政権者であってみれば、名前が知られないということは、むしろ賢明だという逆説も、沖縄ではなりたつ。現に、そのことは、アンガー高等弁務官が行政に巧妙だからだと高く評価する向きも少なくなかった。だが、問題はそれほど単純ではない。

アンガー高等弁務官の人徳、人柄のよさ、誠意といったものでは律しきれない冷酷な現実が、沖縄を包みこんでいたからである。そのために、彼の個人的資質や能力とはかかわりなく、異国から来た統治者は、いわば「招かれざる客」として、住民からの容赦のない批判の矢を受けざるをえない立場にあった。「自治にまさる善政なし」というわけだ。

つまり、沖縄の現状では、米国の基本政策を抜きにした高等弁務官の個人的評価は、なり立たないとも言える。しょせん、米国の軍事的基本目的と民政第一主義の住民の願望とは、相容れないからだ。軍事を最優先にする米民政府の政策の立場から、高等弁務官が民間人からではなく現役の軍人から選ばれる実情も、その点を明らかにしていた。

沖縄で、最高権力者は誰かと言えば、沖縄の「大統領」ともいうべき高等弁務官であることは言うまでもない。地元の新聞が「ほとんど無限ともいうべき権力の持主」と形容するほどだ。実際は、それほどでもなかろうが、ともあれ、日本政府が平和条約締結のさい、沖縄住民の反対をおし切って、沖縄の施政権を米国にゆずりわたし、その施政権を、じかに行使するのがほかならぬ高等弁務官だからである。

高等弁務官が「大統領」なら、さしずめ沖縄の「憲法」は、大統領行政命令ということになる。アンガー高等弁務官は、沖縄の施政権者であると同時に、在琉米陸軍司令官兼第九軍団司令官、それに太平洋方面最高司令官代理をもかねている。それだけに、文字どおり「オールマイティ」(全能)な権力者の印象を与えるわけである。ライシャワー前駐日大使でも、あるいは現在のジョンソン大使にしても、沖縄問題に関するかぎり、記者会見では常に口が固く、現地の高等弁務官の意向を尊重する態度を示す。ちなみに高等弁務官は、大統領行政命令によって、いかなる権限を与えられているかと言えば、大体、つぎのとおり。

高等弁務官は、その使命を達成するため、必要と認めるときは、法令を公布することができ、「米国および米国民の安全、財産に重大な影響があると認める」ときは、沖縄のすべての立法案を拒否し、すべての立法を制定後、四五日以内に無効にできる。また、いかなる公務員をも、その職から罷免することもできる。

さらに、高等弁務官は、刑の執行を延期し、減刑し、赦免をなす権限があるし、安全保障のために必要があれば、琉球列島におけるすべての権限を全面的にみずから行使することさえできる。もっとも、高等弁務官は、こうした権限を行使した場合には、ただちにその理由を付して国防長官に報告し、国防長官は、これを国務長官に報告するようになっている。それに、大統領行政命令は、高等弁務官が以上の権限を行使する場合、「沖縄住民の権利を尊重しなければならない」ことも明示している。
一九六八年二月一日、大統領行政命令の一部の規定が改正され、琉球政府の行政の長である主席の選出方法を、従来の立法院による間接選挙から「公選制度」に変えた。だが、肝心の行政主席の権限そのものは、米民政府のスポークスマンが、とくに指摘したように、従来のままで、制約つきの狭小なものでしかない。高等弁務官は、いぜんとして行政主席をはじめ琉球政府のいかなる公務員をも罷免し、立法も拒否する権限を留保しているのである。

主席公選制度が実施されても高等弁務官は、「みずから定める適当な期間内に、現職行政主席の後任者が選挙されない場合、またはその欠員をみたす者が選挙されない場合は、後任者が正式に選挙されるまで、行政主席を任命することもできる」のである。

ところで、高等弁務官は、どのような方法で選ばれるかと言えば、まず、国防長官が国務長官にはかり、大統領の承認を得て決める。沖縄は米国防省の管轄であるから、高等弁務官は、大統領行政命令の規定にもとづき、国防長官から委任され、与えられた、いかなる権限や義務でも代行できるしかけである。

さて、「生粋の軍人」として不安がられたアンガー高等弁務官は、当初から積極的に民意に溶け込む姿勢をみせ、住民をほっとさせた。彼は、就任したとき、沖縄女性の着物姿の美しさをほめたり、日本語の勉強を始めると述べたりして、ソツのなさを披露した。

そのせいか、松岡前行政主席に言わすと、「親しめる誠実味のある人」ということになり、長嶺元立法院議長によると、「かどのとれた円満な人」となり、上訴裁の仲松前首席判事からは、「決断力がある人」と、好評されるにいたった。

とはいえ、初印象が実像を裏切ることは、ままあることである。後でみるように「キャラウェイ旋風」をまき起こして畏怖された三代目のポール・W・キャラウェイ高等弁務官も、着任当初は、〝親しみの持てる人〟であったし、記者団からは歴代高等弁務官のなかで、〝日本側に最も好意的〟と好感をもって迎えられたにもかかわらず、離任の頃になると、誰よりも日・琉の離間策をはかった、と酷評されるようになった事実もみんなの記憶に新しい。

初印象の好悪がどうであれ、沖縄における高等弁務官の人物評価は、能力とか個人的性向のいかんより、むしろ在任中の事件の有無、つまり地元住民との関係いかんによって決まるとみて差しつかえない。在任中に、住民を刺激する事件が起こらないか、起こったとしても大きな事件でなければ、たとえ個人的には欠陥があっても高等弁務官の評価は高く甘くなるし、その逆なら評価は低く辛くなろう。

アンガー高等弁務官が、赴任したころ、東京大学沖縄調査班が、沖縄本島で一二〇〇人の有権者を対象にして世論調査をしたことがある。その結果によると、予想をこえて回答者の四二％が、アンガー高等弁務官の名前を知っていた。この結果からみても赴任当時は、それだけ新高等弁務官にたいする不安が強かったとも言える。

だが、その後彼は、その高い地位と絶大な権限をもつわりには、マスコミにもろくに取り上げられることもなく、またあまり日常の話題にもならなかった。そのことは、必要以上に住民から反発を買うのをさける意味では、「賢明」だったという証左になるかもしれない。事実、歴代の高等弁務官と比較してみると、その点、はっきりする。

ムーア時代の土地闘争

沖縄に高等弁務官制がしかれたのは、一九五七年六月に大統領行政命令が公布され、沖縄統治の責任者を従来の民政副長官から高等弁務官に変えて以来である。その結果、当時のジェームス・E・ムーア民政副長官が、そのまま初代の高等弁務官に任命された。高等弁務官制になったからといって、米国の沖縄統治政策が変わるものではなかった。

初代の「ムーア時代」は、就任前の民政副長官時代を含め、一九五五年三月から五八年五月までの三年余。米国と沖縄の利害の対立が、急激に表面化した時期である。すなわち、米占領軍は、沖縄に恒久的軍事基地を置くことになり、強制的な土地接収を行なったほか、米民政官による労組の認可制、原子兵器の配置、由美子ちゃん事件、沖縄側が主張する「土地問題四原則」を否定したプライス勧告の発表、基地経済に依存するコザ地区での米軍要員のオフリミット問題、土地問題にからむ琉大学生の処分、防共法制定の勧告、革新系の瀬長亀次郎那覇市長追放のための市町村長選挙法の改正、などが相ついだ。米国の強硬政策がきわだった時期であった。

これにたいし、沖縄側はかつて見られなかったほどの反発をみせた。立法院では、土地賃借料の一括払い反対や、土地問題四原則の貫徹を全会一致で決議して「島ぐるみの土地闘争」を展開。立法院、行政府、市町村長会、軍用土地連合会を中心に十数万人の沖縄住民が参加して、プライス勧告反対・軍用地四原則貫徹県民大会が開かれ、すべての政党や各種団体から成る「沖縄土地を守る会総連合」も結成された。

本土では日本弁護士連合会の人権擁護委員会が「米国の沖縄統治には人権侵害の疑いがある」と声明文を出し、地元でも人権擁護住民大会が開かれるなど、それまで無視されてきた人権問題が、急速にクローズアップされるようになった。それに伴い民主主義擁護連絡協議会も結成され、いわゆる「民連」ブームをまきおこし、追放された「赤い市長」瀬長氏の後任に、革新系の兼次佐一市長を当選させたのも、ムーア時代においてであった。

その頃とくに目立ったのは、土地四原則の問題とからんで、沖縄側は、立法院、行政府、市町村幹部、議員らが総辞職の決意を表明したこと。一方、米民政府では、「琉球政府当局者が土地問題で総辞職するなら直接統治も辞せず」と、態度を硬化させ、両者は真っ向から対立、それがきわめて先鋭化したことである。

そのような情況下で、「任命主席」として、任命権者の高等弁務官と住民との板ばさみになった比嘉秀平行政主席は、主席の役目は、米側と沖縄側の主張を調整する役目でしかないと、いわゆる「緩衝地帯」論を唱えた。だが、そのような弁明が、かえって任命主席は、住民にではなく任命権者にたいして責任を負う存在だということを露呈し、沖縄の人びとの不満に油をそそぐ結果となった。

名残りおしまれたブース

二代目のドナルド・P・ブース時代は、一九五八年五月から六一年二月半ばまで。ブース高等弁務官は、離任のさい、地元の新聞が、「さようならブースさん」、とか「お元気で、別れ惜しむ」といった見出しで報じたことに端的に示されていたように、施政権者としては珍しく親しみをもたれた。前任者時代の反動もあったろうし、その温和な人柄もさることながら、彼の在任中は、米国の強硬政策が軟化したことも見逃すわけにはいかない。

ブース高等弁務官は、就任あいさつで「住民の福祉増進につとめる」と語り、民意を尊重する姿勢を示した。が、それというのも米国と沖縄の激突は、米国側の軍事駐留の目的からいって好ましいものではなく、そのような立場からも、米国は政策転換を余儀なくされたと見てよい。

ともあれ、ブース高等弁務官は、立法院へのメッセージのなかで、「米琉協力体制をつくるためには柔軟性が必要である」と述べていたし、米琉双方が相手の主張を聞く必要性をも強調して、米政策の転換を物語っていた。もっとも、強硬政策が柔軟になったとはいえ、住民を刺激する種がなかったわけではない。米国の基本政策が変わらぬ以上、住民とのまさつはさけえないからだ。

ブース時代に、沖縄の通貨はB円からドルに切りかえられた。この時代の主な事件には、石川市での米軍ジェット機墜落事件、金武《きん》村での「悦子さん射殺事件」、ミサイル・ホークおよびメースB基地の新設、沖縄の核基地化、日米新安保条約の発効などがあげられる。

このような住民の反発を買う事件があった反面、ブース高等弁務官に有利な要素もあった。一九五四年以来の土地問題の解決、「赤い市長」の出現以来、凍結されていた那覇市への融資や補助金の再開、琉球開発金融公社の設立、銀行経営の改善、自由貿易地域の設置、プライス法(琉球経済援助法)の可決などは、経済界での彼の評価を高めたようだ。

そのほか、「新集成刑法」の施行を無期限に延期したことも、ブース高等弁務官にプラスしたが、また、彼の在任中に、米上院の外交委員会が「コンロン報告」を発表したことなども有利に作用したと思われる。コンロン報告は、沖縄の日本復帰を認め、文官高等弁務官による統治や主席の公選などを勧告していたため、「沖縄のバイブル」だなどとありがたがる政府役人も少なからずいたからだ。

一九五九年一〇月、保守系の民主党と新政会が合同して沖縄自由民主党を結成した。その結果、同党は立法院で、革新系の社会大衆党に代わって第一党となった。それに伴いブース高等弁務官は、不評を買っていた「主席の直接任命」制度を、立法院議員選挙で多数を得た党から任命するという「第一党方式」にあらためた。一歩、民意による選挙に近づいたわけである。

彼の柔軟な治政が功を奏したせいか、一九六〇年一一月の第五回立法院議員選挙では、前任者時代の民連ブームはいちじるしく衰退し、おまけに野党第一党の社大党が主席の座に色目を使うなどした結果、革新系の結束も乱れ、与党の自民党が二二議席を得て大勝した。革新系は、社大党がわずかに五議席、人民党一、無所属一で完敗した。こうしてブース治下では、自民党ブームが起こり、革新系政党の衰退と保守系政党の隆盛が目立った。

以上見たように、公的には、米国の強硬政策が再検討され、柔軟化したラッキーな情勢に加えて、ブース高等弁務官は、私生活の面でも一般の人びとに好感を与えた。彼は、地元の雑誌社の単独会見にも気軽に応じて、自宅の写真をとらせるなど、「親しめる人物」との印象を与えた。ブース夫妻は、東洋趣味をもち、自宅には日本式の庭園などもこしらえてあった。ブース中将は写真や釣りが好きで、夫人は生花に熱心だというだけでも、案外、点数をかせいだものだ。ちなみに彼らの自宅を訪問した雑誌記者は、「泣く子も黙る高等弁務官の素顔は、滋味あふれる素焼きのようだ」と書いているし、新聞記者からは、前に見たように「ブースさん、さようなら」と名残りを惜しまれたほど。

キャラウェイ旋風

ブース中将について三代目の「キャラウェイ時代」は、一九六一年二月から六四年八月までの三年六ヵ月で、最も長い。それだけに事件も多く、『沖縄年鑑』には「キャラウェイ旋風」の項目が設けられて特集されているほどだ。

アメリカ人としては、小柄なポール・W・キャラウェイ中将は、在任中、愛想のよい〝百万ドルのスマイル〟を絶えず浮かべながらも、その施政は、いかにも軍人らしく割切って、まるで容赦がなかった。そのため、よきにつけ悪しきにつけて、沖縄住民に彼の強烈な個性を印象づけ、歴代高等弁務官のうちで誰よりも名を売った。彼は、赴任のさい側近に、沖縄では民政六、軍事四の割合で仕事をすすめる、と語ったと言われるが、一年目は、各地に足を運んで「沖縄学習」に熱中した。それがすむと、いよいよ彼の強烈な個性を、施政のうえで発揮しはじめた。

彼は、「自分はどんな仕事においても一二〇%の完璧さを望む」と言い、毎日一四時間ほども執務して、部下から「仕事の鬼」として恐れられた。彼は、あらゆる書類にみずから目を通さねば気がすまぬ性格で、些細なことまで調べつくしていたという。それだけに、米民政府の高級役人の出す書類でも、不備があるとみじんも容赦せず、「なんだ、この文章の書き方は。もう一度、幼稚園からやり直せ」と突っ返したという。ちなみに彼は、大学時代には法律を専攻し、副専攻に英語を学んだようで、その面でも部下は彼に歯が立たなかったと言われている。

キャラウェイ時代は、米国が、国の内外で困難な情勢に直面していた時期である。

国際的には、東西の冷戦にともなう核軍備競争のほかに、ベルリンやキューバ危機、あるいは韓国、台湾、南ベトナム、ラオスにおける熾烈な民族運動の台頭があり、国内的にはそうした海外の情勢に対応するための軍事支出の膨張、インフレの進行、失業者の増大、黒人問題の悪化などで、政治の行きづまりが感じられ、それを打開するために、ジョン・F・ケネディ大統領の「ニュー・フロンティア」政策が打ち出された。

だが、米国の反共軍事政策の基本的性格は共和党時代とほとんどちがいはなく、目的達成の有効な手段を選ぶ点でより「寛容」だったにすぎない。したがって、ケネディ新政策によって、沖縄統治の基本性格が変わるはずもなかった。そのことは、アメリカの対外政策の遂行にさいし、「忍耐と冷静」を打ち出したケネディ路線にそうはずのキャラウェイ高等弁務官の施政が、「専制政治」と言われて問題になったことからも分かる。また、大統領行政命令で保障されている高等弁務官の権限が強大で、独裁をも可能ならしめたことからも明らかとなる。

キャラウェイ高等弁務官が赴任した頃の沖縄の情勢は、彼にとっては好ましいものではなかった。すでに親米的な保守党は強化され、与党から大田政作主席が選出されてはいたものの、それに反発した野党の社大党は、より急進的になり、いきおい与・野党の対立もいちだんとひどくなっていた。大田主席は、前から日米琉懇話会の設置を打ち出していたが、キャラウェイ高等弁務官は、これに冷淡で、結局、ジョン・G・アンドリック民政官によってこの構想は拒否された。

一方、一九六〇年に結成された沖縄県祖国復帰協議会は、彼の赴任後まもなく、日本政府にたいして沖縄返還の対米折衝を迫るとか、沖縄住民の国政参加を推進するといった運動方針をかかげ、復帰運動はかつてない盛り上がりを見せた。立法院代表は上京して、訪米前の池田首相にたいし、沖縄問題を日米首脳会談でとりあげるよう要請した。そのさい、代表一行は、「県民の第一義的希望は福祉の増進ではなく、施政権の返還である」ことを強調した。

翌年六月の池田・ケネディ会談も、沖縄住民の期待に応えるものではなく、日米共同声明は、施政権問題には言及せず、日米パートナーシップ(協調)をうたい上げたにすぎなかった。要するに、日米首脳は、日米が協力して反共体制を強化するため、沖縄住民の福祉増進をはかる点で合意しただけ。

自治神話説

キャラウェイ高等弁務官は、沖縄における米国の軍事的機能の自由が低下しつつあるとの判断から、米本国にたいし調査団の派遣を要請した。その結果、一九六一年一〇月に

「ケイセン調査団」が沖縄を訪れた。沖縄統治政策の効果的立案に役立てるため、経済、社会問題を調査するのがその目的であった。調査団の滞在中、復帰協主催の施政権返還要求県民大会が二度も開かれたほか、琉球政府と立法院は、ともに自治権の拡大、高等弁務官の拒否権の排除などを訴えた。

どういう理由からかケイセン報告書は、極秘扱いにされ、その内容は沖縄住民の知るところとはならなかった。米民政府の機構縮小と沖縄援助の増大、経済使節団の常置などを勧告したものだといわれていた。ところが、それを検討の過程で国務、国防両省の対立があり、せっかくの提案も、ほとんど実を結ぶにいたらなかった。

キャラウェイ高等弁務官にとって、がまんならないことは、ほかにもあった。一九六二年二月、立法院では国連の植民地解放宣言を引用し、米国の沖縄支配は、国連憲章違反であり、施政権を即時、日本に返還せよという趣旨の決議を、全会一致で採択した。しかも決議文は、日米両政府だけでなく、はじめて国連加盟各国へも送られた。日本政府の小坂善太郎外相は、「沖縄は植民地ではない」という見解を発表し、それが契機となって植民地論争がまき起こった。田中角栄自民党政調会長が、来日中のロバート・ケネディ米司法長官にたいし、沖縄返還の前提に日本の憲法改正、再軍備を提起してはとすすめ、国会で問題化するというおまけまでついたのは、その頃だ。

その後、ケネディ大統領は、「沖縄新政策」を発表、大統領行政命令は一部改正された。

だが、それは住民の期待からほど遠い内容のものでしかなく、むろん、米国の基本的な政策を変えるものでもなかった。わずかに立法院議員の任期が二年から三年に延長されたのと、行政主席の選出方法が、立法院の責任ある第一党から選んで任命するという従前の在り方から、立法院の指名にもとづいて高等弁務官が任命するという「指名制」に変わったのが、目立つくらいであった。

目新しい点では、高等弁務官の下に文官の民政官がおかれるようになったことであった。だが、キャラウェイ高等弁務官は、記者会見で「文官の民政官は、副高等弁務官ではなく、あくまで補佐役にすぎない」ことを強調し、民政官は実権のないことを明らかにした。事実、学者のシャーノン・B・B・マキューン民政官が赴任したが、何一つ権限はないうえに、軍人高等弁務官とはソリも合うはずはなく、任期を早目に切り上げて帰国したほどであった。

そのような事態が、キャラウェイ高等弁務官のアクの強さ、ひいては「専制者」としての印象を強く植えつけたとも言える。キャラウェイ高等弁務官は在任中、金融機関の強制取り締まりを行ない、役員の汚職や背任行為を容赦なく摘発させたほか、農業連合会や中央金融公庫などの手入れ、病院の検査、あるいは琉球政府の人事権にまで介入した。あげくは、一九六三年三月、沖縄の米留学経験者で組織されている金門クラブで「自治神話」説をとなえ、いちだんと悪名をとどろかせるにいたった。

一方では、アメリカン・エキスプレス銀行の免許改正、アメリカ銀行の業務拡大の許可、エア・アメリカの外資導入を認可するなど、住民の反対を尻目に強行したので、専制者としての印象をいっそう抜きがたいものにした。

その他、琉球政府が、立法院で審議中の減税案を彼の指示で撤回するにおよんで、住民は大っぴらに批判の声をあげはじめた。生活と権利を守る県民共闘会議ができ、高等弁務官支配にたいする抗議集会がくり返し開かれた。だが、施政権者の彼は平気で、宮古水道管理局を布令で設立するなど「直接支配」を強める一方であった。

たまりかねて、翌六四年三月には、親米的な政府与党の自民党でさえ、「ケネディ新政策の評価と将来の課題」と題する意見書を発表、そのなかでキャラウェイ施政を批判するようになった。だが、その後も布令、布告は出るわ、民立法案は廃案になるわ、立法案の事前事後の調整は強化されるわで、ついに琉球政府の瀬長副主席は、立法院で「自治は後退、タナ上げされている」と証言。その結果、主席公選運動は最高潮に達した。那覇市とその他の八市町村でもキャラウェイ施政批判、自治権の拡大、主席公選要求の決議が採択されるという騒ぎになった。

かくて、与党の自民党は分裂、反主流派は大田主席の退陣を求めて脱党し、あらたに民政クラブを結成、大田主席は辞表を提出した。本土政府も見かねたのか、野田総務長官が、ジョン・K・K・エマソン駐日米公使にたいし沖縄の政局を安定させるよう善処を要望する始末となった。こうした状況下で同年八月一日、キャラウェイ高等弁務官は更迭され、アルバート・ワトソン二世中将が赴任した。

ところで、歴代高等弁務官中、最高の知名度を得たキャラウェイ高等弁務官にたいする評価は、批判だけかと言えば、あながちそうとのみは言えない。金融機関の手入れなどが例示するように、沖縄側にも役員の背任行為など腐敗や落度も少なからずあった。そのため、一般庶民のなかには、むしろ彼の手入れに拍手した者も多かった。琉球政府がやれないことをやったからである。したがって、キャラウェイ治政への評価は、功罪相半ばするとさえ言われている。

このような事情からか、自民党の出した文書は、「キャラウェイ高等弁務官が、住民福祉のためと信じ、善意をもって政治を行なっていることは、分からぬでもないが、手続き面で民主主義理念から遠いものがある」と歯切れの悪いものとなっている。

ワトソンと裁判移送

ところで、第四代目のワトソン時代は、一九六四年八月から六六年九月までの約二年ほどである。彼は、赴任の途中、東京で池田首相らと会談し、ケネディ新政策による沖縄政策を推進、沖縄住民の意思を尊重することを表明した。これは、キャラウェイ路線の転換を示唆するものであった。

ワトソン高等弁務官の初仕事は、混乱した政局の拾収であった。彼は、すでに提出されていた大田主席の辞表の受理については、保守合同が先決だと強調して処理せず、就任二ヵ月目に保守党の協力をとりつけ、松岡政保主席の指名、そして任命に成功した。だがそれは、夜を徹しての指名工作であった。後述するように、立法院での松岡主席指名は与党の単独議会でなされ、しかも指名阻止のデモ隊と警官隊との流血騒ぎのなかで行なわれたのだ。ワトソン高等弁務官は、さすがに経験の豊富な行政官らしく、気軽に上京して佐藤首相と会い、沖縄問題で日米協力をとりつけるなど、前任者が日本色をきらったのとは対照的な動きを見せた。

彼は、一九六四年末には、党総裁の対米姿勢が弱すぎると自民党から脱けて自由党を結成した反主流派を、うまく元のさやにおさめ、沖縄民主党として保守合同も実現させた。翌年には、布令を改めて、琉球政府職員にたいする高等弁務官の人事権を廃止したり、「集成刑法」に規定されていた出版物の許可制を廃止するなど、その施政態度の柔軟さが目立った。だが、沖縄における米統治政策の基本線は、ベトナム戦争の激化とともに強固になりこそすれ、いっこうに弱まる気配はなかった。

ワトソン時代は、主席公選と裁判移送問題が、解決を要する最重要課題として登場したが、そのいずれも未解決のまま、急に高等弁務官が更迭されたのは、前にみたとおりである。ベトナム情勢も悪化し、沖縄から米海兵隊や航空ミサイル隊が南ベトナムのダナンに上陸したと伝えられ、人びとの戦争不安をかきたてた。そのようなとき、演習中の米飛行機からトレーラーが落ちて、少女を圧死させるなどの事件もあり、基地周辺の住民を不安におとしいれた。そのうち、B52戦略爆撃機が台風避難の名目で沖縄に飛来し、それが南ベトナムへ出撃するようになったため、住民は沖縄基地がベトナム戦争にじかにまきこまれるのをおそれ、抗議をくり返した。このように米側と地元住民とのまさつの種は、いつ果てるか見通しさえつかなかった。

一九六五年八月、佐藤栄作首相は、ワトソン高等弁務官の招待を受けて沖縄を訪問した。首相の沖縄訪問は、戦後はじめてで、それだけに大きな期待が寄せられた。だが、なんら佐藤・ワトソン会談も見るべき成果はなかった。本土政府の沖縄政策に抗議するデモ隊に道をふさがれ、佐藤首相はホテルにも帰れず、米軍基地内の貴賓用宿舎に泊ったため、いったいどこの国の首相かと皮肉られるしまつであった。

ところでワトソン時代は、主席公選要求がいちだんともり上がった。民意の高揚を無視しえなくなったのか、リンドン・ジョンソン大統領は、ふたたび大統領行政命令の規定を改めた。主席の選出方法は、従来の「指名制」から「立法院による選挙」に変わったのである。この改正による主席の選出は、一九六六年三月になされたが、このときも野党が立法院での「間接選挙」をボイコットしたため、与党単独で行なわれた。こうして、阻止団と警官隊の再度の流血騒ぎのなかで、松岡主席が再任されたのである。

ところで、ワトソン時代を特徴づけるのは、何といっても「裁判移送問題」であった。沖縄の裁判所で審理中の事件を米側が民政官書簡を出して、米民政府裁判所へ移送するよう命令した。日頃、冷静な法曹人が、ただちにその撤回を要求する決議をしたのを皮切りに、一般民衆の抗議も相つぎ、やがて移送問題は、大事件となった。

立法院は、移送命令が民主主義に反し、沖縄住民の裁判権を侵害するものだとして、その撤回と司法自治の拡大を要求する決議をした。しかしワトソン高等弁務官は、これを拒否した。彼は、テレビを通じ琉球政府裁判所が米国布令を無効とする判断を容認すれば、米国の「琉球における義務を無視することになる」と述べた。その結果、琉球政府職員にたいする高等弁務官の人事承認権の規定を廃止したほか、多くの布令・布告を廃止するなどして、ソフトムードを印象づけた彼のイメージも消え去った感があった。やはり、米統治者の本質は変わらないんだ、という声が、与党のあいだでさえ呟かれていた。

そのようなときに、森総理府総務長官が沖縄を訪れ、教育権の分離返還を非公式に提案した。そのさい、ワトソン高等弁務官は、森長官にたいし、裁判移送命令の合法性を強調したと伝えられた。施政権者として、沖縄側が布令・布告を審査するのを見逃すわけにはいかない、と考えたのかもしれない。

基地と施政権の分離の問題について、ワトソン高等弁務官は、一九六四年一一月、沖縄のテレビ、ラジオを通じてつぎのように反対の意向を明確にした。

「沖縄基地の規模が、琉球経済の主要な部分を形成していることからも、基地の行政を、その他の琉球の行政面から分離することはむずかしい。われわれの基本目標は、軍事基地の効力を維持することであり、施政権の分離はこの目的を助けるものではなく、それを弱めることにしかならない」

裁判移送をめぐる騒ぎの渦中で、突然ワトソン中将の辞任が発表になり、住民は狐につままれた格好となった。彼の辞任はあくまで「個人的なもの」と強調されたが、みんな首をかしげるだけだった。

ワトソン高等弁務官は、在任中、地元住民といっしょにゴルフをやるなど、つとめて打ちとけようとしたようだが、その柔軟な態度のわりには、人気は出なかった。むろん、誰もかれもが、高等弁務官とゴルフができるわけではない。一部の財界人とのつき合いで、庶民とは無縁だったとも言える。奇妙と言えば奇妙だが、専制王とまで言われたキャラウェイ高等弁務官のほうが、一般にはかえって人気があった。その考えや態度が明確なだけにやりやすかったというわけである。

米民政府の役人が、いみじくもこう評したものだ。「笑っていて人を切るようなのは、始末が悪い」と。政府与党内でも、彼はソフトムードだが、その考えがよく分からないと、人物評はかんばしくなかった。もっともその裏には、年々、民衆の権利意識が高まってくるにつれ、沖縄のいびつな情況への反発から、統治者にたいする点数がからくなってきた事情があったことも見逃せない。

アンガーの功罪

さて、アンガー高等弁務官は、前に述べたように就任以来、いわば「音なしの構え」で施政に当たってきた。「誠実な人」だという評は、彼を知っている人びとの一致した見方のようである。あまり表面に出ないところから、「もっと思い切ってやってもいいのではないか」という声も、米民政府職員や与党のあいだにあった。

だが、アンガー高等弁務官は、前任者から最重要課題として引きついだ「裁判移送問題」も一応片づけた。第二の裁判移送問題にもなりかねなかった「教公二法問題」も、与党側の譲歩でどうやらおさまった。アンガー時代は、最初の一年半ほどは、比較的紛争の種は少なく、どちらかと言えば彼はラッキーだった。

おそらく今後、彼の治政と関連して特記されるのは、主席公選問題であろう。彼は、歴代のどの高等弁務官もがふみ切れなかった、主席公選を実施にふみ切った。むろん、実施にふみ切った背景には、それを促進する客観情勢もあったことは否めないが。米民政府を那覇から牧港へ移したのも彼の功績とされよう。

従来、米民政府は、琉球政府の建物の三、四階を占め、いかにも「政府の上に政府がある」といった沖縄の情況を象徴していると悪評紛々であった。それを彼は、沖縄側に明け渡したのである。

また、従来、高等弁務官が任命してきた琉球上訴裁判所の首席判事をはじめ、上級裁判所判事の任命権も、琉球政府の主席に委譲した。いずれも当然のことであり、住民の多年の要望であったが、これまで実現できなかった。それだけに、これらの処置は、アンガー高等弁務官の功績として、彼の株をひき上げたと言ってよい。

言うまでもなく、このような重大な変更は、米国統治政策の戦術的転換によるものではあろうが、沖縄政策に関するかぎり、八〇%ほどまでが現地の高等弁務官の進言によって決まると言われている。したがって、アンガー高等弁務官独自の判断があり、努力もあったと見る向きが多いからだ。

アンガー高等弁務官は、ペンシルバニア州ピッツバーグに生まれ、五四歳。ウエストポイント陸軍士官学校と陸軍参謀統帥大学を卒業した後、コロンビア大学で学び、さらにワシントンDCの国防大学も卒えている。一九四五年から四七年までフランスとドイツで歩兵師団と野戦砲兵大隊長を歴任。二年ほど韓国で勤務した後、本国へ帰って五七年までオクラホマ州の陸軍砲兵学校に勤めた。

その後、パリの欧州連合軍最高司令部につとめ、六〇年には、ドイツで第三歩兵師団砲兵部隊の司令官になった。翌年、第三陸軍の参謀長となって少将に昇進。同じ年にワシントンに帰って参謀本部作戦局長に任命され、六四年には、太平洋米陸軍第七歩兵師団司令官に就任した。翌六五年にバージニア州の米大陸方面陸軍司令部付要員訓練参謀次長として勤務中、六六年一一月に琉球列島高等弁務官に任命されたのである。

エミリー夫人とのあいだには二人の子供がいるが、沖縄では夫人と二人暮らしであり、地元雑誌社に私生活を開放するようなことはなかった。

最後の高等弁務官

アンガー高等弁務官の以上の経歴からみても、軍歴の比重が圧倒的に大きく、それだけに沖縄での行政には慎重そのもの、民意の動向にはことのほか気を配ってきたようだ。

主席公選の実施にしても、赴任以来、あらゆる情報網を駆使して情報を分析したようで、勝算があってのことであったろう。だが、選挙直前の世論調査の結果で明らかなように、野党支持が増大しつつあったので、いわば彼には一種の賭けにもひとしかった。親米的ではない主席が誕生することも予想され、そうなった場合の責任は重大だったからである。

彼は、精力的に政党代表や、各界の指導者とも会っていた。それもたんに親米的な人びととだけではなく、米政策に批判的な野党代表はもちろん、教職員会や労組代表とも話し合ったようで、その点に関するかぎり好評であった。

とはいっても、米国の基本政策の遂行にはみじんも逡巡したり容赦はしなかった。一九六七年一一月の佐藤・ジョンソン会談の結果、沖縄と日本本土との一体化を促進するため高等弁務官にたいする日米琉諮問委員会ができ、すでにそれぞれの代表が何十回かの会合を重ねていた。だが、この委員会では、沖縄住民が期待したような政治問題の討議はなされない、と高等弁務官は宣言してはばからなかった。

また、ベトナム戦争との関連で急激にクローズアップしてきた「B52の沖縄駐機問題」でも、一歩も引かない強硬な態度を見せた。翌年三月四日、政府与党の自民党幹部との会見で、アンガー高等弁務官はB52撤収問題について、つぎのように釘をさしたという。軍事基地の使用について地元住民と話し合う必要はない。沖縄基地の特性は、誰にも拘束されることなく自由に使用できることで、その特性をそこなうことは絶対にできないと。彼は、情勢の変化があれば、B52の撤去もありうると語ってもいた。だがまた、新聞報道によると、沖縄は、米軍が駐留しているかぎり、「東洋で一番安全な地域である」と言明したともいわれた。

こうした発言が、第二次大戦の傷痕から十分に立ち直っていない沖縄の人びとに、どれほど説得力をもちうるのか、当然疑問視する者も多い。このような発言には、米国の利益を代弁する高等弁務官としての彼の立場と、ライシャワー前駐日大使の言う「半植民地状態のもとにおかれている沖縄一〇〇万日本人」の立場との本質的ちがいが、浮きぼりにされているからだ。

アンガー高等弁務官は、就任のあいさつでこう述べた。住民が望むものと米側が望んでいるものには差違があるし、今後もあるだろうことを認める。しかし相互の立場を心から尊重し、真の協力を誠実に行なえば、相違点は最小限にとどめうるし、各面ですべての人が満足するような効果的な協力関係も、維持していくことができると信じている、と。

だが、ことばどおりに実行することは、難事中の難事であろう。沖縄側で、戦後二四年間も、異民族の軍隊による支配という不自然な状態を強いられてきたことを納得しないいま、真の協力が生まれようはずはないからだ。

折りしもライシャワー教授をはじめ、知日派の米国人は、沖縄問題が安保問題ともからんで日米協力体制を破壊するのを恐れ、一九七〇年までに施政権を日本に返すか、少なくともその時期を明示すべきだと主張して、沖縄側から歓迎されている。

だが、沖縄統治に関するかぎり、最終的には、施政権返還が達成されないかぎり、もしくは米国の政策が根本的に変わらないかぎり、何をしても真に沖縄の人びとを満足させることはあるまい。いかなる善政をしこうが、高等弁務官の人物評価は、その個人的能力や魅力とはかかわりなしに、米国自体の政策によって決まる。その意味から「最後の高等弁務官」になるのが、最も幸運な高等弁務官たりうるのである。

ランパートの登場

一九六八年一一月一〇日、住民待望の主席公選が実施された。その結果、革新共闘側の統一候補・屋良朝苗氏が、政府与党側の候補をおさえて大勝した。

革新主席の誕生は、日米両政府にショックを与えたが、おそらく誰よりも衝撃を受けたのは、アンガー高等弁務官だったろう。だが彼は、武人らしく沖縄住民の判定を受け入れ、本土政府よりも先に、新主席に祝辞を寄せ、協力することを表明した。革新主席の誕生で、高等弁務官がどう出るかとその態度が住民から注目されていただけに、彼の公正な態度は好感を与えた。

ところが、アンガー高等弁務官にとって、さらに不幸な事件が起こった。同年一一月一九日、嘉手納飛行場でB52が墜落、爆発したのだ。住民が最も恐れていた事態が現実となったのである。高等弁務官がいかにオールマイティでも、飛行機の事故を防止することは、不可能である。翌二〇日、クリフォード米国防長官は、アンガー高等弁務官を更迭し、後任にジェームズ・B・ランパート国防副次官補(中将、兵員問題担当)を任命すると発表した。国防総省スポークスマンは同夜、高等弁務官の異動は「全くの定期異動だ」と、ことさらに強調した。

ワシントンからの報道は、更迭の意味は一つには屋良革新主席の誕生に示される住民の復帰要求の高まりや、B52爆発によって緊迫した政治情勢に、政府当局が対処するための布石であると報じた。いま一つ、ベトナム戦争終了後の朝鮮を中心とするアジアの新しい限定戦争にたいする備えを、沖縄を中心に固める、という狙いからだと解説した。つまり、そのために歴代の高等弁務官とはちがって、政府の中枢ポストにいた現職の国防副次官補を起用したというわけ。

これについて日本政府外務省は、つぎのような見解を表明した。すなわちワトソン高等弁務官が、アメリカの国益を日本のそれに優先させて議論したのにくらべ、アンガー高等弁務官は、誠心誠意、日米琉三者の友好関係に尽力した。アンガー高等弁務官の更迭を惜しむとともに、ジェームス・B・ランパート新高等弁務官の施政方針も、アンガー路線から離れることはないだろう、と(『沖縄タイムス』一一月二一日)。

だが沖縄では、ランパート中将が、かつて原爆製造計画に参加した経歴の持主だというので、沖縄の核基地化を強化する狙いをもっているのではないか、と野党や民主団体は一様に警戒気味であった。

当のランパート中将は、就任後、屋良朝苗新主席とも仲良くして、日米琉の真に緊密な関係を増進したい、と言い、さらにつぎのように述べた。

「これからのアジア情勢や沖縄問題が、重要で微妙なものであることは知っている。戦争中、マンハッタン計画(原爆製造計画)に加わったことはあるが、その後の米国核戦略については、直接関係していない。沖縄の施政権返還の問題、返還の見通しについて述べるのは、私の権限外のことで、これから日米両政府が話し合う問題だ」(『琉球新報』一九六八年一一月二二日)

ところで、ランパート新高等弁務官は、ワシントン州出身で五四歳。一九三六年に陸軍士官学校を卒業後、名門のマサチュセッツ工科大学から土木工学の修士号を受けたほか、四〇年には米陸軍技術学校を卒業。四六年から翌年にかけて原爆製造のマンハッタン計画に参加、さらに五二年から五七年のあいだ、米陸軍とAEC(米原子力委員会)の共同の原子力計画に参画した。

五八年から二年間、南ベトナム駐在軍事援助顧問団長をつとめ、六三年には、米陸軍士官学校長に就任。その後国防総省で、兵員担当国防次官補をつとめてきた。六六年に中将に昇進しており、従来の高等弁務官が就任と同時に中将に昇進したのとちがい、経歴が上位である点からも注目された。

「七〇年安保」に向け、沖縄をとりまく情勢が激動しつつあるとき、新高等弁務官がいかにすぐれた武人であり、行政官であっても、もはや沖縄県民の意思と願望とを無視しては、何ごとも行ないえないだろう。そのことを、正確に把握しうるかいなかが、新高等弁務官の力量を測定する決め手になりそうだ。沖縄住民と高等弁務官の地位が逆転しつつあることは、疑いようがないからである。おそらくランパート高等弁務官は、「最後の」高等弁務官として弁務官政治の幕引きをするにちがいない(事実、その通りになる)。

第四章　醜さの根源

1　琉球処分の実相

なぜ歴史を問うのか

『醜い日本人』が一九六九年に刊行された時、この第四章では、「沖縄・自由への道」と題して、戦後沖縄民衆の歩みを記した。沖縄戦の犠牲の上にさらに核基地まで抱え込まされ、異民族軍政下におかれたこと、前章までで述べたそれらの差別的処遇を、沖縄の民衆は少しずつ克服して、一九六八年一一月、初めてみずからの首長をじかにみずからの手で選出した。長年の懸案だった主席公選制を実現させ、屋良朝苗《やらちょうびょう》革新主席(知事)を誕生させたのである。米軍政府の任命によるのではなく、自分たちの意志を反映させた首長を、との希望は、非常に切実なものがあった。また、国政に参加して、みずからの運命にかかわる政治を、みずからの手に取り戻したい、という願望も、ようやく高まりつつあった復帰運動に内実を与えその勢いを支えていた。沖縄民衆はたしかに「自由への道」を歩みはじめていたのだ。

あれから三十余年がたった今、沖縄は復帰を果たし、国政にも参加した。当時は学問の場に身をおいていた私自身が、九〇年に入って県知事として自治体の首長の責務を経験することにもなった。新版とするにあたり、前著で記した「沖縄・自由への道」にその後の沖縄民衆の歩みを書き加えるというやり方もあったかと思うが、あえてそうはしなかった。

日本は民主主義を標榜してはいるが、沖縄の抱えるさまざまな問題は、国会の場においては少数者の問題(ちなみに七五二人の国会議員中、沖縄選出は八人)、「国」という大きな全体の前にいまだに犠牲を強いられているのが現状だ。法の番人といわれる最高裁も、軍用地の強制使用にかかわる代理署名拒否訴訟で、平和的生存権が侵された状況にある沖縄の立場を汲むことはなかった。

国会が国権の最高の議決機関であり、政府が最高の行政機関、かつ最高裁が最高の司法機関である以上、これら三者の沖縄・沖縄人にたいする施策やいわゆる「沖縄問題」にたいする対応の仕方は、沖縄の人々の幸・不幸をじかに左右する。しかし不幸にも、一六〇九(慶長一四)年の「薩摩の琉球侵略」は、言うに及ばず、明治政府による「琉球処分」以来、今日にいたるまでの中央政府の対沖縄政策は、いかなる意味でも、けっして好ましいものではなかった。

その淵源《えんげん》を徹底的に問わない限り、中央政府・日本人が「沖縄問題」を理解し克服することはないのではないか、知事としての経験が、逆にその思いを強めさせたともいえる。本章を新たに書き下ろすにあたり、沖縄民衆から中央政府・本土日本人に視点を移し、歴史を問うた理由もそこにある。

しかも、後で見るとおり、戦後、沖縄の人びとが直面させられてきた解決困難な軍事基地問題にしても、異民族軍隊との間の裁判問題にしても、さらには戦後沖縄における最大の問題たる民有地の強制収用(使用)問題にしても、すべては、日本政府が悪しき先鞭をつけたものばかりだ。沖縄の人びとが情なく思い、不満をつのらせているゆえんだ。

さる沖縄戦で、米軍は、こうした歴史的背景を踏まえ、日本軍と地元沖縄住民との間に「心理的亀裂」が潜在すると判断、これを顕在化、拡大せしめることによって、戦闘を有利にすべく巧妙な心理作戦を展開した。そして予期した以上の成果を収めたと自賛したほど。

『ニューヨーク・タイムズ』紙の著名な軍事記者、ハンセン・ボールドウィンは、沖縄戦について、「醜さの極致だ。それ以外にどうこれを表現しようもない」と報じた。ここでは、その醜さの内実についてふれるゆとりはない。が、おぞましいほどの醜さをもたらした張本人は、日本政府・軍部であり、とりわけ政府の沖縄・沖縄人への対応の仕方にあったといってもあながち過言ではない。しかし、本土の人たちの多くは、その事実さえ知らないし、知ろうともしない。以下、それらの歴史的史実について、大まかに振り返ってみよう。

「薩摩の琉球入り」の影響

一七世紀中ごろの「薩摩の琉球入り」と、それ以後の沖縄にたいする薩摩の苛酷な植民地支配についての見方や評価は、必ずしも一様ではない。

「沖縄学の父」と称される伊波普猷《いはふゆう》は、薩摩の琉球侵略に手厳しい批判を浴びせた一人だ。彼は言う。慶長の役以前の琉球人は、それ以降の琉球人に比較すると、ほとんど別人種ではないかと思われるほど、自主の民として何らの制約も受けずに存分にその天稟《てんぴん》を発揮して活動できた。しかるに慶長の役以降の琉球人は、三〇〇年間奴隷的生活に馴致された結果、致命傷を受け、独立自営の精神が甚だしく減退しただけでなく、自由という観念さえ失ってしまった、と。

つまり、伊波は、「薩摩の琉球入り」は、沖縄人にとっては、空前の大悲劇であって、それ以来、沖縄人は、自ら働いて得た利益を薩摩によって思う存分に搾り取られて、ただ食うためにのみ生きている有様で、その時に被った痛手は心的傷害となって、今なお彼らを悩ましている、というのだ。

しかも、薩摩の琉球侵略の動機は、利にさとい薩摩の政治家が、鎖国下にあった日本では長崎以外の地ではいっさい外国貿易ができなかったにもかかわらず、琉球の位置を利用して日支貿易という密貿易を営むべく企んだ、というわけ(1)。

一説によると、三〇〇年にわたって薩摩が琉球から収奪した土地税は、全収穫の一〇%に相当する八六〇〇万石だという。

それとは別に、薩摩は、琉球の特産品の砂糖に目をつけ、最初は琉球王府に銀九〇〇〇両を貸し付け、この借金の条件として砂糖の私的売買を禁じて独占販売権を獲得した。その上、琉球が年々薩摩に納める貢米の三九八〇余石(五〇%)を砂糖で代納させることにした。一方、薩摩は、鳩目銭という硬貨をつくって琉球に与え、それでもって砂糖を購入した。そして鳩目銭が減少して流通に不便をきたすようになり、琉球王府がそれを新しく鋳造することを要求した機会をとらえ、すかさず鳩目銭との相殺を条件に、砂糖の一手買入権を獲得した。

このようにして薩摩が入手した琉球糖は、およそ八七万斤で、金額の八〇%、その代銀は、二二二貫(一〇〇斤につき三五匁の価格)におよんだという。薩摩は、これを大阪市場で転売して巨利を得た。ちなみに薩摩が取り扱った砂糖の量は、天保年間の一〇年間にじつに一億二〇〇〇万斤、その代銀は一四万一〇〇〇貫に上った。こうして薩摩は、二〇年間に一〇〇〇万両を獲得して明治維新に備えることができたという次第である。(2)

周知のとおり、一六三九(寛永一六)年から始まった日本の鎖国下では、幕府の官営貿易の唯一の開港場の長崎以外では、琉球だけが外国貿易を認められていた。しかし、大阪市場での外国商品は、琉球が中国から持ち帰った品物の声価が高く、幕府の貿易に大きな打撃を与えた。それだけに薩摩は、琉球を通じての海外貿易の拡大に力を注いで莫大な利益を手にしていたのである。

だが、そのこと以上に伊波普猷らが口惜しがったのは、「薩摩入り」によって琉球の固有文化が消滅させられた結果、沖縄人の生き方そのものが否定されるにいたったことだ。伊波は、こう語っている。

「尚真王(一四七七―一五二六)の中央集権時代から慶長役にいたるまでのおよそ一世紀間に、琉球人は、漢文や琉球文で石碑の碑文を書くなど、自国語を尊重し、「言霊《ことだま》のさきはふ国」と誇った日本民族でさえ為さなかったことをやった。ところが、自国語で以て万事を記すべく自覚していた琉球人は、島津氏に征服されて日本文を採用することを強いられたが為に自国語を使用する機会を失い、やがてほとんど使わなくなった。

国語は、民族の呼吸であるにもかかわらずこうして〝薩摩入り〟以後、自国語を失ったが為に南島人の呼吸は苦しくなり、あげくは三十字詩によってわずかに自己を表現したのは吃りの呼吸にもひとしい。

もし島津氏の琉球入りなるものがなかったとしたら、オモロも化石みたようなものにならずに、どこに出しても恥ずかしくない詩にまで発達していたであろうが、折角、美しい自然を与えられてその揺籃《ようらん》の中で、すくすくと生長してきた文芸が、悪制度の為に踏みにじられて枯死したのは、惜しみてもなお余りあることである(3)」

その一方で、薩摩は、しばしば琉球を外交上の防波堤として利用した。琉球は、一八五四(安政元)年七月にアメリカのマシュウ・C・ペリー提督に強要されて琉米修好条約を結んだのをはじめ、翌一八五五(安政二)年一〇月には、フランス艦隊のゲラン少将と琉仏和親条約、さらに一八五九(安政六)年六月には、オランダとの間でも和親条約を締結した。

そのような背景もあって薩摩藩主島津斉彬《なりあきら》は、琉球にたいする支配的地位を背景にして琉球を外交上の防波堤に利用しようと図ったわけ。彼は、一八五八(安政五)年一月、軍艦や鉄砲の購入を企てたうえ、航海を指南してくれる外国人を招聘することを腹心の市来正衛門に命じ、琉球に滞在中のフランス使節を通じて交渉せしめた。彼は、また、琉球を通じてヨーロッパの近代科学技術を取り入れるために、薩摩の若者たちを琉球人に変装させてイギリスやフランス、アメリカに留学させ、砲術や航海、造船技術などを習得せしめようと図ったりしたという(4)。

歴史家の直田昇は、薩摩が版籍奉還のことを早くから天下に唱導しえたのは、このように薩摩が海外の情勢を知る唯一の藩国であったからだとしていう。「それというのも、薩摩が海外の情勢について遂一沖縄から報知を受けて世界情勢を知っていたからで、こうして見ると、維新の光は沖縄からと言わねばならぬ(5)」

この点についてては、伊波普猷も同様の見解を述べている。

「死者に死者を葬らせよ! 琉球人は徒《いたず》らに過去の不運に対して愚痴をこぼすに及ばない。諸君は過去における琉球の奴隷制度が新日本のために縁の下の力持ちになったということを知らないか。

薩摩は、三百年来琉球という宝庫を控えたればこそ、一藩の財政はいつでも欠乏を告げたが、絶えず琉球によって、これを補充し、増殖していって、長州と雁行して維新の大革命に貢献することができたではないか。実に、薩摩武士が強かったばかりでなく、琉球からの黄金が大事業の基礎をなしたのである」[6]（傍点は引用者。以下断りがない限り同じ）

廃藩置県の特殊性

近年、沖縄の近・現代史の研究も著しい進展を見せているが、とくに「琉球処分」についての研究の深化はきわだっている。

沖縄大学の安良城《あらき》盛昭《せいしょう》教授は、琉球処分には、日本本土の諸府県における廃藩置県一般と一括しては論じられない独自性＝特殊性があるといい、それを四点に要約している。彼はその二点目で、つぎのように述べている。

「本土における廃藩置県は、各藩それぞれが千差万別の異なった内情をかかえていたにもかかわらず、そしてまた、薩長土三藩から供出された歩騎砲三兵合計八千名の親兵＝中央直轄軍の軍事力の存在を背景として実現されたとはいえ、ともかく、表だった反対＝反抗なしに平和裡に実現されたところに一つの特質が存在するのであるが、琉球処分はこれとことなって、戦火こそ交えなかったが、明治政府の軍事力・警察力の行使による強圧によって、琉球藩庁主流の反抗を押しきって強行されたところに、その特殊性がよくうかが

われるのである」(7)

明治政府も、さすがに上からの強権的処分に気が引けたのか、いくどとなく「やむをえずして処分したのだ」という趣旨のことを公言している。松田道之処分官が一八七九(明治一二)年三月二七日に出した「旧琉球藩下一般の人民に告諭す」という声明は、その一例である。この告諭は、「そもそもこの琉球は、古来、わが日本国の属地にして藩王始め人民に至るまで皆共に本邦天皇陛下の臣民なれば、其政令に従わざるべからず」と宣言し、その趣意を再三、琉球側に下達したにもかかわらず、「藩王においては其使命を奉ぜず、不遜の奉答書を呈した」から放置しておくわけにはゆかず、「理勢不得止遂に今般の御処分に相成りたるなり」と述べている。(8)

たしかに琉球にとって、廃藩置県は、経済的にも政治的にも、また社会的にも一大変革を意味したので、良かれ悪しかれ、おいそれと事が運ぶとはかぎらなかった。明治政府が、「琉球処分」にさいし準備した文書には、当時の琉球の実情が、つぎのように記述されていた。

一、琉球は元来文を以て国を治め、慶長以後は兵を用うることなく国民兵器を蓄うるを禁じ、薩藩より鉄砲を借り以て船艦に備え支那に航するの用に供す。

二、人民温良朴質にして旧慣を改むるを好まず、忍耐持久の性を具う。小民能《よ》く職業に勉励して難苦を厭わず。

三、家屋の風は概ね我国に同じ、或は支那風を学ぶものあり。其他台風多きを以て高廈楼閣甚《はなは》だ少なく、室内高案椅子を用うることなく皆踞座す。
四、貴賤上下の別なく、雑穀甘藷を以て常食とし、殊に肉食を貴び米を食する者稀なり。
五、島中各所に学校あり。皆な孔子の道を講ず。言語は全く一種の風を成せども、多くは本邦古語の転訛《てんか》せし者なり。或は清音を学ぶ者あり。文字はいろは四十八字を用い、官私の文書皆な本邦に同じ。官吏は本邦の御家流の書法を習い、又支那の書法を学ぶ者あり。支那の詩文を作る者は甚だ稀なれども、和歌は頗《すこぶ》る此国に行わる。
六、国中仏寺あれども教法を宣布するに非《あら》ず。唯葬祭《そうさい》の事を掌《つかさど》るのみ。
七、官制は本邦に類して支那と異なり、衣服は粗〻我邦に同じ。法制儀式は薩摩及び支那の両様を折衷《せっちゅう》して之れを施行す。
八、度量衡《どりょうこう》は概ね我が制を採り、貨幣は金銀なく我が寛永銅銭あるのみ。暦は陰暦を用う。(9)

以上のような実情だったのであれば、たとえ一大変革が容易に推進できなかったとしてもあえて強権を用いる必要はなかった。しかるに実際の「処分」のありようは、まさに敵国か、外国にたいするのと同様であった。松田道之処分官が、処分のための琉球出張を極秘にしたり、その目的については、軍や警察の一部の幹部だけが打ち明けられたにすぎず、熊本から派遣された兵士たちは、私信を出すのさえ禁じられていたからだ。

廃藩置県を可能にするための一連の「琉球処分」の過程が、東恩納寛惇《ひがしおんなかんじゅん》教授のいうとおり、「日支両属」というあいまいな地位を、日本専属に切り換えるためのものであったなら、軍隊を差し向けての強権的「処分」は、ほめたものではなかった。なぜなら処分の対象が異民族で、しかも相手が武器をとって抵抗するのなら、武力を用いることもやむを得なかったかもしれないが、そうではなかったからだ。にもかかわらず、あえて軍事力を背景に廃藩置県を断行したことは、一方が征服者で他方は被征服者という関係を作りあげることにほかならない。そうしたありようが、その後の日琉関係にさまざまな好ましくない影響を与えたことはいなめない。

他でもなく、それは、近代沖縄における深刻な問題の一つとなった差別問題、すなわち中央政府の沖縄・沖縄人にたいする差別的処遇も、被支配者たる沖縄を植民地視したことに起因していると思われるからだ。しかも、沖縄の日本化が、本来の民族的一体化と異なり、沖縄・沖縄人の文化や生き方そのものを抹殺《まっさつ》するといういびつな形で推進されたのも、それが原因と見られなくもない。さらには、沖縄戦から戦後にかけて、本土の人びとと沖縄の人びととの間に大きな心理的亀裂が生じたのも、これが一つの大きな要因となったからだ。

周知のとおり、一六〇九(慶長一四)年の「薩摩の琉球入り」は、樺山久高(主将)と平田増宗(副将)以下、三〇〇〇余人の軍勢が同年三月四日、山川港から百隻余の艦船に分乗、大島諸島における島吏たちの形ばかりの抵抗を鉄砲で排除し、徳之島・沖永良部島を経て、同年四月一日、海・陸双方から首里と那覇に攻め入った。

薩摩軍は、約三〇〇人の戦死者を出したあげく、四月五日に首里城を占拠した。そして五月一七日に尚寧《しょうねい》王を捕虜にしたのみか、具志頭《ぐしちゃん》王子朝盛以下百余人を人質にして今帰仁《なきじん》から鹿児島に引き上げた。その後、尚寧王以下、琉球の重臣たちが、「今後は、いかなる事態が起こっても、また薩摩からどのような命令を受けることがあっても、薩摩に弓を引くことはしない」という趣旨の誓約書を提出してやっと帰国を許されたのは、約三年後の一六一一(慶長一六)年になってからだ。

こうした薩摩による露骨な軍事力の行使が、戦後の沖縄の分離問題との関連で、連合国側に利用される要因となった。琉球は、カイロ宣言にいう「日本国は又暴力及貪欲に依り日本国が略取したる他の一切の地域より駆逐せらるべし……」に適合する、というわけだ。

ここで強調したいことは、薩摩(ヤマト)は、琉球にたいし、南浦《なんぼ》文之《ぶんし》の「日琉同祖」論が例証するように、「タテマエ」では、薩摩の人びとと琉球人とは同一民族だといいながらも、「ホンネ」では両者の関係は、あくまで支配者と被支配者との関係でしかとらえていなかったということ。つまり、明治維新後の近代国家形成の大事な時期に、約三〇〇年前の薩摩と琉球の支配と被支配とのありようがそのまま踏襲されたことこそが、それ以後、沖縄・沖縄人が、日本のマイノリティ・グループとして位置づけられ、今日まで常に日本

(本土)という大きなものの利益のために犠牲を強いられるという、不幸な事態に落ち入った遠因にもなったわけだ。

福沢諭吉の配慮

ここで想起されるのは、福沢諭吉が、政府の「琉球処分」を断行するにさいし、あえて特別な配慮を要請したことである。福沢は、一八七九(明治一二)年三月四日に、松田処分官あてに手紙を書き、要旨、つぎのように述べている。

先年国内で廃藩立県が実施されたとき、各地で士民がひどく狼狽したものだが、それも無理からぬ点があった。というのは、政府はただ一片の文書によって、「藩を廃して県とする」と宣言したにすぎず、この一大改革については、何のためにそうするのか、その理由を明らかにした諭告文さえ出さなかったので一般士民は、必要以上に騒ぎを大きくしたからだ。福沢はそうした事態に立ち至ったのを遺憾に思っていたが、その後、改暦の場合も政府は一片の詔書だけで事をすませ、何らの諭告文も出さなかった。それで彼は堪え難く思い、「改暦弁」という小冊子を一〇万部ほど作って国内に配布して行政の便をはかった、と。

福沢は、「内国の事情尚且然り。然るに此度琉球にて廃藩とあらば其士民の仰天如何ばかりなるべきや。知者を俟《ま》たずして明なり」としていう。

「されば廃藩置県の勅命は勅命にして別に懇々たる諭告文を御示し相成度、譬《たと》えば琉球国は両属の理なし、両属して国の為に不便利なり、日本政府は琉球を取て自ら利するにあらず、琉球人民を救うの厚意なり、廃藩の命を聞て一時は驚愕《きょうがく》する事ならんが、其成績を待て適例は日本内部廃藩後の有様を見よ杯と筆まめに書並べ、口まめに説諭して、先ず彼の人民の心を籠絡すること最第一の緊要と存候。彼国普通の文章は如何なる体裁乎、語は何れのなまりに最も能く通ずるか、先ず之を吟味してその筆者を撰み其弁者を雇い、幾回となく諭告文を分布し幾度となく演説の席を開き結局、筆端と頭を以て勝利を占むる様致度存候。右は既に御用意も被為在特に喋々喙《くちばし》を容るべきにも無御座候。得共前年の事を思い出し候まで早々執筆御送別に代るのみ」(10)

要するに、説得に説得を重ね、処分される当事者たる琉球側が納得し得るまで、口頭で、また文章で十分に政府の意図するところを説明し、理解させてほしい、というわけだ。

琉球人への不信感

しかし、一見して、琉球側の反対の動きが頑強と判断したのか、内務卿伊藤博文は、松田処分官あての手紙で廃藩を言い渡した後、琉球人は、表面上平穏を保っているかに見えるが、察するに密かに陰謀を企てているのではないか、不測の事態も起きかねないから注意が必要だと述べている。伊藤内務卿のこのような発言は、明治政府首脳の沖縄・沖縄人にたいする不信感を如実に示している。

不信感といえば、松田処分官は、一八七九(明治一二)年六月三日に「沖縄県下氏族一般に告諭す」という告諭文の中で、「旧主は已に恭順朝命に従て居城を退き、旧藩事務を整頓し、遂に病を努めて上京し、其忠誠を表したるに今子等にして猶《な》お如此の所為(注=新県に於て如何なる職務を命ぜらるるとも固く之を辞すべしとなし、若《も》し之を奉ずる者あれば親戚之れを責め朋友之に迫って退かしむるが如き暴戻《ぼうれい》可悪の所為)あるは、其の旧主に対する情宜の主義を誤るのみならず、却て旧主忠誠の意に戻《もと》れり(後略)」と記している。

その後、同年一〇月に彼は、尚泰《しょうたい》の家令与那原良傑《よなばるりょうけつ》と家扶《かふ》らを内務省に呼び出し、「旧藩王尚泰なる者は陽に恭順を表し密に旧臣を教唆《きょうさ》して、種々の奸計を行うものの如し。何となれば其所犯士民に出でずして皆な旧藩吏なりと。於是政府は頗る尚泰氏に嫌疑あり」といい、尚泰が政府にたいし二心がないなら家扶の中から相当の人を選んで、尚泰の直筆を持たせて沖縄に派遣し、旧臣等を督責《とくせき》せしむべきだ、と言い渡すしまつであった。

これに驚いて翌日、与那原らは、松田道之の自宅を訪ね、尚泰王の名で伊藤博文内務卿あてに詫び状にもひとしい文書を提出し、「廃藩になった以上、今後は県の規則を遵守し、政府に不都合になる事はしないよう深く注意します」という趣旨のことを誓っている。しかもこの文書には、尚泰に加えて重臣の浦添朝英親方と富川盛奎親方も連署した。

つまるところ、これは、二七〇年も前に薩摩が琉球攻略を果した後、尚寧王以下の重臣たちを人質にして薩摩に留置し、三年後に王と重臣それぞれに誓約書を出させてやっと帰国を許した史実の再現ともいえる。(11)

明治政府は、廃藩置県を下達し、首里王城を明け渡しめた後、尚泰王のほか尚健《しょうけん》と尚弼《しょうひつ》の両王子を東京に移住せしめた。そのやり方が、また薩摩の前例を踏襲したものにほかならなかったのは、太政大臣三条実美が松田処分官にたいし、「処分官入琉の上左の処分を為すべし」と命した文書の第四項に「旧藩王又は旧藩吏等に於て今般の処分を拒み居城を退去せず土地人民官簿其他諸般の引渡を為さざるに於ては、本人は警察部に付して拘引すべし。若《も》し反状を顕《あら》わし凶暴の所為に及ぶときは営所に謀り兵力を以て処分すべし」とあるからだ。

その上、第六項においても、「旧藩王及び王子等東京住居を嘆願固辞することありと雖《いえど》も、決して許容す可《べか》らず。若し詐偽《さぎ》を以て忌避《きひ》せんとする等の所為ありて不得止時は、拘引して東京に送るべし(後略)」とある。

こうした実情であったので、『清史稿』(中華民国に入って、清朝一代の事歴を記した官撰の史書)には、「光緒五(一八七九)年、日本、琉球に入り、之れを滅す。夷して(注＝平定する意)沖縄県となす。其の王および世子を虜して還《かえ》る」といった記述がされている。(12)

上京した尚泰は、華族に列せられたが、そのさいにも左院(立法上の諮問機関)は、「琉球国王は乃《すなわ》ち琉球の人類にして、国内の人類とは同一には混言すべからず」と、尚泰王を国内諸侯並みに処遇することに反対した。

このように、明治政府の対琉球・琉球人観は、同一民族視したかと思うと、つぎには異民族視するといった具合で、いきおいその施策や対応も慰撫したり、威嚇したりで一定しなかった。

密偵の報告書

こうした背景から、伊藤内務卿や松田処分官らは、琉球処分の過程で、数百万円をこす多額の費用を投じて沖縄人の間に密偵を潜入させ、片っ端から情報を集めさせているが、密偵からの報告書を読むと、当時の動乱の模様が生々しく感得できる。

たとえば、廃藩の年の四月一〇日の報告には、明治政府が藩王尚泰を東京へ移住させることについて、琉球では国内の人びとすべてがこれに反対であり、もしも強いて上京を強行させるならば、「住家も焼捨て男女一同死するの外なしと一同申居由藩王之恩は厚く故に藩王を捨候儀は死すとも難成との説なり」とある。

また四月一五日の報告には、「藩王を大和へ連越しになる上は、着京後とても帰る事は出来まい。尤《もつと》も先々より例も有の儀にて(注=薩摩が琉球王を毒殺したことを指す)毒殺等に逢い候も難計故に如何しても出京は難出来と士族輩にても心配致し居る段承候」といったものまである。

これとは別に、東京警視第一方面第四分署の『琉球出張日誌』からは、貴・士族たちの動きだけでなく、騒ぎに巻き込まれた一般庶民の動向も垣間見ることができる。

同年三月二八日の日誌には、同日午前一〇時に琉球王府から今帰仁朝義王子をはじめ三司官および旧役人たちが多数那覇にあった仮の沖縄県庁に押しかけ、松田処分官にじかに対面して、「琉球藩の王は大和の旧諸侯と異なりて君主の権を有せし者なり。依て是迄の通り致し置度云々」と嘆願したとある。これにたいし、松田処分官は、

「君主の権を有したる者は上に天子なき者也。今琉球藩王は上に日本天子を仰ぎたるに非ずや。又是迄通りとは日清両属の意なるべし。君主権を有したる者の意に非ず。日本属国琉球藩王の希望する所なれども決して採用不相成」と答えている。

また、彼は、今帰仁王子が、廃藩置県の件は清国と談判してからにしてほしい、というと、そのような発言は、日本政府にたいし甚だ不敬の至りで、「政府我が属国を処分するに何ぞ清国と談判するの理あらんや」と一言の下にはねつけている。

一方、藩王尚泰の側近として仕えた喜舎場《きしゃば》朝賢は、地元の動きをつぎのように記述している。

「毎日中城殿に集会せし旧衆官吏は、松田の命令を辞絶し国中人心一致して義を守るの方法を講議す。亦各村士族は各学校に集合し、而《しか》して各村幹部たる者四名宛を選抜し国学に集め、凡《およ》そ松田との応答及び施行する所の事々逐一報知せしむ。且《かつ》志操を固持し団体を

締結し日本の命に従わずして以て清国の援兵を待つべきことを内命す。
是を以て士族等激昂奮励し、日本の命令を奉じ官禄を受くるものは首を刎《は》ねて赦すことなし、若《も》し其害に逢い義に死するものは共有金を以て妻子を撫恤《ぶじゅつ》救助すべきの誓約書を製し人毎に連署捺印せしむ。三地方各間切吏員等も誓約を結ぶこと亦此如し[13]」

新政への協力ボイコット

こうした琉球側の情況に手を焼いた松田処分官一行は、態度を硬化し、矢継ぎ早に指示や命令を発して、琉球の旧官吏や民衆の藩王にたいする忠誠心を日本の天皇に直結させようと図った。しかし、さしたる効果はなかった。

そのため、松田は、琉球の士族一般にたいし、じかに説諭に乗り出した。

「元来県に職を奉ずるは県の為にするにあらずして其社会の為めにするの理なれば、彼の戦国に行われたる所の其主に背《そむ》いて敵主に仕うるが如きの類にあらざるは判然として甚だ明かなり。子等盍し早く此に着眼せざるや」

「然《しか》るに子等猶お悟らずして旧態を改めざるときは、新県に於ては子等は到底用うるを得可らざるものとなし、百職皆な内地人を取り遂に此土人は一人の職に就くを得る者なくして自ら社会の侮慢を受け殆んど一般と区別さる、恰《あたか》も亜米利加《あめりか》の土人北海道のアイヌ等の如きの態を為すに至るべし。而して是子等の自ら招く所なり」

「此琉球の地たる土地狭くして人多く、其事の何たるを問わず多方従事せざれば生計を得る甚だ難し。然《しか》るに百職皆な内地人の専有となるときは此土人は多少の職業を失うに至るべし。而《しか》して是亦子等の自ら招く所なり。嗚呼《ああ》実に慮らざるの甚しきものと謂うべし。子等幸いに悟る所あれば此土人の権利を縮め此土地の利益を失うの原因となるべき挙動を為すなかれ。(14)(後略)」

この布告文は、松田処分官が沖縄を去るにさいして発したものだが、今日から見れば、その意図はともあれ、明治政府代表が沖縄をまさに被征服地か、植民地同然と見なし、沖縄人を土人と称していたことを端的に物語っている。

日本政府の官吏が一八八八(明治二一)年に書いた『沖縄見聞雑記』を見ると、沖縄における本土日本人と地元民との対応関係の一斑をうかがい知ることができる。

「……当節内地人の沖縄に入り込居るもの凡《およ》そ二千名に近しとのことにて、其内鹿児島県人十分の九を占め、余は大抵京坂地方の落武者なる由当地にて内地人の威張る有様は丁度欧米人の日本に来て威張ると同じ釣合にて、利のある仕事は総《すべ》て内地人の手に入り引合はざる役廻りは常に土人に帰し、内地人は殿様にて土人は下僕たり、内地人は横柄にて土人は謙遜なり、肝心の表通りは内地人の商店にて場末の窮巷は土人の住居なり、内地人は強く土人は弱く、内地人は富み土人は貧し。畢竟是れ優勝劣敗の結果にて如何ともすべからざる訳なれども凡そ亡国の民ほどつまらぬものはなし」

思うに外来者と地元民との本末転倒した不幸なありようは、一つには支配者＝中央政府が、被支配者＝地方県にたいして、有無を言わさぬ形でみずからの意思を押しつける態度に出た反映と見てよい。沖縄に即して言えば、こうしたいびつなありようが、「薩摩の琉球入り」から今日にいたるまで大筋において一貫して見られる。それも沖縄側が常に力によって屈伏させられた形をとっている点は、注目に値しよう。

琉球処分の真因

ここで問題となるのは、後世の沖縄の指導者たちが、「廃藩置県のさいに、沖縄県民がもっと日本政府に協力しさえしておれば、沖縄もいつまで経っても全国最下位の貧乏県にならずにすんだろうに」という考え方に陥り、制度的改革の遅れを取り戻すために、国や県当局のいうがままに昭和時代の極端な「皇民化教育」を強制的に推進してしまったこと。あげくは、そうした発想から国政参加をはじめ、県政の態様までも、極端にゆがめてしまう結果になったこと。

なぜなら戦前、県民にたいし、拙速で急激な形で叩き込まれた「皇民化教育」によって、天皇を「神」として絶対化し、沖縄県民も本土他府県人に劣らぬ天皇の「赤子」であり、国家の危急にさいしては天皇のため、国のために命を捧げるのを惜しまない「忠良なる臣民」を育成することを教育の最大の目的にしたからだ。つまり、今日の教育で当然視される「人間教育」とは、まるで無縁の教育を文字どおり強要したのであった。

したがって、ジョージ・H・カーが強調するように、日本政府が、琉球処分によって沖縄を合併したのは、「本質的に国防上の問題なのであって、日本本土諸島の安全のために隣接諸島を確保せんとする動きであった」。言い換えると、日本政府が「琉球処分」によって沖縄を併合したのは、何よりも「軍事的関心からだった」のだ。そのことは、伊波普猷が、「薩摩の琉球入り」と関連して「実に島津氏は琉球の人民よりも多く琉球の土地を愛した。これやがて植民政策である。奴隷制度である」と慨嘆したことと同一線上にあるからだ。

この点と関連して注目されるのは、沖縄県政初期の一二年間に、日本陸軍の創始者・山県有朋をはじめ、大山巌陸軍大将、山路元治陸軍中将、陸軍大将北白川宮能久親王のほか、西郷従道海相、ならびに海軍大尉東郷平八郎(後に元帥)らが、相ついで沖縄を訪問したことである。

このように明治政府の主要な関心が、ほとんど軍事面だけにあったのは、沖縄の人びとにとって致命的傷手であった。軍事優先の立場からは、県民の基本的権利とか新憲法による平和的生存権の保障といった問題は、軽視されるか無視されるかしかないからだ。そして軍事的観点から「秩序統制の維持」に力点がおかれるようになるのも自然の成り行きとならざるをえない。事実、琉球処分の過程で司法制度や警察機構の導入が何よりも優先的

になされたのも、そのことを裏付けている。(15)

こうして明治政府は、その新政を拒む者にたいしては、司法と警察権力でもって抑圧するとともに、日本にとって枢要な軍略地点たる沖縄を、永続的にかつ安定的に確保するためにも、新政について来られない古い老年世代は半ば放置したまま、代わりに若い世代の「皇民化教育」を最重要視して実行したのであった。

(1) 『伊波普猷全集』二巻、平凡社、二五七頁。
(2) 沖縄解放祖国復帰促進懇談会編『沖縄』刀江書院、二三頁。
(3) 伊波普猷『沖縄歴史物語』六、全集二巻、四二二頁。
(4) 沖縄解放祖国復帰促進懇談会編、前掲書、二八頁。
(5) 直田昇『沖縄の交通史』二二一頁。
(6) 伊波普猷「序に代へて」、喜舎場朝賢『琉球見聞記録』東汀遺著刊行会、一九一四年、八頁。
(7) 安良城盛昭『新沖縄文学』三八号、一九七八年、一九頁。
(8) 『琉球所属問題関係資料』第七巻・琉球処分・下、本邦書籍、一九八〇年、一七五頁。
(9) 前掲資料、第四巻・松田直之・琉球事件、九頁。(引用にあたり、かな遣いを改め、適宜句読点、振りがなを付した。以下の引用についても同じ)
(10) 前掲資料、第四巻、七七頁。

（11）前掲資料、第七巻、四〇二および四四五頁。
（12）金城正篤「中国近代史と〈琉球処分〉」『新沖縄文学』三八号。
（13）喜舎場朝賢『琉球見聞録』東汀遺著刊行会、一九一四年、三一二頁。
（14）『琉球所属問題関係資料』第七巻、四〇三―四〇四頁。
（15）拙著『近代沖縄の政治構造』勁草書房、一九七二年。

2 沖縄の軍事基地化の発端

沖縄基地化の発端

明治政府による軍事面の重視は、その後の沖縄・沖縄人にははかり知れないほどの苦難を強いることになる。その象徴的なものが、沖縄の軍事基地化に他ならない。

一八七五(明治八)年五月七日、太政大臣三条実美は、琉球藩にたいし、「其の藩内の人民保護のため第六軍管熊本鎮台分営被置候条この旨相達候事」という通達を発した。折から上京中の琉球王府代表の幸地《こうち》(朝常)親雲上、与那原《よなばる》(良傑)親方、津波古《つはこ》(政正)親方、池城《いけぐすく》(安規)親方らは、同年五月一二日に三条公からの通達を受け、速答を避けて帰藩の上、藩王へ伝えるという趣旨の文書を内務卿大久保利通に提出した。

三条太政大臣は、また同じく五月七日付で、陸軍省にたいし、琉球藩へ分遣隊設置の件を通達し、実地検査の上、派遣に着手するようにと命じた。これをうけて、同年五月、陸軍省から陸軍少佐長嶺譲、陸軍大尉宮村正俊らが分遣隊の設置に当たることになった。

だが、琉球「藩内の人民保護のため」に軍隊を置くというのは「タテマエ」で、その「ホンネ」は、逆に人民を弾圧するためであった。そのことは、政府の機密文書に「琉球は従来島津氏より士官を遣し鎮撫したれば其例に循《したがい》て九州の鎮台より番兵を出張せしむべし……番兵は外寇を禦ぐの備えにあらず琉球国内を鎮撫せんが為めなれば必ずしも多人数を要せざるべし」とあるのからも判然とする。(1)

つまるところ、明治政府も薩摩と同様に沖縄の人びとの安全を守るためと称しながら、じつは、沖縄の人民を鎮撫するために軍隊を沖縄に常駐せしめようと図ったわけ。しかも、それさえも、ジョージ・H・カー教授によると、大久保内務卿は、琉球王府代表にたいし、日本政府の寛仁な態度を説いて日本にたいする恩義を植えつけようと図る形で実施しようとしたのだ。

カー教授の言葉を借りていえば、「これは礼儀作法にたいして非常に敏感なこの国(琉球王府)にとって急所でもあった。日本が設定した国境内に、琉球を引き入れる努力をした日本の最大の目標は、琉球に日本守備軍を駐屯させる、というこの最後の項目に直接あらわれている。このことさえも、琉球国民の福祉のため日本が犠牲を払う行動であるとして、恩情に溢れる政府が他を保護する形で、琉球使節に指示したものである」(2)

柔よく剛を制す

明治政府が、熊本鎮台の分遣隊の沖縄常駐を強制的に命じてきたのにたいし、池城親方ら琉球王府代表は、けっして受け入れようとはしなかった。

彼らは、琉球のような小王国は、平和を国是となし、その手段として貿易立国を指向してきたお陰で、五〇〇年近くの長期にわたって戦乱に巻き込まれずにすんだと主張したのだ。すなわち、五〇年も在位した尚真王(一四七七―一五二六)が、今日の日本国憲法を先取りする形で平和国家、文化国家を志向したのに加えて、実際に中国との朝貢貿易や東南アジア諸国との貿易関係を通して友好関係を築き上げることによって、琉球王国の平和の維持に大きく役立てたというわけである。

琉球王府代表は、具体的につぎのとおり論及した。

「一、夫《そ》れ琉球は、南海の一孤島にして、如何なる兵備を為し如何なる方策を設くるとも、以て他の敵国外患に当るべき力なし。

二、此小国にして兵あり力ある形を示さば、却《かえっ》て求めて敵国外患を招くの基となり、国遂に危し。

三、寧《むし》ろ兵なく力なく惟礼儀柔順を以て外に対し所謂《いわゆる》柔能制剛を以て国を保つに如かず(3)」

これにたいし、明治政府を代表する松田道之処分官は、誤まった考え方だとして、一言のもとにはねつけた。

「此言や琉球を一の独立国と視做《みな》し、孤力自ら他に当るの責を有するの論に似たり。其見識亦大いに謬《あやま》れり。抑《そもそ》も琉球は我政府版図の一国にして独自他に当るべきの責なく、其強と云い弱と云う皆な日本全国の責なり。敵国外患の琉球に於ける政府固より琉球一国の事を以て処分せず。即ち日本全国の力を以て之に当るべし。彼亦琉球一国を以て敵とし視ず、日本全国を以て敵とし視るべし。故に豈《あに》琉球一地方の形に因《よ》て敵国外患を防ぐの得失に関せんや」(4)

こうして、松田処分官は、分遣隊常駐の件は、政府が深慮遠謀の議を経て、すでに決定したことなので、いかなる苦情や反対があっても一切受け付けない、と言い渡した。

明治政府は、沖縄に第六軍管区の分遣隊を常駐させることについて、つぎのように有無をいわせぬ形で事をすすめた。「抑《そもそ》も政府の国内を経営するに当ては、其要地所在に鎮台又は分営を散置して以て其地方の変に備う、是政府国土人民の安寧を保護するの本分義務にして他より之を拒み得るの権利なし。是断然御達に相成たる所以也」(5)

しかし松田の論理は、現実にはまるで通用しなかったことは、沖縄戦の経験が教えるところ。すなわち、前に述べたとおり、外敵が沖縄へ攻め入ったら日本全国が力を合わせてこれに当たる、といったうたい文句は、公約倒れに終わったのだ。沖縄戦で守備軍と地元住民が命を賭して戦っていたとき、大本営は、公約した支援軍の派遣を中止しただけでなく、政府は、全く勝ち目がなく「玉砕」するしかない無謀な戦闘だと知りながら、沖縄の軍民にたいし、命のあるかぎりさいごまで戦い続けよ、と叱咤するしまつだったからだ。

兵営設置

ともあれ琉球王府首脳は、明治政府の沖縄への分遣隊の派遣について言を左右にして拒絶し続けた。が、何ヵ月もすったもんだを繰り返したあげく、政府が軍事力を用いると威嚇した結果、琉球王府は、ついに常駐軍の受け入れを認めざるをえなかった。

陸軍省が分遣隊用の兵営を設置するため、首里と那覇のほぼ中間地点の古波蔵《こはぐら》に約一万八六七〇坪余の敷地を設定、その買い上げを図ったのを契機に王府側は、再び抵抗を繰り返した。陸軍省の係員によると、そのうち一万七八七〇坪余は、営所および練兵場、射的場、病院等のために必要で、八〇〇坪は、道路用にするとのことであった。

これにたいし、池城親方をはじめ浦添親方、富川親方らは、一八七五(明治八)年七月二九日付で、藩王尚泰の名で松田処分官あてに文書を出し、分営設置のための敷地をどうするかについては、まだ合議中で結論が出ないので、買い上げの件は、猶予されたいと請願した。

だが、松田処分官は、琉球藩王家の体制、すなわち琉球の国体に関する事柄については、王族および家臣が慎重に衆議を尽くすため多少の時日を費やすのもわかる。しかし、分営設置の件は、王家が一々可否を論ずべき問題ではなく、ただ、ひたすらに命令を遵守すればよいこと。にもかかわらず、王族および家臣たちの論議が紛糾していたずらに時日を空費しているのは、はなはだ不条理だという趣旨の回答をした。さらに彼は、陸軍省の調査官たちは、琉球藩の決議がどのようなものであれ、予定の敷地に兵営を設置することにして帰京する旨、言明した。

その後、八月三日に池城親方らは松田処分官を逗留先の旅館に訪ね、分営を置く件については遵奉するけれども、兵営を設置する敷地については、「当藩下一般政府の保護を蒙《こうむ》るの義に帰す。故に地代金は当藩より弁じて地主に償い、必ずしも政府の出金を仰がす、以ていささか其の恩恵に奉答せんと欲す」と申し出た。要するに、兵営用敷地の費用は琉球側が負担し、日本政府に無償で提供するというわけ。だが、それには敷地を陸軍省が選定した古波蔵ではなく那覇港付近の垣花隣接地か、瀬長島付近に変更してほしい、という前提条件がついていた。

すると、松田処分官は、藩議の結果、兵営の地代を自弁するというのは、見上げた心掛けと感じ入るところだが、おそらく政府は許可しないだろうといい、何となれば、「抑《そもそ》も兵営を置て国土を保護するは政府の本分義務にして、此等の費用を弁ずるため常に人民に対して収税を要する」からと述べている。(6)

兵営敷地の変更問題

しかし、池城安規親方と与那原良傑親方は、兵営敷地の変更については、つぎの理由をあげて執拗に食い下がった。

「この那覇港内及び久米《くめ》村、泊《とまり》村等の近傍地は、人民すこぶる多くして土地ははなはだ少きため、これ山頭より海畔にいたるまで開墾しつくしてなお足らず。しかるに過日貴官の照会書中の地坪を官有とするときは人民旧来の所有地を失い他に新墾をなすべき地なく、ついに生活に苦む者なき能わざるを以て実に苦情多し。よって那覇港内の渡地の波頭を渡り右に指し海岸に沿いあるいは海岸を離れて垣の花村鏡津大嶺村瀬長村等の村落あり。この間の土地においては人民の苦情なく、営所、練兵所等に恰好の地あり。この地方において更に選定あらんことを願う」

これにたいし松田処分官は、陸軍官員に相談したけれども、当の軍部の係官は、三つの理由を挙げて申し出を断わったのだ、と答えている。すなわち、「海岸船艦に在て恣《ほしいまま》に営所を眺望することを得るの地を避く一なり。暴風を防ぐに便なる地を好む二なり。建築するに人力を費やすこと少き地を好む三なり」というわけである。

このように、約一世紀前に琉球藩が、兵営地にすべく申し出た地域が、現在、自衛隊の重要な基地と化していることに浅からぬ因縁を感じずにはおれない。と同時に、前引の発言は、いかにも軍人らしい発想というよりないが、現在の主要な米軍基地が、ことさらに沖縄本島中央部の最も交通に便利で水道や電気、人力など日常の軍隊生活に不可欠の必需物資を入手しやすい地域に位置しているのも、まさにこうした軍事優先の立場からだ。したがって軍部が軍事的思惑から中心地域の土地を取り上げ、その利便性を活用すればするほど、地元民間人は、その分だけ逆に不自由となり生活が破壊されるのは、理の当然ともいえる。

しかるに陸軍省は、那覇港から首里に至る地域や村落について十分に巡検しつくした結果、古波蔵に決定しているので、いまさら変更するわけにはいかないと、露骨に軍事優先の立場に固執し予定通り兵舎の設置を強行した。

土地問題の根の深さ

そこで松田は、池城(安規)親方らへ再度手紙を送り、検分の結果、琉球藩が提供を申し入れた代替予定地は、陸軍省の担当官によると、狭小な上、海岸線に近く、陸軍の営所造築規則に適合せず、したがってそこの土地は必要でない。兵営は、予定どおり古波蔵に設置することに決めたので、その旨、地主たちに通達するよう指示した。そしてとくに地代を支払うまでは、地主たちは自由に耕作してもよいことを強調している。

まさに陸軍省は、戦後、米軍が一部の基地で容認した、いわゆる「黙認耕作地」の設定に先鞭をつけたわけである。

以上見てきたように、琉球王府は、当初、強く反対していた日本軍分遣隊常駐の件も、また兵営敷地の件も、明治政府の強権によって、しぶしぶ受け入れさせられる結果となった。こうして一八七六(明治九)年五月に熊本鎮台歩兵第一分隊二十数人が最初に派遣され、那覇親見世(役所)を臨時兵営にした。その後、八月末に古波蔵の兵舎が完成すると、分営もそこへ移転した。

この日本派遣軍の兵営造築によって表面化した土地問題は、これで一件落着したかに思われた。が、そうではなかった。その後二十数年も経って、この問題は、再び帝国議会で論議されるにいたった。

周知のとおり、沖縄では、一八九九(明治三二)年から一九〇三(明治三六)年にかけて、言葉の真の意味での沖縄における明治維新といわれる「土地整理」事業が実施された。一九〇〇(明治三三)年の第一四回帝国議会で、沖縄県土地整理法中の改正法律案が(永田佐次郎他三人提出)が審議される過程で、陸軍省による土地の接収や琉球藩自体による土地代の収奪問題がむしかえされたのだ。

このときの改正法律案の提案者の発言を読むと、現在問題になっている悪名高い「公用地法」や「米軍用地収用特別措置法」との関連を思わずにはいられない。すなわち、例の衆議院で九割、参議院で八割の多数で採決した改悪「駐留軍用地特措法」の問題だ。それほど、沖縄を軍事基地化することによって必然的に発生した土地の強制収用問題は、根が深いのだ。

やや長い引用になるが、つぎに改正案を提案した永田佐次郎議員の発言をみてみよう。

「明治八、九年の頃でもございますか。沖縄分遣隊が行きまして、古波蔵という所に兵営を建てました。その兵営が建つときには、琉球藩より日本の政府がその土地を買受けて、そうしてそこに兵営を建てたという訳になっておる。その琉球藩は、如何なることを致したかといえば、この百姓地の中より無代価で引上げて、そうして日本政府に売渡した。その代金は琉球藩庁の収入する所となっておりまする。人民に向っては半文たりとも渡しておりませぬ」

「それから又近くなって来ますると、明治十八、九年の頃古波蔵という所の兵営を止めて首里城に引移ったる後に、首里城のもと松川橋という所の際でございます。すなわち舜天《しゅんてん》王鎮西《ちんぜい》八郎の息子たる舜天王を祭ったる廟《びょう》の前、そこに一万坪か一万余坪かの練兵場を陸軍で拵《こしら》えました。その時は日本の政府より直ちに人民に代価を与えずして、これを引上げてございます。そうしてこの土地は今日では如何なる処分をしておるかと申しますると、二十八、九年の頃にこの分遣隊を引上げると共にその土地が不用になりましたが故に、その後人民に戻すことを所謂村に返却することを致さずして、一個人に三十年の年限を限って今貸渡してございます。

　これも人民から取戻の請求をすることは出来ない位な権利でございます。それから丁度二十七、八年の頃に佐敷《さしき》間切という所にバテン港という、いわゆる台湾征伐のときに海軍の船の集りました場所でございます。そこで火薬庫あるいは何と申しまする斯様なものを海軍で拵えて、この時も百姓地より無代価で沢山な地所を引上げてございます[7]。（後略）」

この発言からも判明するとおり、中央政府が、農民たちの土地を地代も支払わずに強制的に収用したほか、地主や農民たちが頼りにしていた肝心の琉球藩自体が、政府から代金を受け取ったにもかかわらず、地主たちにそれを支払わず収奪したというわけである。つまり、口先では農民たちの土地の強制収用に反対する言辞を書き連ねながら、その裏では自らの私欲の追求に余念がなかったわけだ。

琉球王府首脳のこうした反人民的施策態度は、戦後沖縄の一部指導者たちにも見事に継承されてきた。一九五三年から五八年にかけての「島ぐるみの土地闘争」の時期、とりわけ土地代金の「一括払い」をめぐる騒ぎの渦中で、時の琉球政府の一部首脳や経済人がみせた「裏切り行為」がそれだ。自己や自党派の利益にさえなれば、いかに多くの地元住民の利益が損なわれようと意に介することもなく、支配権力の意のままに動いたばかりか、事前に支配権力の意向を察知して、公然とそれに迎合する言動をなすことによって、自らの支配的地位・権力を得た人々が現にいたのである。

あまつさえ、最近では、政府のいわゆる「アメ」と「ムチ」政策に翻弄されて、県当局や一部の市町村までが、多数の県民の意思を無視して、「諸悪の根源」とされる基地を自らの手で誘致しようと未曾有の暴挙に乗り出しているしまつ。このような事実からみても、現在の沖縄の実情は、「薩摩の琉球入り」時代と明治時代の延長線上にあるのであり、一部の主要な政治・経済の指導者たちの事大主義的言動も、敗戦による社会の一大変革とは無縁に、戦前との断絶もなく、「負の遺産」を連綿と受け継いでいるのが目立つだけ。

軍民の裁判問題

ところで、明治政府による土地の強制収用問題とは別に、琉球王府首脳が熊本の第六軍管区分遣隊の沖縄駐留に頑強に反対した今一つの理由は、日本軍を常駐させることになれば、地元民間人との間にトラブルが起こるのは避け得ないから、ということにあった。

この点について、藩王尚泰は、一八七五(明治八)年八月三一日付で、わざわざ松田道之処分官あてに書簡を送り、琉球藩内の人びとには、分遣隊の兵隊にたいして慎しみ深く振る舞うよう申し渡してあるが、政府にたいしてもどうか兵士たちの取り締まりを厳にし、できるだけ兵隊の数も少なくしてもらうよう取り計らってほしい、と要請した。

これにたいし、松田処分官は、こう答えている。

「……此件兵隊入琉の上は、前途土人と兵員との間に生ずる紛糾亦予防すべきは固より至要の事にして貴論甚だ適せり。故に拙者帰京の上は審《つまびら》かに此貴論の旨趣を具状し、併て《あわせて》政府に於て相当の取締法を施立あらんことを上陳すべし。而して此等の事に於ては貴下藩王の職任を以て当藩下実際の景況に応じ、如何なる方法を上請せらるるも固より貴下の本分たれば、顧慮なく政府に向て之を具陳せらるるを善とす(8)」

戦後、沖縄は異国の軍政下に置かれた結果、人びとは、否応なしに軍民間のトラブルに巻き込まれ数々の事件を惹起した。この種の厄介な事件は、軍人と民間人とが混在して日常生活をいとなむ環境下では、半ば不可避的に発生するわけだが、とりわけ面倒なのが、軍民相互間で引き起こされる事件の裁判権問題である。

第三章、ワトソン高等弁務官とのからみで述べたとおり、一九六六年のかの悪名高い裁判移送問題(俗に友利・サンマ事件として知られる)も、その一好例にすぎない。しかも、一九七〇年末の、「コザ騒動事件」が端的に実証したように、軍民間の裁判問題は、一歩間違えば、一大暴動事件にも発展しかねない危険な要素を多分に含んでいた。それだけに、軍民双方の責任者たちは、軍民間に発生する事件をめぐっての裁判権の問題については、ひどく神経を尖らせてきた。それにもかかわらず、今もって事件の発生を防止することもできなければ、裁判権をめぐる論議に終止符を打つことさえできないままである。それだけにこの問題は、支配者にとっても、また被支配者にとっても頭痛と不満の種であった。

要するに戦後、沖縄の人たちがじかに体験させられてきた軍民間の裁判権問題は、けっして戦後特有のものでなく、明治時代に分遣隊常駐が始まって以来の問題であったのだ。この問題をめぐって、日本政府と琉球王府との間で交わされた公文書類を読むと、まるで戦後の米民政府と琉球政府間の〝やりとり〟との類似に驚くほかない。

大久保利通内務卿が、一八七六(明治九)年五月一五日付で太政大臣三条実美あてに出した文書は、あらましつぎのように述べている。

「先般、琉球藩にたいし、日本の刑法を適用すべき事を指示したけれども、よく考えてみると、琉球藩は、いまだ頑迷で、万事において未発達の状態にあるので、その実施は容易でないにちがいない。したがって同藩内の人々相互間に生ずる事件の裁判については、刑事・民事事件とも同藩に委任してもよいかと思う」

しかし琉球藩に居住する「内地人民(兵員と普通人民とを論ぜす)と藩内人民との間に起る刑事民事の裁判に至ては頗《すこぶ》る難事にして、若《も》し誤刑失判等あるときは不測の患害を生ずることなきを保たずと存候。然《しか》れば該地に在る当省出張所に裁判の権を分有せしめ」、琉球人同士の刑事・民事事件については同藩の裁判に委ね、「内地人民及び兵員は成規に随て出張所と営所と所管事項を各分して裁判すべき乎。然れども国法を同じうして裁判権を各分するは(軍律は特殊のものなるを以て営所は別に裁判権を有するは論なし)国権に関係し遂に当今専ら御詮議ある所の支那云々の事件に差響き甚不可然」

大久保内務卿は、さらに語をついでいう。

「したがって、琉球藩に裁判所を設置するのはよいとしても、同藩の現状からして、裁判所と出張所の両方を維持するのは、不経済である。そのため、今後は琉球藩王の裁判権を解いて、内務省出張所に権限を移し、そこの官吏に判事や判事補の仕事を兼任させ、同時に内地人にたいする警察事務も出張所に委嘱する旨を琉球藩王と内務省へ通達していただきたい」(9)

この文章は、はからずも日本政府首脳の沖縄にたいする見方・考え方を露骨に示しているように思う。明治政府首脳の目には、沖縄は新付の「植民地」以外の何物でもなかったのだ。彼らは、「琉球処分」の過程で、事あるごとに、琉球藩王は日本の天皇家と血縁関係にあるとか、「日琉同祖」論を吹聴しながら、実際には武力で平定した主従関係でしか見ていなかったのだ。そうでなければ、この大久保内務卿の文書に明示されているように、内務省出張所の平役人に裁判官のような重要な職責を委任させるはずがない。おまけに警察事務まで兼務させるなぞ、信じかねることではないだろうか。

しかるに、大久保内務卿の文書を受けて、太政大臣三条実美は、同年五月一七日付で、内務省にたいし、「琉球藩に在る其省出張所へ自今藩内裁判の事務及び該地在留の他管人民に対しての警察事務を被付候」と示達する一方、琉球藩にたいし、つぎのとおり命じた。

「一、藩内人民相互の間に起る刑事(事件)は、藩庁之を鞫訊《きくじん》し内務省出張所の裁判を求むべし

一、藩内人民相互に起る民事及び藩内人民と他府県人民(兵員と普通人民とを論ぜず)との間に相関する刑事民事(事件)は、直ちに内務省出張所に訴えしむべし」

こうして、三条太政大臣は、翌年一〇月二六日付の「布告第七三号」で、琉球王府首脳の反対を押し切って、琉球藩を大阪上等裁判所の管轄内におく旨、内務省と琉球藩に通達した。沖縄を日本の一部に組み入れるというのであれば、どうして法の下で沖縄人と他府

県人とを区別しなければならなかったのか、大いに疑問なしとしない。

裁判権の所在をめぐる日本政府と琉球藩との対応を見ていると、戦後のアメリカ軍政も、明治政府の対琉球政策をそのまま踏襲したのではないか、という気さえしてならない。強大な支配権力の弱小国(者)にたいする施策や態度は、しょせん民族の違いの如何にかかわらず似たり寄ったりだといえば、いい過ぎだろうか。

アジア侵略の足場

今一つ、明治時代とのかかわりでいえば、そもそも沖縄の軍事基地化が、近隣のアジア諸国の人びとに多大の脅威と怨恨の種を植え付けてきた。それのみか、現在も戦争があるたびに、沖縄基地から発進した米軍機による爆撃によってなんらの罪もない民間人の殺戮に手を貸す形となり、怨恨の種を蒔き続けている。このような事態は、沖縄の人びとにとって看過できない由々しい問題である。

明治時代においては、つとに中国は、日本が沖縄を基地化し、近隣諸国民にたいする加虐的役割を果たすことを予言していた。昭和時代に入って、まさにその中国の予言は適中した。戦後はまた、朝鮮戦争をはじめ、ベトナム戦争、カンボジア、ラオス、湾岸戦争等との関連で、沖縄基地がこれらの国々の人たちに加害者の役割を担ったことは、否みようもなく実証されてきた。しかも、この問題は、沖縄の未来とも不可分に結びついているので、問題の所在を明確に掌握しておく必要がある。

戦後、アメリカが沖縄を日本から分離してみずからの軍政下に置いたのは、一つには、日本の恒久的非武装化とのかかわりで、沖縄が日本のアジア侵略の重要な足場になったと見なしたからだ。アメリカの対日戦後政策の基本的目的は、日本の非武装化、非軍事化にあった。それらの目的を実現する手段として民主化を図ったのであった。すなわち憲法の改正をはじめ財閥の解体、政治、教育の民主化などがそれだ。こうして日本本土の「民主改革」を推進するための手段として沖縄は基地化され、日本の再軍備を抑える監視所としてさまざまに利用されてきたのである。

アメリカ政府国務省と米軍部(統合参謀本部)が戦後の対沖縄政策を作成し始めたのは、早くも一九四三年二月ごろのこと。その後、沖縄戦で勝利した米軍部は、沖縄の将来の地位について、半永久的に、しかも排他的に支配したいと考えていたのにたいし、国務省は、政治的思惑から沖縄を日本へ帰すべきだと主張した。ただし、そのさいは「沖縄を完全に非軍事化した上で」との前提条件がついていた。その理由は、沖縄が日本帝国主義の対外侵略の足場になったという認識があったからだ。

沖縄の抗し難い運命

戦後、在日アメリカ大使館のジョン・K・K・エマソン公使は、自著の『日本のジレンマ』という本で、ペリーの琉球訪問以来、アメリカと沖縄との交流は、約一〇〇年も遅れたが、運命は、アメリカ人と沖縄人がふたたび、そして長期間にわたって出会うことを決めた、とこう述べている。

「太平洋基地に対するアメリカの関心が蘇《よみがえ》ったのは、第一次世界大戦後、太平洋諸島に対する委任統治が国際連盟から日本に与えられたことが刺激となったためであった。海軍は二度とふたたび外国、とくに日本が、かつて不法に行ったように、戦略的要衝をなすこれらの島々の支配権をにぎって、ここを要塞化し太平洋地域におけるアメリカの安全上の利益を脅かすことのないよう決意した」

彼は、さらに語をついで言う。「一九四五年一月、時の陸軍長官ヘンリー・スチムソンは、国務長官あての覚書で、アメリカは世界の将来のため、太平洋の安全を守るための基地をもたねばならない、と書いた。こうした目的に沿うには、それらの基地はアメリカに帰属し、アメリカはそこを支配し要塞化する絶対的権限をもたねばならない、と付け加えた。スチムソンは疑いなく琉球だけでなく、太平洋委任統治諸島のことを考えていた。しかしわずか数年の占領の後、沖縄の基地は、アメリカの安全保障にとって必要であると判定された。ダグラス・マッカーサー元帥は、一九四七年に早くもそう述べていた」(10)

日本軍部の対外侵略の足場になったという理由で、二度と再びそうあらしめてはならないとして、沖縄を非軍事化すべきとした当のアメリカが、こんどは日本に代わって沖縄を軍事基地化したのみか、米軍に加えて自衛隊までが常駐するに至り、かつて平和愛好の島としてその名を知られた沖縄が、今では日米両国軍の強大な基地と化しているのだ。運命の皮肉というか、現実政治の冷酷さといえばよいのか、胸が痛むのを禁じえない。

沖縄の一見抗し難い運命を思うとき、私たちは、いかなる国によるものであれ、またどのような大義名分を掲げようと、沖縄が二度とふたたび対外侵略の足場に悪用されることのないようにするため、考えないわけにはいかない。

処方箋は、積極的、消極的両面から、また短期的、長期的展望から描き得るだろうが、それ以前に、沖縄が辿らされてきた重い歴史的道程についての正確な知識をもつことが、必要最小限の前提になろう。

戦前、沖縄の人びとが、いとも安易に戦争国策に組み込まれ、みずからの手でみずからの首をしめるかのように、沖縄を苛酷な運命に追いつめたのも、一つにはみずからの歴史に無知で、なんら未来への洞察力を持ち合わせていなかった結果に他ならない。

その点、廃藩置県のころ、中国が、ひとたび日本が琉球を自国の一部に組み入れてしまったら、そこを跳躍台にしてつぎは台湾、朝鮮を手中に入れ、やがては中国へ侵入、あげくはアジア大陸に侵攻することになろうと、予見していた読みの深さには、一驚するよりない。琉球大学の金城正篤教授は、一九六二年に北京で発行された『帝国主義侵華史』第一巻からその関連部分を訳出している。

「一八七九年三月、日本は正式に琉球国を廃除し、それを改めて沖縄県とすることを宣布した。……日本が琉球を併呑したのは、近代史上、日本の対外侵略の重要な第一歩であり、日本がアジア大陸すなわち朝鮮と中国に向けての直接的な侵略野心を鼓舞した。日本は、一八八〇年三月、清政府に向かって琉球問題を解決する方案を提出した。……日本のこの方案は、きわめて深い陰謀を含んでいた。その目的は、まず第一に琉球の土地を分割し、その最も荒涼たる二つの列島(宮古、八重山)で清朝支配者を誘惑する方法で、日本の琉球併呑という事実への中国の承認を取りつけようとしたことである」[11]

日本が琉球を併合したことが、中国侵略の第一歩となったというのであれば、面倒でも廃藩置県後、琉球の所属をめぐって日本と中国との間で交わされた戦争をも惹起しかねないほどの激しい論争、そしてその結果、アメリカの前大統領グラント将軍の調停で一種の妥協案として策定された「分島・改約」問題について一瞥しておく必要があろう。このとき中国側が見せた言動は、戦後もほぼ同じ形で再現したからだ。

すなわち一九四三年一一月にエジプトの首都カイロで米・英・中三国首脳が会談し、日本の敗戦を見通して、敗戦後の日本の領土問題について討議した。そのさい、アメリカのフランクリン・D・ルーズベルト大統領が、中国の蒋介石総統に、もし中国が望むなら沖縄を中国に「返還してもよい」と発言した。これにたいし、蒋介石は、米・中両国で占領した後、両国の共同管理にして将来は国際機関に委ねたいと答えている。しかし、その後、中国の外務大臣や新聞は、しばしば中国への返還を主張する一方で、中国政府首脳は、まるで明治の「分島・改約」問題をめぐる時の動きと同様に煮え切らぬ言動に終始して、結局、あいまいな形で自らの要求を霧消させたのであった。

(1) 琉球政府編『沖縄県史 12巻 沖縄県関係各省公文書I』琉球政府、一九六六年、四頁。
(2) ジョージ・H・カー『琉球の歴史』米国民政府、一九六六年、二七八頁。
(3) くわしくは拙著『沖縄——戦争と平和』(日本社会党機関紙局、一九八二年)を参照されたい。
(4) 下村富士男『明治文化資料叢書』第四巻・外交編、風間書房、一九六二年、一〇七頁。
(5) 下村富士男、前掲書、一〇七頁。
(6) 下村富士男、前掲書、一一五—一一六頁。
(7) 沖縄県議会事務局編『沖縄県議会史』第九巻・資料編6、沖縄県議会、一九八七年、一三八頁。
(8) 下村富士男、前掲書、一二一頁。
(9) 下村富士男、前掲書、一七四頁。
(10) ジョン・K・エマソン著、岩崎俊夫・佐藤紀久夫訳『日本のジレンマ』上、時事通信社、一九七二年、二六四—二六五頁。
(11) 金城正篤訳出『帝国主義侵華史』第一巻、一九六二年、北京で発行。

3　老獪な日本外交

問題含みの「分島・改約」

沖縄が、日本政府によって「政治的質草」に供せられたことは、廃藩置県翌年の「分島改約」問題が端的に物語っている。この計画倒れに終わった明治時代の「分島・改約」は、戦後も形を変えて日米両国間の政治的取り引きとして再現しかけた。それだけに忘れてはならない事件だ。

戦後、当初案どおりに実現はしなかったものの、アメリカは、一時期、基地としての有効性の乏しい宮古、八重山両群島を統治するのは、経済的負担が大き過ぎるとして、沖縄から分離して日本へ返すことを真剣に検討したことがあった。一方、日本側でも、復帰運動が高揚したのに伴い、まるでアメリカの思惑に呼応する形で、時の政府与党自民党の田中角栄政調会長は、一九六二年二月、ケネディ米司法長官が日本を訪問したさい、こう要請した。

「日本の国民は、沖縄の施政権返還を希望しているが、これは憲法問題と安保条約が密接な関連をもっている。米国が施政権を返還するためには、憲法を改正し、再軍備をして日米共同責任の防衛体制ができなければならない。したがって施政権返還の一つの方法として、また中ソへの巻き返しの意味からも、米国から憲法を改正して再軍備をすすめるよう求めてはどうか」(『朝日新聞』一九六二年二月七日)。

つまり、沖縄の人びとの切実な願望を叶えるかのようにして、政府は、施政権の返還を米国に認めさせる代りに政府のより大きな目的たる再軍備を勝ち取ろうと、沖縄返還を「取り引きの具」にしようと図ったわけ。

沖縄で廃藩置県が実現をみたちょうどその年、中国総督の李鴻章は、天津で折からアジアを旅行中のアメリカの前大統領ユーリシス・B・グラントに会い、日中の外交問題となっていた琉球問題の解決について、日本政府への斡旋を依頼した。

李鴻章は、中国側が再討議を提案した目的は、明治政府がむりやりに東京に居住させた琉球王を東京から首里に帰させるのと、廃藩置県と同時に常駐せしめていた「日本の守備軍を沖縄から撤退させ、日本の琉球独占をやめさせる」ことだと主張した。その上彼は、琉球は中国にとって軍事上すぐれた「防備地点」だと強調し、「もし日本軍が琉球に留まることが許されるなら、台湾もいつか日本に占領されるおそれがある」との懸念を表明した。彼のこの懸念は、後に的中するが、皮肉にも、このように警告を発した李鴻章は、日清戦争後に、台湾を日本に引きわたす下関条約にみずから調印する羽目となる。

「琉球問題」をめぐる日中交渉は、種々の曲折を経た後、グラント前大統領の仲介もあって、中国は、旧琉球王国の領域内にあった奄美大島を日本の管轄下におき、宮古・八重山を中国に帰属させ、沖縄本島には、琉球王国を復活させるといういわゆる「三分割案」を提案した。これにたいし日本は、宮古・八重山を沖縄から分割して中国に引きわたし、沖縄本島以北は、日本に帰属せしめるという「二分割案」を提示した。

問題となるのは、明治政府が、「琉球処分」によって日本に併合したばかりなのになぜ沖縄を二分しようとしたかというその理由だ。それは日本が宮古・八重山を中国に分譲する代りに中国内で西欧諸国並みの「通商上の最恵国待遇」を得たいがためであった。つまり商売上の利益さえ得られるなら沖縄を二分しようが、三分割しようが構わないというわけ。

宮古、八重山群島の「分島・改約問題」は、結局、一八八〇(明治一三)年に日本案どおり二分することに一応妥結したが、当事者の沖縄側の反対や中国の国内事情から中国側の批准がえられないまま、最後はうやむやに終わった。それも、日本外務省が、中国側の弱気に付け込んで、一挙に事の決着を図った結果であった。

国益優先による災難

琉球大学の金城正篤教授も論及しているように、「分島・改約」案は、もともと日本政府が提案したもので、しかも、清国がロシアとの間で国境紛争に陥って苦慮している状況を巧みに利用して一気にこの問題に決着をつけるべく強引な外交交渉を展開したというわけ。

当時の東京の言論雑誌の論調は、はしなくも日本(本土)の一部エリート言論人たちのタテマエとホンネの使い分けが、「語るに落ちる」といった具合に如実に示されている。当初、『近事評論』は、沖縄の二分割に反対し、「我が国から宮古、八重山を清国に割与する報酬として釜山から天津に至る陸路貿易の道を開こうと要請するのは、信じがたい」という、たとえ二島が弾丸黒子の小さな地でも他国に割与するのは容易の事ではないと論難した。ところが、琉球の所属をめぐって日清間に戦争の危機が迫るとたちまち豹変、「琉球の如き固より我が国の本土にあらず、これを全有しても国益にならず棄てても独立の体面を損うわけでもない。国庫の歳入にも益なし」と論ずるしまつだった。しかも、現在のマスコミ人の間にも、沖縄問題については、明治時代のこの種の言論人たちに引けを取らぬ独り善がりの発言をする人たちも少なくない。彼らは安保体制の重要性を説きながらも、みずからはその責任と負担を一切引き受けようとはせず、沖縄に一方的に過重の犠牲を強いても何らの痛痒も感じない。それどころか、「沖縄を甘やかすな」式の言辞を弄してやまないのだ。

「琉球処分」の契機となった「台湾事件」にからんで、明治政府や議会内に「征台論」が起きたとき、木戸孝允参議は、これに反対する建白書を認め、琉球のために犠牲を払うことは控えるべきだと、こう論じた。

「琉球は我に内付すると雖《いえど》も……我の其人を見る内地の民と自ら緩急の別なき能わず、内国は本なり。外属は末なり。本を後にして末を先にするは、決して策の得たるものに非《あら》ざるなり。仰ぎ願くは内外本末の差を明にし先後緩急の別を誤らず、道として我民を撫で、我力を養い、義務を怠らず、才略を失わず、名正うして言順い、然るのち徐々にして国を図らば事数年の後に在りと雖も、誰か之を遅しとせんや」

また、彼は、沖縄に日本の法律規定を適用できないことを理由に廃藩置県を促進せよ、とする主張に対しても、「是大いに緩急得失を量知せざるの愚策なり。何となれば遠海の孤島何を以て政府の洪費を補わんや。得失を乗除するに其不経済たるを免れず」と反論したほど(1)。

このように政府の国益中心の立場は、不可避的に人道とか、政治的公平さとか、道義的な面を軽視し、政策や施策を決めるにも、常により大きな見返りを期待し、金銭的損得勘定に重きを置くようになる。その結果、沖縄のような貧乏な辺境県は、いつも割りを食うことは避けられないわけだ。「大の虫」を生かすため常に「小の虫」を殺す塩梅に。

沖縄の分離と基地化

紙数の制約もあって詳述できないが、後、一、二点だけ指摘しておきたい。それは、戦後沖縄の日本からの分離・基地化との関連で日本政府が、米政府の意を体する形で果たした積極的な役割についてである。

米国政府、とりわけ米軍部は、沖縄基地と関連して、H・S・ヘンゼル海軍次官補の発言に見られるように、「もし外国(日本を含む)の勢力が、これら琉球列島の島々を占有して、米国の海岸線をブロックすれば、そこはわれわれにとって致命的な痛手となろう。日本に二度と侵略を許さないためにも、これらの島々は必要だ」として米国による沖縄の単独占拠を強硬に主張した。

米政府・軍部は、早くも一九四三年の時点で、沖縄の分離について論議し始めていた。同年四月八日付の「日本――放棄せしめられる領土」と題する討議文書において、国務省政治問題小委員会のヒュー・ボートン委員は、沖縄をも念頭において「安全保障の観点からすれば、日本がそこからアジア大陸や西南太平洋へ侵出する踏台にしたすべての領域を放棄せしめ、日本が再び太平洋の海空路を脅かしたり、支配したりするのを防止しなければならない」と述べている。

その後、一九四五年五月一日沖縄の占領政策を策定した米海軍省作戦本部は、国務・陸・海三省調整委員会の極東小委員会議長あてに覚書を送り、前月四月一九日付でまとめられた「降伏後における米国の日本に関する初期方針の要約」という文書で、つぎのように言明している。

「国際連合の承認のもとで日本帝国から四つの主要島と北緯三〇度以北の隣接諸小島を除くすべての島を剝奪する」

これまで沖縄分離との関連で何故に北緯三〇度の線で切り離されたかについては、ほとんど解明されずじまいだった。しかし分離される当事者の沖縄側からすれば、この点は看過できない問題だ。北緯三〇度の線といえば、鹿児島県の屋久島と吐噶喇《とから》列島との中間の線であり、行政上は同県の管轄下にあった奄美大島の北方になるからだ。しかし、平和条約を締結する準備段階で、三〇度線は二九度線に引き下げられる。では何故二九度線で分離されたのか。

この点について、ディーン・アチソン米国務長官は、議会において、こう証言している。

「北緯二九度における分離線は、日本の保有を認める領域と、将来、信託統治に付する領域とを区分する線として設定されたものである。そこを分離境界線とした理由は二つある。一つには、アメリカが支配する沖縄基地の周辺に十分広い領域を残しておきたかったこと。今一つには民族区分線がこの地点になっているので、それに沿って分離するために設定したのである。つまり、日本に保有を認めた北緯二九度線以北の住民は、本来の日本民族であるが、奄美大島を含め北緯二九度線以南の住民は、もともと琉球民族だからである」

このように米国政府は、学問上の根拠もなしに沖縄人を異民族視して分離への布石を敷いた。この沖縄の異民族視がその後の米軍の対沖縄占領政策にとことん利用され、沖縄の人びとに塗炭の苦しみを舐めさせる結果となる。連合国総司令官マッカーサーは、一九四七年六月二七日、連合国の新聞記者たちとの会見で、つぎのような趣旨のことを述べている。

「琉球はわれわれの自然の国境である。沖縄人が日本人でない以上、米国の沖縄占領にたいし反対している者はない」

彼は、また別の折にも、沖縄を日本から切り離せば、日本人は、経済的になんらのメリットもない沖縄の面倒を見ずにすむとして喜ぶだろう。一方、沖縄の人びとは、日本の圧制から解放されるとして歓迎するだろう、という趣旨のことも語っている。その後、沖縄の占領統治に当たった歴代の米高等弁務官の何人かは、キャラウェイを筆頭に、公然と「沖縄人は日本人ではない」と発言し、露骨な「離日政策」をとった。

これにたいし、日本政府は抗議するどころか、逆にこうした米政府・軍部のいびつな分離政策に迎合し、沖縄・沖縄人を異民族の軍政下に放置して顧みようとはしなかった。その背景には、これまで見てきたように日本政府自体が沖縄人を異民族のように処遇してきた歴史的背景があったからだ。

『ニューヨーク・タイムズ』は、日本人の沖縄人にたいする積年の差別的処遇の結果、「今こそ沖縄人にたいする何世紀にもわたる収奪の代価を支払わざるをえなくなろう」と報じたほどだ。したがって、政府は、抗議するどころか、逆にみずから沖縄を丸ごと米軍の基地として提供する挙に出たわけである。

一方、一九五〇年の吉田首相主導の日米講和条約案の作成の過程で、同年一〇月に全一一ヵ条から成る「北太平洋六ヵ国条約案」と題する「討議基礎案」が用意された(いわゆるC案)。

この条約案では、沖縄が「日本領に残るものと前提」されていたため、結局のところ沖縄と南千島の双方が非武装地域になることが想定されていた。ところが、同年一一月一六日に開かれた各界有識者の会合で、「沖縄を信託統治にするのは、米国の軍事上の必要からきたもの」であろうから「沖縄が非武装になるような条項は取り除くべきだ」という意見が出され、最終答申では、非武装地帯を事実上、日本の本土と「朝鮮」およびその「国境」等に限定する規定に変えられた。ちなみに有識者とは、小泉信三、板倉卓造、有田八郎、津島寿一氏らである(2)。

沖縄・沖縄人にとって看過できないことは、分離とのかかわりで政府が果たした役割についてである。政府は、ポツダム宣言の受諾に先立ち、近衛文麿を天皇の特使としてソ連に派遣し、和平交渉の斡旋を働きかけることにした。そのさい、失敗すれば米英と直接交渉するため、「和平交渉の要綱」をまとめた。その和平交渉の条件において「国土については、なるべく他日の再起に便なることに努むるも、止むをえざれば固有本土を以て満足す」とある。そして「固有本土の解釈については、最下限沖縄、小笠原島、樺太を捨て、千島は南半分を保有する程度とすること」と明言している。つまり、政府はみずからの手で沖縄を切り離そうとしたわけだ。しかも不可解なのは、吉田首相の言動である。吉田茂首相は講和会議に臨むにさいし、日本の主張すべき立場をまとめた文書において、沖縄や小笠原諸島を日本の領土として残すことを要望するとしながらも、西村熊雄条約局長にたいし、つぎのように書くことを、具体的に指示したからだ。

「ただし軍事上の理由からアメリカがこれらの島々の一部を必要とされる事情はよく分っているので、それらはバミューダ方式（九十九ヵ年の租借）によってアメリカに租貸することを辞さない」

また、連合国総司令部の外交部が一九四七年九月二〇日付で準備した「マッカーサー元帥のための覚書」には、こう記録されている。

「寺崎英成氏によると、米国が沖縄その他の琉球諸島の軍事占領を継続するよう天皇が希望している。天皇は、沖縄（および必要とされる他の島々）にたいする米国の軍事占領は、日本に主権を残したままでの長期租借――二五年ないし五〇年、あるいはそれ以上――の擬制にもとづくべきであると考えている。天皇によると、このような占領方法は、米国が琉球諸島にたいして永続的野心をもたないことを日本国民に納得させ、また、これにより他の諸国、とくにソ連と中国が同様の権利を要求するのを阻止するだろうと述べた」

一九八九年一月一一日付『朝日新聞』は、入江相政侍従長の日記を公表し、彼が間接的な表現ながら、この「天皇メッセージ」が事実たることを裏付けていると報じた。「天皇メッセージ」問題との関連で注目に値するのは、寺崎氏が、アメリカが(沖縄および他の琉球諸島の)「軍事基地権」を取得する手続きについて、それを連合国の対日平和条約の一部としてなすよりも、むしろ、「米国と日本との二国間条約によるべきだ」と、進言していることである。なぜならそれが平和条約と同時に発効した安保条約、すなわち「日本国とアメリカ合衆国との間の安全保障条約」、さらには、五二年二月二八日に調印され、前記の二条約と同時に発効をみた「安保条約第三条に基づく行政協定」や、五四年三月八日に、日米両国政府の間で調印された「相互防衛援助協定(MSA協定)」ともかかわると思われるからだ。入江侍従長の日記によって、「天皇メッセージ」が事実と知らされたとき、沖縄地元の二つの新聞は、これを遺憾とする社説を掲げた。

八九年一月一二日付の『琉球新報』は、「残念な天皇メッセージ」と題し、どうやら「天皇メッセージ」は、本物だったようだとして、「私たち県民にとっては、天皇メッセージが明るみに出た時以上に衝撃的だ」というとともに「天皇の国政への参加を禁じている憲法問題もさることながら、それ以前に大の虫(国体=日本)を生かすために小の虫(沖縄)が切り捨てられたとの無念の思いがある」と論じた。

一方、同日付の『沖縄タイムス』も、「天皇メッセージの真相」という社説で、「この

「天皇メッセージ」の存在が明らかになったとき、県民は大きな衝撃を受けた。「日本の安全のためには、沖縄を犠牲にしても」という考え方は、沖縄戦から戦後の現在まで続いている」と論じている。

以上のように日米両政府が一体となっていわば「合作」の形で沖縄を日本から分離し、基地化して半世紀余、沖縄の人びとは、平穏な生活を侵害されてきただけでなく、日常的に生命の危険にさえさらされどおしであった。その間に発生した事件・事故、基本的人権の侵害等の基地公害は、あまりにも甚大であった。いったい、このような状態がいつまで続けばいいというのであろうか。

「核密約」問題

米国防総省は、最近問題となった普天間基地の代替海上基地のすべての構造物を「運用年数四〇年、耐用年数二〇〇年として設計する」と言明している。いきおい講和条約のさい、吉田茂首相が米政府に提示した九九ヵ年租借の「バミューダ方式」は、その通りになったのではないかという気がしてならない。したがって、沖縄は、未来にわたって基地禍に呻吟せしめられる恐れがある。とりわけ深刻な問題は、最近暴露された復帰時点における「核密約」の問題である。「核密約」が真実だとすれば、沖縄・沖縄人にとって明るい未来は拓けそうにもない。

さる、一九九四年五月、京都産業大学の若泉敬教授は、『他策ナカリシヲ信ゼムト欲ス』という本を書き、みずからが沖縄返還の日米首脳交渉に佐藤栄作首相の特命を受けて、アメリカ政府のヘンリー・キッシンジャー国務長官との間で、「核密約」の文書作成などに取り組んだことを告白している。同教授は、吉田という偽名を使って沖縄の返還交渉に当たったというわけだ。

私は、彼が交渉相手とされたキッシンジャー国務長官の『ホワイトハウスイヤーズ』(3)という本と照合してみて、「核密約」があったことは真実ではないかとみている。その中には、若泉教授の記述と符合する箇所がいくつか散見されるからだ。

「核密約」の中身は、一九六九年一一月二一日付で発表されたニクソン大統領と佐藤首相との共同声明の合意議事録(草案)からも窺える。

「われわれの共同声明に述べてあるごとく、沖縄の施政権が実際に日本国に返還されるときまでに、沖縄からすべての核兵器を撤去することが米国政府の意図である。そして、それ以後においては、この共同声明に述べてあるごとく、米日間の相互協力及び安全保障条約、並びにこれに関連する諸取り決めが、沖縄に適用されることになる。

しかしながら、日本を含む極東諸国の防衛のため米国が負っている国際的義務を効果的に遂行するために、極めて重大な緊急事態が生じた際には、米国政府は、日本国政府と事前協議を行った上で、核兵器を沖縄に再び持ち込むこと、及び沖縄を通過する権利が認められることを必要とするであろう。さらに米国政府は、沖縄に現存する核兵器の貯蔵地、すなわち、嘉手納、那覇、辺野古、並びにナイキ・ハーキュリーズ基地を、何時でも使用できる状態に維持しておき、極めて重大な緊急事態が生じた時には活用できることを必要とする」（若泉、前掲書、四一八頁）

これは、沖縄の人びとにとっては、到底黙過できない内容である。まさに、一三〇余万人の生身の人間の将来の幸、不幸がかかっているからだ。本書第二章でも述べたように、核ぬきの復帰がどれくらい切に望まれたものであったかは、くり返すまでもない。

この議事録の末尾には、日米両首脳は、この合意議事録を二通作成し、一通ずつ大統領官邸と総理大臣官邸にのみ保管し、かつ、米合衆国大統領と日本国総理大臣との間でのみ最大の注意をもって、極秘裏に取り扱うべきものとする、ということに合意したとある。そしてニクソン大統領のR・Nのサインと佐藤首相のE・Sのサインがしてある。極秘扱いには徹底した念の入れようだ。

おそらく若泉教授もみずからが果たした役割のあまりにも重大なことに、後になってから気付いたのではないだろうか。同教授は、こう書き留めている。

「顧みるまでもなく、私の責任は重い。その重みは常に私の深層心理を支配してきた。「沖縄慰霊の日」（六月二三日）などふと夜半に眼を醒まし、その他の同胞とそこに眠る無数の英魂を想い、鋭利な刀で五体を剔《えぐ》られるような気持に襲われたことすら一再ならずあった。

それは多分に運命のなせる業とはいえ、国家の外交の枢機に与ってしまった私が歴史に対して負わねばならない「結果責任」である」(著書冒頭の謝辞)

ちなみに当時知事であった私は、県民が受けた大きな衝撃、そして新たな不安がひきおこされたことを重くみて、真相解明のため若泉教授に書簡で問い合わせたのだが、「拙著のなかにこの件に関し総てを記述し尽しております。これ以上追加して説明したり補足することは全くございません」との返答であった。

はかり知れないほどの影響を受ける肝心の当事者の意向を聞くこともせず、このような重大な問題が、日米両政府首脳だけで、一方的にかつ極秘裏に決められるとなれば、沖縄の人びとの運命は、まさしくえたいの知れない「闇の手」に握られていることになろう。果たしてこれで民主主義国家と言えるのか。「日本人は、醜くない」と反問できるだろうか。私は問わざるをえない。

(1)　琉球政府編『沖縄県史　14巻1　資料編』琉球政府刊、一九六五年、二〇三頁。
(2)　豊下楢彦『安保条約の成立——吉田外交と天皇外交』岩波新書、一九九六年、二一〇頁。
(3)　Henry Kissinger, *White House Years*, Little Brown and Company, 1979.

あとがき

本書は、一九六八年にハードカバーの初版を出して後、三年後の七一年にソフトカバーの普及版で再刊された。この時期、沖縄は文字どおり一大転機にあった。戦後二三年も経って、県民待望の初の主席(知事)公選と沖縄代表の国政参加が実現したほか、戦後沖縄最大の課題たる日本復帰も、翌七二年五月一五日に、いよいよ実現する状況となっていたからだ。

しかし、実現はしたものの、いずれの懸案課題も、その実質的内容が必ずしも県民が要求したとおりのものとなっていなかったので、賛否両論が渦巻き騒然としていた。とりわけ復帰については、復帰後の基地問題の態様をめぐって、県民の間に急激に不満が高まり、「反復帰論」から「復帰粉砕」の主張まで登場するしまつ。

それから三〇年近くの歳月が流れ去った。復帰して良かった、と喜ぶ人たちの数は、復帰後数年の頃と違って大分ふえている。復帰したことによって、本土他府県人との交流も、復帰前とは比較にならぬほど自由になった。にもかかわらず、本土との社会心理学的距離は、逆に遠くなり、拡大している。

つまり、ここにきて明治の廃藩置県以来の本土政府と県民との間のいわゆる「心理的亀裂」が顕在化してきているのだ。

とくに復帰運動に熱心に取り組んできた人たちの間には、「裏切られた」との気持ちが幅広く浸透している。あげく二重の意味で、沖縄の「独立論」の主張さえ聞かれるようになった。一つは、本土側からの主張で、沖縄が政府の国防政策に反対する位なら、「勝手に独立でもすればよい」という投げやりのもの。今一つは、しょせん政府は、沖縄のことなど「みずからの問題として真剣に考えてはくれない以上、沖縄は、自立(独立)して、みずから沖縄の問題を解決しなければならない」というものだ。

誤解のないように付け加えると、沖縄の人たちは政府の国防政策に反対しているというより、基地の過重な負担に抗議しているのだ。米軍基地は、安保条約と地位協定に基づいて置かれている。ところが、安保条約と地位協定のいずれにも基地を沖縄に置くとは特定していない。それどころか、安保条約が締結される過程で、「全土基地」方式といって日本中どこにでも基地を置けるように日米両政府間で合意されている。にもかかわらず沖縄に過重に基地を負担させたまま、いたずらに安保条約の重要性を強調するだけで、何人もみずからは条約に責任を負い基地を負担しようとはしない。そのことに県民は異議を唱えているだけだ。本土政府首脳が、他人の痛みを感じ取ることもできないどころか、他人を犠牲にして顧みない「非人間的」な生き方に首をかしげているのである。

私たちは、可能なかぎり政治・行政に、「沖縄の心」を反映させたいと切実に願っている。沖縄の心を一言で表現するのはむつかしい。あえて言えば、それは、平和を希求してやまない伝統的な思想であるし、自然との共生も含め、老若男女の別なく、富める者も貧しい者も、健常者も障害者も男性も女性もなんらの差別もなく共に助け合って生活する共生の生き方である。さらには他を傷つけることなく、可能なかぎり他に依存せず、みずからの運命はみずから決めるといった自立する意思を大事にする県民性ともいえよう。

そうした沖縄の心を政治、行政に具体的に反映せしめることは、口で言うほど簡単ではない。なぜか。

日本は、形の上では民主制度をとっている。そして民主政治の名において、多数決ですべてのことを決めている。そのような制度下で現在、国会の構成員は、衆参合わせて七五二人、そのうち、沖縄代表はたったの八人。圧倒的多数を占める他の都道府県選出の国会議員が、真に沖縄の問題をみずからの問題として取り組んでくれない限り、基地問題をはじめとする沖縄問題の解決は、およそ至難の業だ。ろくに少数派の問題について顧慮することもなく多数決ですべてが決まる結果、沖縄は民主主義の名において、いつまでも犠牲を強いられる事態がすでに構造化しているのだ。

本書の初版を出して以来、私は、マイノリティ・グループにも配慮できる「醜くない日本人」が一人でも多く出現してくれるのを切望してきた。が、一九九五年の三人の米兵による「少女暴行事件」以来、普天間《ふてんま》飛行場の移設問題、軍用地特別措置法の改悪問題、復帰時の核密約露呈問題、サミットと取り引きされた県内への基地移設問題、石垣空港への米軍機の飛来が例証するとおりの新ガイドラインの先取り問題等々、沖縄が直面する事態は、いちだんと悪化するばかり。とりわけ私が懸念するのは、普天間基地の移設問題の行方である。沖縄の米軍基地は、戦勝者としての米軍が恣意《しい》的に作り上げたもの。保守・革新を問わず、いかなる沖縄の政治指導者も、いまだかつてみずからの手で基地を誘致した者はいなかった。それを現県政と名護市長は、北部振興策と引き換えにあえて基地を誘致するという破天荒なことをやってしまった。しかも、米大統領選を目前にして、基地の中身や工法も定かでないまま、まるで白紙委任状を出す形で。おそらくこの決定は、今後、二一世紀どころか、半永久的に沖縄を異民族軍隊の軍事基地化する結果をもたらすにちがいない。私は、痛恨の想いをこめて、今一度、本書を世に問わざるをえない次第だ。読者諸賢の御理解を乞うてやまない。むろん、私自身の非力への反省もこめて。

本書の刊行については、岩波現代文庫編集部の大山美佐子さんに大変お世話になった。記してお礼を申し上げたい。

二〇〇〇年四月

大田昌秀

本書は『醜い日本人——日本の沖縄意識』(サイマル出版会、一九六九年)に新稿を加え、新たに編集したものである。

新版 醜い日本人

2000 年 5 月 16 日　第 1 刷発行
2022 年 4 月 15 日　第 4 刷発行

著　者　大《おお》田《た》昌《まさ》秀《ひで》

発行者　坂本政謙

発行所　株式会社 岩波書店
〒101-8002 東京都千代田区一ツ橋 2-5-5
案内 03-5210-4000　営業部 03-5210-4111
https://www.iwanami.co.jp/

印刷・精興社　製本・中永製本

ISBN 4-00-603014-2　　Printed in Japan

岩波現代文庫創刊二〇年に際して

二一世紀が始まってからすでに二〇年が経とうとしています。この間のグローバル化の急激な進行は世界のあり方を大きく変えました。世界規模で経済や情報の結びつきが強まるとともに、国境を越えた人の移動は日常の光景となり、今やどこに住んでいても、私たちの暮らしは世界中の様々な出来事と無関係ではいられません。しかし、グローバル化の中で否応なくもたらされる「他者」との出会いや交流は、新たな文化や価値観だけではなく、摩擦や衝突、そしてしばしば憎悪までをも生み出しています。グローバル化にともなう副作用は、その恩恵を遥かにこえていると言わざるを得ません。

今私たちに求められているのは、国内、国外にかかわらず、異なる歴史や経験、文化を持つ「他者」と向き合い、よりよい関係を結び直してゆくための想像力、構想力ではないでしょうか。

新世紀の到来を目前にした二〇〇〇年一月に創刊された岩波現代文庫は、この二〇年を通して、哲学や歴史、経済、自然科学から、小説やエッセイ、ルポルタージュにいたるまで幅広いジャンルの書目を刊行してきました。一〇〇〇点を超える書目には、人類が直面してきた様々な課題と、試行錯誤の営みが刻まれています。読書を通した過去の「他者」との出会いから得られる知識や経験は、私たちがよりよい社会を作り上げてゆくために大きな示唆を与えてくれるはずです。

一冊の本が世界を変える大きな力を持つことを信じ、岩波現代文庫はこれからもさらなるラインナップの充実をめざしてゆきます。

（二〇二〇年一月）

S312
増補 隔離
―故郷を追われたハンセン病者たち―
徳永進

らい予防法が廃止され、国の法的責任が明らかになった後も、ハンセン病隔離政策が終わり解決したわけではなかった。回復者たちの現在の声をも伝える増補版。〈解説〉宮坂道夫

S313
沖縄の歩み
国場幸太郎
新川明・鹿野政直編

米軍占領下の沖縄で抵抗運動に献身した著者が、復帰直後に若い世代に向けてやさしく説き明かした沖縄通史。幻の名著がいま蘇る。〈解説〉新川明・鹿野政直

S314
ぼくたちはこうして学者になった
―脳・チンパンジー・人間―
松本元
松沢哲郎

「人間とは何か」を知ろうと、それぞれ新たな学問を切り拓いてきた二人は、どのような生い立ちや出会いを経て、何を学んだのか。

S315
ニクソンのアメリカ
―アメリカ第一主義の起源―
松尾文夫

白人中産層に徹底的に迎合する内政と、中国との和解を果たした外交。ニクソンのしたたかな論理に迫った名著を再編集した決定版。〈解説〉西山隆行

S316
負ける建築
隈研吾

コンクリートから木造へ。「勝つ建築」から「負ける建築」へ。新国立競技場の設計に携わった著者の、独自の建築哲学が窺える論集。

S317
全盲の弁護士 竹下義樹
小林照幸

視覚障害をものともせず、九度の挑戦を経て弁護士の夢をつかんだ男、竹下義樹。読む人の心を揺さぶる傑作ノンフィクション！

S318
一粒の柿の種 ―科学と文化を語る―
渡辺政隆

身の回りを科学の目で見れば…。その何と楽しいことか！ 文学や漫画を科学の目で楽しむコツを披露。科学教育や疑似科学にも一言。〈解説〉最相葉月

S319
聞き書 緒方貞子回顧録
野林健
納家政嗣 編

「人の命を助けること」、これに尽きます――。国連難民高等弁務官をつとめ、「人間の安全保障」を提起した緒方貞子。人生とともに、世界と日本を語る。〈解説〉中満泉

S320
「無罪」を見抜く ―裁判官・木谷明の生き方―
木谷明
山田隆司
嘉多山宗 聞き手・編

有罪率が高い日本の刑事裁判において、在職中いくつもの無罪判決を出し、その全てが確定した裁判官は、いかにして無罪を見抜いたのか。〈解説〉門野博

S321
聖路加病院 生と死の現場
早瀬圭一

医療と看護の原点を描いた『聖路加病院で働くということ』に、緩和ケア病棟での出会いと別れの新章を増補。〈解説〉山根基世

S322
菌世界紀行
―誰も知らないきのこを追って―
星野保

大の男が這いつくばって、世界中の寒冷地にきのこを探す。雪の下でしたたかに生きる菌たちの生態とともに綴る、とっておきの〈菌道中〉。〈解説〉渡邊十絲子

S323-324
キッシンジャー回想録 中国(上・下)
ヘンリー・A・キッシンジャー
塚越敏彦ほか訳

世界中に衝撃を与えた米中和解の立役者であるキッシンジャー。国際政治の現実と中国の論理を誰よりも知り尽くした彼が綴った、決定的「中国論」。〈解説〉松尾文夫

S325
井上ひさしの憲法指南
井上ひさし

「日本国憲法は最高の傑作」と語る井上ひさし。憲法の基本を分かりやすく説いたエッセイ、講演録を収めました。〈解説〉小森陽一

S326
増補版 日本レスリングの物語
柳澤健

草創期から現在まで、無数のドラマを描きる日本レスリングの「正史」にしてエンターテインメント。〈解説〉夢枕獏

S327
抵抗の新聞人 桐生悠々
井出孫六

日米開戦前夜まで、反戦と不正追及の姿勢を貫きジャーナリズム史上に屹立する桐生悠々。その烈々たる生涯。巻末には五男による〈親子関係〉の回想文を収録。〈解説〉青木理

S328
人は愛するに足り、真心は信ずるに足る
―アフガンとの約束―
中村　哲
澤地久枝（聞き手）

戦乱と劣悪な自然環境に苦しむアフガンで、人々の命を救うべく身命を賭して活動を続けた故・中村哲医師が熱い思いを語った貴重な記録。

S329
負け組のメディア史
―天下無敵　野依秀市伝―
佐藤卓己

明治末期から戦後にかけて「言論界の暴れん坊」の異名をとった男、野依秀市。忘れられた桁外れの鬼才に着目したメディア史を描く。〈解説〉平山　昇

S330
ヨーロッパ・コーリング・リターンズ
―社会・政治時評クロニクル2014-2021―
ブレイディみかこ

人か資本か。優先順位を間違えた政治は希望を奪い貧困と分断を拡大させる。地べたから英国を読み解き日本を照らす、最新時評集。

2022. 4